Interkulturelles Lernen mit multi-ethnischen Texten aus den USA

GIESSENER BEITRÄGE ZUR FREMDSPRACHENDIDAKTIK

Herausgegeben von Lothar Bredella, Herbert Christ,
Michael K. Legutke, Franz-Joseph Meißner
und Dietmar Rösler

Sharon E. Zaharka

Interkulturelles Lernen mit multi-ethnischen Texten aus den USA

gnv Gunter Narr Verlag Tübingen

Die Deutsche Bibliothek – CIP-Einheitsaufnahme

Zaharka, Sharon E.:
Interkulturelles Lernen mit multi-ethnischen Texten aus den USA /
Sharon E. Zaharka. – Tübingen : Narr, 2002
(Giessener Beiträge zur Fremdsprachendidaktik)
ISBN 3-8233-5316-0

Gedruckt auf säurefreiem und alterungsbeständigem Werkdruckpapier.

Internet: http://www.narr.de
E-Mail: info@narr.de

Druck: Fachhochschule Furtwangen, 78120 Furtwangen
Printed in Germany

ISSN 0175-7776
ISBN 3-8233-5316-0

INHALT

ANHANG

0 Einleitung

Diese Einleitung dient dazu, den gesellschaftlichen Kontext, in dem diese Arbeit entstanden ist, vorzustellen, die Zielsetzung der Arbeit zusammenzufassen und den Aufbau der einzelnen Kapitel zu beschreiben.

Auf der Schwelle zum einundzwanzigsten Jahrhundert leben wir in einer Welt, die von rasanten Entwicklungen geprägt ist. Während im neunzehnten Jahrhundert die industrielle Revolution die gleichförmige und schnelle Produktion materieller Güter ermöglichte und im zwanzigsten Jahrhundert die grüne Revolution die Erträge in der Landwirtschaft erhöhte und sicherte, ist die jetzige Zeit von der Internetrevolution geprägt. Dabei ermöglicht das Internet nicht nur den Zugriff auf und den Austausch von Informationen mit einer noch nie dagewesenen Geschwindigkeit, sondern es ermöglicht auch Kommunikation über große Entfernungen hinweg mittels eines kostengünstigen und schnellen Mediums. Das Internet wird die Globalisierung menschlicher Interaktion weiterhin beschleunigen.

Neben dem Internet, das einen rapiden globalen Informationsfluß ermöglicht, gibt es einen zweiten Faktor, der die heutige Zeit entscheidend prägt, und dies ist die stetig steigende Migration und Mobilität. Menschen können mit modernen Transportmaschinen an fast jeden Ort der Erde reisen. Dies erhöht die Mobilität für den beruflichen als auch privaten Verkehr und gleichzeitig steigt die Migration. Einst relativ abgeschiedene Regionen werden nun von fremden Menschen besucht oder es lassen sich Menschen aus fremden Kulturen in Orten nieder, die zuvor kaum Einwanderer gesehen hatten.

Unsere Zeit ist dadurch geprägt, daß Menschen aus verschiedenen Kulturen und verschiedenen Sprachräumen immer häufiger unmittelbar und mittelbar miteinander in Kontakt treten. Damit verbunden ist die Erwartung in verschiedenen Bereichen des öffentlichen und privaten Lebens, daß diese vermehrte grenzüberschreitende Kommunikation für internationale Zusammenarbeit förderlich ist und zu einer Steigerung der Effizienz und der Realisierung von Synergien führen wird. Doch diese möglichen Effekte können nur dann tatsächlich eintreten, wenn die Kommunikationspartner nicht nur über eine gemeinsame Sprache verfügen, sondern auch für interkulturelle Kommunikation sensibilisiert sind. Da letztlich Kommunikation über eine gemeinsame Sprache erfolgt, ist der Bedarf an Sprachunterricht stark gestiegen.

Aber nicht nur der quantitative Bedarf an Fremdsprachenunterricht ist größer geworden, sondern die Lernziele für Sprachunterricht haben sich ebenfalls verschoben. Die kommunikativen Situationen, in denen der Lernende die fremde Sprache anwendet, gehen über das Kaufen eines Fahrscheins oder das Buchen eines Hotelzimmers weit hinaus. Verstärkt werden Meinungen, Vorgehensweisen und Erwartungen in kommunikativen Situationen wie z.B. Besprechungen, Sitzungen oder Verhandlungen in fremden Sprachen ausgedrückt. Dabei kann es zu Mißverständnissen kommen, die unter Umständen kulturbedingt sein können. Um diese potentiellen Mißverständnisse vermeiden zu helfen, oder um bereits aufgetretene Probleme erkennen und lösen zu können, sollten im Fremdsprachenunterricht wichtige kommunikative Fertigkeiten und Fähigkeiten vermittelt werden.

Im Fremdsprachenunterricht steht Kommunikation im Mittelpunkt. In erster Linie gilt es, eine fremde Sprache den Lernenden zu vermitteln, so daß sie sich in der Zielsprache angemessen ausdrücken können. Um jedoch in einen Dialog treten zu können, müssen Lernende über mehr als nur sprachliche Strukturen verfügen. Sie benötigen auch einige Kenntnisse über die Zielsprachenkultur. Durch dieses Wissen über den kulturellen Kontext der verwendeten Sprache kann der fremdsprachliche Sprecher sich besser verständigen und seine Kommunikationspartner besser verstehen. Schließlich gibt es eine dritten Aspekt, der zu einem gelungenen Dialog beiträgt. Dies ist die Fähigkeit und Bereitschaft zum Fremdverstehen.

Fremdverstehen, auch interkulturelle Kommunikationsfähigkeit genannt, erfordert die Bereitschaft, sich auf einen Dialogpartner einlassen zu wollen, und die Fähigkeit, für eine begrenzte Zeit die Welt aus seiner Perspektive zu sehen. Dafür ist es nötig zu wissen und zu akzeptieren, daß ein Sachverhalt aus verschiedenen Perspektiven betrachtet werden kann, d.h. die Anerkennung von Perspektivendifferenz. In einem zweiten Schritt sollten Dialogpartner bereit sein, sich auf die Perspektive des Gegenübers einzulassen, und zwar nicht nur kognitiv, sondern auch affektiv, um nachvollziehen zu können, wie diese die Welt wahrnehmen. Dies wird als Perspektivenübernahme oder Perspektivenwechsel bezeichnet. Schließlich kann in einem dritten Schritt die Perspektivenkoordinierung erfolgen. Dabei vergleicht der interkulturell kompetente Sprecher seine Perspektive mit der anderen, ihm fremden, und versucht zwischen ihnen so zu vermitteln, daß die kommunikative Interaktion für beide Partner zufriedenstellend verläuft. Dieser Schritt erfordert analytische und vermittelnde Fähigkeiten, aber auch Offenheit und Kompromißbereitschaft.

Aus dem oben gesagtem wird deutlich, daß die Entwicklung zu einer multikulturellen Gesellschaft in einer sich globalisierenden Welt eine Erweiterung der schulischen Lernziele und des Bildungsauftrags der Schule erforderlich macht. Fremdverstehen als allgemeines Bildungsziel kann in allen Schulfächern gefördert werden. Im Fremdsprachenunterricht können fremdsprachliche Mittel und kulturspezifisches Wissen vermittelt werden und kommunikative Strategien geübt werden, die Lernende helfen, in einen konstruktiven Dialog mit Menschen aus anderen Kulturräumen zu treten. Auf den ersten Blick erscheint dies vornehmlich eine sprachdidaktische Aufgabe zu sein. Dies ist jedoch nicht der Fall. Die vorliegende Arbeit geht der Frage nach, welchen Beitrag die fremdsprachliche Literaturdidaktik für die Entwicklung von Fremdverstehen leisten kann.

Das Ziel dieser Arbeit liegt darin, literarische Texte so zusammenzustellen und für didaktische Zwecke zu interpretieren, daß sie den Lernprozeß im interkulturellen Verstehen in der Sekundarstufe II unterstützen. Die Texte werden mit einer steigenden Progression im interkulturellen Verstehen angeordnet, d.h. die ersten Texte dieser Reihe sind im interkulturellen Verstehen für fremdsprachliche Leser relativ einfach, während die mittleren und letzten Texte zunehmend schwieriger zu verstehen sind, weil sie sowohl mehr kulturspezifisches Wissen voraussetzen als auch sukzessiv komplexere Situationen im interkulturellen Verstehen darstellen. (Die sprachliche Schwierigkeit ist in allen Texten vergleichbar.) Schließlich soll dargestellt werden, welches Potential alle Texte für einen handlungsorientierten Unterricht aufweisen.

Die Texte werden aus der Gruppe der multi-ethnischen amerikanischen Literatur exemplarisch ausgewählt, womit nicht behauptet werden soll, daß diese Literatur grundsätzlich besser als andere (wie z.B. postkoloniale Literatur oder multi-ethnische Literatur aus Großbritannien) für dieses Ziel geeignet sei. Diese Literatur ist für interkulturelles Lernen im fremdsprachlichen Unterricht mit literarischen Texten gut geeignet, weil sie kulturelle Differenzen explizit zum Thema macht und Möglichkeiten zum Umgang mit kultureller Vielfalt zeigt.

Der Einsatz multi-ethnischer Literatur kann mit vier Argumenten begründet werden. Lernende können

- etwas darüber erfahren, wie "Menschen ihre sozial- und kulturhistorische Situation deuten", sei es in der eigenen Kultur und Zeit oder in anderen Kulturen und Epochen. (Erkenntnisanspruch von Literatur im allgemeinen, vgl. Bredella 1986. Dies trifft auf fast alle literarischen Texte zu.)

- sich mit den dargestellten Charakteren und Erfahrungen identifizieren, oder ihre Situation in Texten wiederfinden, sofern sie sich selbst in einer Situation als kulturelle Minderheit verstehen oder selbst über Migrationserfahrungen verfügen (je nach dem, von welchen Lernenden im Unterricht ausgegangen wird, siehe Hu 1999, Gogolin 1994).

- sich damit auseinandersetzen, wie multikulturelle Charaktere ihre verschiedenen Weltsichten miteinander in Einklang bringen.
- kulturelle Sensibilisierung und Fremdverstehen entwickeln.

Schließlich kann in einem literaturbezogenen Landeskundeunterricht der Einsatz von Literatur dazu beitragen, ein bestimmtes Bild des jeweiligen Landes oder Sprachraums zu vermitteln bzw. zu korrigieren. Wenn multiethnische amerikanische Literatur im Englischunterricht behandelt wird, reflektiert der Unterricht die kulturelle Vielfalt und die besonderen Themen von Minderheiten in den USA.

Bevor jedoch geeignete Texte vorgestellt werden können, möchte ich mehrere angrenzende Bereiche näher betrachten. Aus diesem Grund habe ich diese Arbeit in zwei Teile gegliedert. Der erste Teil (Kapitel 1 bis 3) befaßt sich mit den theoretischen Grundlagen, und der zweite Teil (Kapitel 4 bis 9) wendet diese Erkenntnisse am Beispiel einer Textreihe mit multiethnischer amerikanischer Literatur an.

Das erste Kapitel widmet sich den grundlegenden Faktoren des fremdsprachlichen Literaturunterrichts. Es wird danach gefragt, welche Rolle Literatur im Fremdsprachenunterricht haben kann und welche literaturdidaktischen Modelle es gibt.

Im zweiten Kapitel wird dargestellt, inwieweit sich Konzepte zum interkulturellen Lernen mit Literatur von der traditionellen Literaturdidaktik unterscheiden. Obwohl diese Ansätze meist im Kontext eines spezifischen Sprachfaches (z.B. Deutsch als Fremdsprache, Französisch, Englisch, usw.) entwickelt werden, sind ihre methodischen Erkenntnisse auf andere Sprachen übertragbar. Damit sind sie für diese Arbeit relevant. Schwerpunktmäßig werden im Rahmen dieser Arbeit Ansätze aus der deutschsprachigen fremdsprachendidaktischen Forschung berücksichtigt. Bei der Darstellung der Ansätze steht vor allem im Vordergrund, welche Lernziele[1] in einem interkulturellen Fremdsprachenunterricht mit Literatur verfolgt werden können, und mit welchen Methoden im fremdsprachlichen Literaturunterricht interkulturelles Lernen initiiert werden kann.

---

[1] Obwohl Doyé zwischen Lehrzielen und Lernzielen unterscheidet, hat sich diese Unterscheidung in der wissenschaftlichen Literatur nicht durchgesetzt. "Lernziele sind Ziele, die Menschen sich für ihr eigenes Lernen setzen. Lehrziele sind Ziele, die Menschen bei der Steuerung des Lernens anderer intendieren." (Doyé 1995: 161) Zur Problematik der Gewinnung von Lernzielen siehe Achtenhagen 1995.

Das dritte Kapitel befaßt sich mit Textreihen im Fremdsprachenunterricht. Zunächst werden Kriterien zur Auswahl von Einzeltexten und zur Erstellung von Textreihen für den Fremdsprachenunterricht vorgestellt. Im nächsten Abschnitt diskutiere ich einige Aspekte der in den USA laufenden Diskussion um die Anerkennung von Minderheiten und stelle den Begriff multi-ethnische amerikanische Literatur vor. Im dritten Abschnitt dieses Kapitels erfolgt eine erste Annäherung an die Textsequenz des zweiten Teils. Das Thema der Textreihe lautet "Identität in einer multikulturellen Gesellschaft" und wird anhand von sechs Texten (vier Kurzgeschichten, einem kurzen Roman und einem Kapitel aus einem Roman) entwickelt. Das Kapitel schließt mit einer Darstellung der Vorgehensweise zur Textanalyse.

Im zweiten Teil, den Kapiteln 4 bis 9, werden die sechs Texte vorgestellt, um die im theoretischen Teil diskutierten Aspekte exemplarisch anzuwenden. Die Texte werden in eine Reihenfolge gebracht, die ein Fortschreiten vom einfachen zum komplexeren interkulturellen Lernen ermöglicht, um zu zeigen, wie eine Progression im interkulturellen Verstehen umgesetzt werden kann.

Die Textbesprechungen berücksichtigen sowohl die universale als auch die kulturspezifische Dimension der Texte. Zunächst habe ich den jeweiligen Text inhaltlich zusammengefaßt (auch weil ich nicht davon ausgehen kann, daß Leser dieser Arbeit die Texte kennen) und seine narrative Struktur vorgestellt, da diese besonders für den Einsatz im Unterricht wichtig sein kann. Bei der Interpretation des Textes wird, wie gesagt, auf das Universale und Kulturspezifische im Text eingegangen. Es werden auch Bezüge zu anderen Texten angedeutet. Schließlich stelle ich den kulturspezifischen literarischen Kontext der Autorin oder des Autors vor, um deren oder dessen Position innerhalb der jeweiligen kulturellen Gruppe darzustellen.

Nach der textzentrierten Diskussion verschiebt sich mein Blick auf die Beziehung zwischen Text und Leser, in diesem Kontext speziell dem Englischlernenden der Sekundarstufe II in Deutschland. Jeder Text wird in Hinblick auf mögliche Hürden beim interkulturellen Verstehen betrachtet. Dabei wird überlegt, inwieweit im Text Hinweise auf kulturspezifisches Wissen gegeben werden oder dieses Wissen beim Leser vorausgesetzt wird und inwiefern dieses erforderliche Wissen von der spezifizierten Lernergruppe erwartet werden kann. Die Ergebnisse dieser Überlegungen sind für den letzten Abschnitt der Textuntersuchung wichtig. Hier werden Möglichkeiten zum Einsatz des Textes im Englischunterricht aufgezeigt, wobei insbesondere interkulturelles Lernen in einem handlungsorientierten Unterricht im Mittelpunkt steht. (Detaillierte Unterrichtsvorschläge befinden sich im Anhang.)

Das zehnte Kapitel faßt die Ergebnisse der ersten neun Kapitel zusammen und gibt einen Ausblick auf weitere Fragestellungen, die sich aus dieser Arbeit ergeben und in der Forschung über interkulturelles Lernen mit Literatur im Fremdsprachenunterricht aufgegriffen werden können.

TEIL I: THEORETISCHE GRUNDLAGEN

1 Literatur im Fremdsprachenunterricht

"Das Buch war für Teresa das Erkennungszeichen einer geheimen Bruderschaft. Gegen die Welt der Roheit, die sie umgab, besaß sie nämlich nur eine Waffe: die Bücher [...] Sie boten ihr die Möglichkeit einer imaginativen Flucht aus ihrem unbefriedigendem Leben [...]." Milan Kundera, 1984

Der Bereich des interkulturellen Lernens mit literarischen Texten im fremdsprachlichen Unterricht basiert auf zwei Teilbereichen: 1. Literatur als Gegenstandsbereich; und 2. Fremdsprachliche Literaturdidaktik.

Die vorliegende Arbeit wird mit einer Darstellung dieser Bereiche im ersten Kapitel eröffnet, um in Kapitel 2 (Interkulturelles Lernen mit Literatur) auf diese Grundlagen Bezug nehmen zu können.

1.1 Literatur als Gegenstandsbereich

Der zentrale Gegenstandsbereich dieser Arbeit ist Literatur, insbesondere die multi-ethnische amerikanische Literatur, die in Kapitel 3.2 näher beleuchtet wird. In diesem Abschnitt (1.1) werden mögliche Positionen zu Literatur als Textsorte im Fremdsprachenunterricht zusammengefaßt. Es wird darauf hingewiesen, welche Bedeutung diese Positionen beim Einsatz von literarischen Texten im Fremdsprachenunterricht haben. Dies wiederum ist eine wichtige Grundlage für die Diskussion von literaturdidaktischen Modellen (Kapitel 1.2).

Zur Bestimmung des Begriffs "literarische Texte" kann von zwei Positionen ausgegangen werden. Der eine Ansatz geht von der Sprache im Text aus, d.h. er unterscheidet zwischen der Sprache informierender Texte und der Sprache literarischer Texte, der andere Ansatz geht von der Haltung des Lesers aus, d.h. inwieweit erwartet der Leser eine Darstellung fiktionaler Handlung oder sachbezogener Informationen.

Norbert Groeben beschreibt die Sprache in informierenden Texten wie folgt:

> Die Sprache von wissenschaftlichen oder Sachbuch-Texten, von informierenden Texten insgesamt, ist auf Kommunikation ausgerichtet, auf möglichst ungestörte Übermittlung bestimmter, festumrissener Informationen an den Leser. (Groeben 1985: 78)

Hierzu kann der literarische Text als Gegenpol betrachtet werden. Groeben beschreibt die Sprache in literarischen Texten als "nicht-kommunikativ, vieldeutig (polyvalent), assoziativ aufgeladen, tendenziell alogisch etc." (Groeben 1985: 78) Dies verleiht dem literarischen Text einen "'Polyvalenz'-Faktor", der für Groeben ein wichtiges Charakteristikum von Literatur darstellt (vgl. Groeben 1985: 78).

Eine andere Position zum Begriff Literatur wird vorgeschlagen, wenn die Haltung des Lesers einbezogen wird. Zunächst stellt Lothar Bredella den Diskurs um einen weiten und einen engen Literaturbegriff dar, und beschreibt den allgemeine Zustimmung findenden Begriff von Literatur:

> Wohl der erfolgreichste Versuch, literarische Texte zu bestimmen, geht von der Annahme aus, daß literarische Texte fiktionale Texte seien. Das Besondere an dieser Definition besteht darin, daß Fiktionalität nicht ein Textmerkmal, sondern eine bestimmte Einstellung des Lesers ist. (Bredella 1995b: 58)

Dieser Literaturbegriff stellt die Einstellung des Lesers in den Mittelpunkt. Die Bestimmung von Fiktionalität ist jedoch umstritten, und Bredella unterscheidet in diesem Disput drei Auffassungen, nämlich:

Position 1: "daß der literarische Text nicht den Anspruch erhebt, die Wirklichkeit getreu abzubilden. Dies aber ermöglicht es, grundlegende Strukturen menschlicher Erfahrung und die zentralen Wertvorstellungen einer Kultur erhellen zu können. [...] Literatur ist eine Form der Erkenntnis der Wirklichkeit." (Bredella 1995b: 58f.)

Position 2: "daß der literarische Text eine Gegenwelt beschreibt [und] utopische Vorstellungen und unterdrückte Wünsche" darstelle. (Bredella 1995b: 59)[2]

Position 3: "daß literarische Texte weder eine tiefere Wirklichkeit noch eine Wunschwelt darstellen, sondern den Referenzcharakter der Sprache überhaupt aufheben wollen, um dadurch die Aufmerksamkeit auf die Sprache selbst lenken zu können." (Vgl. Bredella 1995b: 59)

---

[2] Siehe Bredella 1993 für weitergehende Ausführungen zu der Frage, inwiefern Kunst die Wirklichkeit bestätigt oder negiert.

Es gibt aber auch Auffassungen, die den fiktionalen Charakter literarischer Texte nicht reflektieren:

1. Literarische Texte können "zum Verständnis der fremden Kultur beitragen, ohne daß deren fiktiver Charakter reflektiert wird." (Bredella 1995b: 59)
2. Eine zweite Auffassung besagt, "daß zunächst mit Hilfe der Sozialwissenschaften das richtige Wissen über die fremde Kultur ermittelt werden muß, um anschließend die literarischen Texte auszuwählen, die dieses richtige Wissen nicht verfälschen, sondern bestätigen."[3] (Bredella 1995b: 59)

Für Bredella ist die letztere Position fragwürdig, da sie "der Literatur selbst jeglichen Erkenntnisanspruch [abspricht]." (Bredella 1995b: 59) Er sieht die Erkenntnisfunktion von Literatur darin, daß sie uns zeige, "wie Menschen ihre sozial- und kulturgeschichtliche Situation *erfahren und deuten*." (Bredella 1986: 398f., kursiv S.E.Z.) Dabei hebt er hervor, daß die ästhetische Distanz es ermöglicht, sich leichter des perspektivischen Charakters des Dargestellten bewußt zu werden. "In der Lebenswelt und auch bei Sachtexten bleibt es uns oft verborgen, daß man die jeweiligen Sachverhalte auch ganz anders deuten könnte." (Bredella 1986: 399) Das implizite Lernziel lautet bei dieser Haltung: "Es kommt darauf an, scheinbar eindeutige Sachverhalte unter verschiedenen Perspektiven zu sehen, zwischen ihnen abzuwägen und sich der eigenen Voraussetzungen beim Verstehen bewußt zu werden." (Bredella 1986: 399)

Da die Rolle des Lesers ein wesentlicher Faktor in der Literaturdidaktik ist, soll dieser Ansatz in der vorliegenden Arbeit stärker berücksichtigt werden als der Ansatz mit Betonung auf der kommunikativen bzw. nichtkommunikativen Funktion der Sprache in informierenden bzw. literarischen Texten. Wie in der weiteren Diskussion über Ansätze zum interkulturellen Lernen mit Literatur gezeigt werden soll, ist dieses – bereits 1986 formulierte – Lernziel heute eines der zentralen Aspekte des Fremdverstehens überhaupt. Doch zunächst werde ich einen Überblick über Methoden des fremdsprachlichen Literaturunterrichts geben.

---

[3] Siehe Bredella 1989 zu einer Auseinandersetzung mit dieser Position, die u.a. von Seelye (1984) vertreten wird.

1.2 Fremdsprachliche Literaturdidaktik

Nach Albert-Reiner Glaap gibt es in der fremdsprachlichen Literaturdidaktik vier Konzeptionen:[4]

1. Das literaturwissenschaftliche Konzept nach Peter Freese, wobei der Text mit einem Erschließungsverfahren interpretiert wird. Lernziel ist die Ausbildung einer Textkompetenz (vgl. Glaap 1995: 150).
2. Das textwissenschaftliche Konzept nach Egon Werlich. Es stellt einen textimmanenten Umgang in den Vordergrund zur Vermittlung von "textgrammatische[r] Begrifflichkeit und Methodeneinübung" durch eine textimmanente Analyse. Lernziel ist ebenfalls Textkompetenz (vgl. Glaap 1995:150).
3. Das literaturdidaktische Konzept nach Bredella.[5] Durch die Interaktion zwischen Text und Leser entwickelt sich ein Sinn im Gelesenen (vgl. Glaap 1995:150). Das Lernziel umfaßt die Erkenntnis, daß es unterschiedliche Perspektiven zu einer Sache geben kann und die Fähigkeit, vorhandene Konflikte von Werten und Normen (im Text selbst oder zwischen Text und Leser) erkennen zu können (vgl. Bredella 1986; 1989). Fremdverstehen wird hier als explizites Lernziel entwickelt (vgl. Bredella 2000b).
4. Das Konzept des freien textverarbeitenden Lerngesprächs nach Rudolf Nissen.[6] Nissen geht von der Annahme aus, daß Fremdsprachenunterricht ohne Bezugnahme auf einen Text nicht möglich ist. Der Text gibt eine gewisse Steuerung vor, erlaubt aber noch eine spontane Auseinandersetzung. Lernziel ist hier explizit der Spracherwerb (vgl. Glaap 1995:151).

In Kapitel 2 wird zu zeigen sein, wie diese Konzepte in Hinblick auf Fremdverstehen und interkulturelles Lernen weiterentwickelt wurden bzw. inwiefern neue Konzepte hinzugekommen sind.

Beiträge zur empirischen Forschung des fremdsprachlichen Literaturunterrichts sind u.a. von Norbert Benz 1990 vorgelegt worden, der empirisch den fremdsprachlichen Literaturunterricht auf Textauswahl und Unterrichtsmethoden erforschte.[7] Ferner erarbeitete Thomas Becker 1992 eine

---

[4] Für eine vergleichende Darstellung der vier Modelle siehe Schier 1989.

[5] Bei Schier 1989 als hermeneutisches Modell bezeichnet.

[6] Auch Weber hat ein sehr ähnliches Konzept entwickelt, bei dem Texte zu "engagierten Äußerungen" (Weber in Glaap 1995: 151) anregen sollen.

[7] Fazit von Benz ist: Die Textauswahl im fremdsprachlichen Literaturunterricht ist vielfältig und trifft die Interessen der Schüler, aber die

empirische Studie zum Rezeptionsverhalten von Schülern im Umgang mit fremdsprachlicher Literatur. In der von Daniela Caspari 1994 veröffentlichten Arbeit zum kreativen Umgang mit Literatur im fremdsprachlichen Literaturunterricht geht sie auf den Themenbereich von Kreativität in der Schule und Rezeptionsästhetik als Grundlage literaturdidaktischer Theoriebildung ein. Schließlich veröffentlichte Max Gutbrod 1996 seine Studie über die Rolle des Lehrers im Literaturunterricht. In diesen Studien wird der Bereich des interkulturellen Lernens mit Literatur höchstens am Rande erwähnt.

Im Rahmen dieser Arbeit wird auf die Möglichkeiten zum interkulturellen Lernen mit Literatur näher eingegangen. Dazu wird in Kapitel 2 gezeigt, welche Lernziele und welche methodischen Vorgehensweisen zum interkulturellen Lernen mit Literatur im Fremdsprachenunterricht vorgeschlagen werden.

---

eingesetzten Methoden (-vielfalt) und Medien seien zu monoton, vgl. Benz 1990: 223. Ferner stellt Benz einen sehr kognitiven Umgang mit Literatur im FU fest, vgl. Benz 1990: 227. Dies deutet darauf hin, daß in den 1980'er Jahren vorwiegend literaturwissenschaftliche und textwissenschaftliche Methoden eingesetzt wurden.

2 Interkulturelles Lernen mit literarischen Texten im Fremdsprachenunterricht

"While texts always stay the same, readings always differ." Michael Benton, 1996.

Die Rolle von literarischen Texten im Fremdsprachenunterricht differiert im 20. Jahrhundert. Bis in die 50er Jahre wurde die fremde Sprache gelernt, um Bildung zu fördern und die sogenannten großen literarischen Werke der Zielsprachenkultur in der Originalsprache rezipieren zu können. Hier stand die Literatur im Mittelpunkt des Unterrichts, sowohl in der Methode (Grammatik-Übersetzungsmethode) und als Lernziel, denn, so war die Überzeugung, "der literarische Text [ist] beredtes Zeugnis von den geistigen Leistungen einer Sprachgemeinschaft und deren kulturellen Werten." (Barthel 1991: 9)

Als die Erkenntnisse aus der Sprechakt-Theorie Eingang in den fremdsprachlichen Unterricht fanden und der durchschnittliche Fremdsprachenlerner nicht so sehr in dem sogenannten Bildungsbürgertum zu finden war, sondern eher im Mittelstand, der die fremde Sprache vermutlich eher als Tourist verwenden würde, wurde die Rolle der Literatur zurückgedrängt, da man das Lernziel kommunikative Kompetenz in erster Linie über als universal geltende Dialog- und Schreibmuster erreichen wollte (vgl. Neuner & Hunfeld 1993).

Nach einer kurzen Phase, in der die Literatur fast gänzlich aus dem Fremdsprachenunterricht verbannt schien, erkannten Didaktiker das Potential von literarischen Texten im kommunikativen Fremdsprachenunterricht. Literarische Texte regen zur Kommunikation an, sei es im Dialog mit anderen Lernenden oder schriftlich in der persönlichen Auseinandersetzung des Lesers mit dem Text. Literatur erhielt eine sogenannte Sprungbrettfunktion, d.h. Literatur wurde als ein Anlaß zur Kommunikation gesehen (vgl. Caspari 1994).

Parallel zu dieser Entwicklung erlebte die Landeskundedidaktik neue Impulse, und man teilte der Literatur auch hier eine neue Rolle zu. Um eine abwechslungsreiche Textsortenpalette anbieten zu können, wurde neben verschiedenen Sachtextsorten auch der Einsatz von literarischen Texten für den Landeskundeunterricht neu überprüft (vgl. Kuna & Tschacherl, Hrsg., 1986).

Schließlich hat in den vergangenen zwei Jahrzehnten die englische Sprache sich als *lingua franca* von allen anderen Sprachen weit abgesetzt (vgl. Crystal 1997). Damit ist als Lernziel weniger die Touristensprache als eher die Berufssprache für eine globalisierte Arbeitswelt in den Vordergrund gerückt.

Eine große Vielfalt an Vorschlägen ist in den vergangenen fünfzehn Jahren veröffentlicht worden, die sich mit den Möglichkeiten und Grenzen, Zielen und Methoden, Inhalten und Lernergruppen in bezug auf interkulturelles Lernen mit literarischen Texten im Fremdsprachenunterricht auseinandersetzen. Nach Sichtung von etwa einhundert Veröffentlichungen aus dem deutschsprachigen Raum der fremdsprachendidaktischen Forschung,[8] zeichnen sich deutliche Tendenzen hinsichtlich der Rolle von Literatur im interkulturellen Lernen ab. Dabei fällt auf, daß sich verschiedene Richtungen entwickelt haben, je nach Ausgangsposition der Wissenschaftler. Es scheint jedoch verfrüht, zwischen verschiedenen "Schulen" zu unterscheiden.

Auch scheint eine Gruppierung der Ansätze zum interkulturellen Lernen mit Literatur nach den bekannten Modellen der Literaturdidaktik wenig hilfreich zu sein (vgl. Kapitel 1.2). Während in diesen Modellen der Literaturdidaktik eine (zumindest theoretisch) klare Unterscheidung von Lernzielen und Methoden zu erkennen ist, konvergieren die Ansätze, die aus diesen Modellen weiterentwickelt wurden, in Richtung auf das Lernziel interkulturelle Kommunikationsfähigkeit und werden in Hinblick auf die Methodik schwer differenzierbar. Der Diskurs in der heutigen Literaturdidaktik zeichnet sich durch einen Pluralismus der Methoden aus, so daß in ihrem Rahmen ähnliche Lernziele mit den verschiedensten Methoden verwirklicht werden können. Schließlich wird einigen Ansätzen in der modernen fremdsprachlichen Literaturdidkatik nur noch wenig Aufmerksamkeit geschenkt; so wird z.B. das textgrammatische Modell für den schulischen Unterricht in Hinblick auf das Lernziel interkulturelle Kompetenz nicht weiterentwickelt, auch wenn es für das Philologiestudium weiterhin eine wichtige Grundlage für literaturwissenschaftliche Seminare bleibt (vgl. Hermes 1998b; Nünning 1992; Nünning 1997b; Spekat 1997; Volkmann 1997; Wenzel 1997).

In diesem Kapitel werden Ansätze zum interkulturellen Lernen mit Literatur in zwei Abschnitten diskutiert:

---

[8] Mit Schwerpunkt im Fremdsprachenunterricht Englisch und etwa vierzig Veröffentlichungen aus der amerikanischen Literaturdidaktik für multikulturelle Literatur, auf die an geeigneten Stellen verwiesen wird. Siehe Delanoy 1996b zur "Relevanz der englischsprachigen Literaturpädagogik für die fremdsprachliche Literaturdidaktik."

1. Begründungen für den Einsatz von Literatur zum interkulturellen Lernen. In der wissenschaftlichen Literatur werden vier Hauptgründe für den Einsatz literarischer Texte beim interkulturellen Lernen genannt, die zugleich als Lernziele verstanden werden können. Zum Beispiel kann Literatur als Quelle von Fremderfahrung die Fähigkeit zum Perspektivenwechsel, Fremdverstehen und Empathie fördern. Literatur kann auch als Träger kulturellen Wissens entweder im landeskundegestützten Literaturunterricht (d.h. zum besseren Verstehen von Literatur wird landeskundliches Wissen ist eingebracht) oder in der literaturbezogenen Landeskunde (d.h. landeskundliche Kenntnisse werden durch Literatur vermittelt) genutzt werden. Darüber hinaus kann Literatur die Kommunikationsfähigkeit fördern, indem sie Anlaß zum interpretieren, kommunizieren und argumentieren bietet, und schließlich kann Literatur die Fähigkeit, Stereotypen zu erkennen, fördern und für den Umgang mit ihnen sensibilisieren.

2. Umgang mit literarischen Texten im Unterricht. Zu den Arbeitsformen mit denen interkulturelles Lernen gefördert wird, gehören sowohl schriftliche als auch mündliche Aufgabenstellungen. Zu den traditionellen Formen der Textarbeit zählen Textinterpretation und Übersetzung, während kreativitätsorientierte Methoden, E-mail Forum und Internet, Lerngespräch und Diskussion, Projektarbeit als neuere Methoden bezeichnet werden können.

Bevor im weiteren Verlauf dieses Kapitels auf die Begründung für den Einsatz literarischer Texte im interkulturellen Lernen und der Methoden näher eingegangen wird, möchte ich eine Vorbemerkung zu einem begrifflichen Aspekt machen. Im Rahmen des interkulturellen Lernens mit Literatur wird "Fremdverstehen" häufig synonym mit "interkulturellem Lernen" gebraucht. Es ist nicht Ziel dieser Arbeit, eine begriffliche Trennung vorzunehmen, aber ich möchte darauf hinweisen, daß dieses Wortpaar sich ergänzt und zum Teil überlappt.

Der Begriff "Fremdverstehen" ist besonders durch den Kontext der Hermeneutik und dem dort entwickelten Begriff des "Verstehens" geprägt (vgl. Bredella & Christ 1995). Das Konzept des Fremdverstehens beruht darauf, daß ein Anderer entweder im eigenen Kontext verstanden werden kann (d.h. Verstehen allgemein), oder es kann versucht werden, den Anderen in seinem – fremdkulturellen – Kontext zu verstehen (d.h. Fremdverstehen) (Bredella et al. 2000: xii). Der Begriff "interkulturelles Lernen" kommt aus dem Bereich der Pädagogik bzw. der interkulturellen Erziehung und hat sich aus den Diskussionen über die "Ausländer-Sonderpädagogik" entwickelt (vgl. Auernheimer 1995). Heute ist damit gemeint, daß Kinder und Jugendliche durch interkulturelles Lernen auf ein Leben in einer multikulturellen Gesellschaft und die Begegnung mit fremden Kulturen vorbereitet werden sollen.

2.1 Begründungen für interkulturelles Lernen mit literarischen Texten

In Veröffentlichungen über den Einsatz von literarischen Texten zum interkulturellen Lernen im Fremdsprachenunterricht können vier Aspekte unterschieden werden, warum Ziele des interkulturellen Lernens sinnvoller Weise mit fremdsprachlicher Literatur verfolgt werden können..

2.1.1 Fremderfahrung und Perspektivenwechsel

Ein wesentlicher Unterschied zwischen literarischen und nicht-literarischen Texten liegt in dem fiktionalen Charakter von Literatur (vgl. Kapitel 1.1). Damit ist gemeint, daß Literatur nicht als Abbildung einer Wirklichkeit zu verstehen ist, sondern als eine Interpretation, wie die Welt von anderen wahrgenommen wird oder wie sie sein könnte (vgl. Bredella 1986: 399).

In der literaturdidaktischen Diskussion werden die Begriffe "Fremderfahrung" und "Perspektivenwechsel" häufig synonym gebraucht und verweisen auf ähnliche Abläufe des interkulturellen Lernens. Während der Begriff Fremderfahrung mehr auf den gesamten Prozeß des Lesens und des Verstehens eines Textes hinweist, ermöglicht der Begriff Perspektivenwechsel eine Aufteilung in kleinere Schritte in der Auseinandersetzung mit dem Text. Diese Schritte umfassen die Differenzierung, die Übernahme und die Koordinierung von verschiedenen Perspektiven, wie unten erläutert wird.

2.1.1.1 Fremderfahrung

Eine besondere Eigenschaft von literarischen Texten ist es, daß sie ihre Leser in fremde Welten führen und ihnen Einblicke in fremde Kulturen geben (vgl. Grabes 1996; Wendt 1996; Donnerstag 1999a), d.h. sie ermöglichen Erfahrungen mit fremden Kulturen, ein wichtiges Lernziel des interkulturellen Lernens (vgl. Hermes 1998a). Diese Erfahrungen sind vermittelte und werden als sekundäre Fremderfahrungen bezeichnet (vgl. Funke 1989; Byram 1990; Delanoy 1993; Donnerstag 1992; Hermes 1997). Im Rahmen des interkulturellen Lernens im fremdsprachlichen Literaturunterricht wird nach geeigneten Texten und Methoden geforscht, die das Potential an Fremderfahrung durch Literatur didaktisch nutzen.

Reed Way Dasenbrock hat gezeigt, daß interkulturelles Lernen mit eigensprachlicher Literatur aus einem fremdkulturellen Kontext initiiert werden kann. Diese fremdkulturelle Literatur kann durchaus gewisse Hürden im Verstehensprozeß aufbauen, in dem sie bewußt Begriffe verwendet, die für den intendierten Leser unbekannt sind. Anhand eines Beispiels aus der englischsprachigen äthiopischen Literatur demonstriert Dasenbrock, wie diese Textstellen für interkulturelles Verstehen fruchtbar gemacht werden können, indem Lernende angeleitet werden, einen Sinn des Textes selber zu konstruieren:

> The novel is not written for those who know about guadas, but for those with some desire to figure it out. When the book resists easy interpretation, it does so precisely so as to provoke change in the reader, to force a modification in his or her interpretive schema or prior theory. [...] In other words, the teacher leads the class through the experience of constructing a passing theory; to do otherwise, to annotate the unannotated text would be to prevent the students from experiencing the meaning of the work. (Dasenbrock 1992: 44)

Hier wird eine Haltung vertreten, die auf das Potential zur Begegnung mit Fremdem in Literatur sowohl hinweist als auch erhalten will, in dem Annotationen eben nicht zum problemlosen Lesen des Textes verhelfen sollen. Doch Dasenbrock hat eine Lernergruppe vor Augen, die in Englisch als Muttersprache liest, und es wäre für den Kontext dieser Arbeit zu überprüfen, inwiefern dies auch für den fremdsprachlichen Literaturunterricht gelten kann. Das kann jedoch an dieser Stelle nicht geleistet werden.

Kehren wir zum fremdsprachlichen Literaturunterricht zurück. Für Bredella besteht die Möglichkeit, daß Lernende sich auf fremde Erfahrungen einlassen und dabei erleben, wie sehr die eigene kulturelle Prägung die Wahrnehmung beeinflußt [9] (Bredella 1996a: 15).

---

[9] Beispiele hierfür sind: Generationenkonflikt, Bredella 1986; Erfolg in der modernen Leistungsgesellschaft, Bredella 1989; Männlichkeit, Bredella 1990; individuelle versus kollektive Identität, Bredella 1996a; Rassismus, Bredella 1996a; bikulturelle Identität, Bredella 1997b, 1999a; Identität bei gesellschaftlichen Minderheiten, Bredella 1998b, 1999b, 2000a, 2000b.

Uwe Multhaup weist ebenfalls auf die Rolle hin, die die Literaturdidaktik für das interkulturelle Lernen einnehmen kann. "Die Textdidaktik muß aber die Fähigkeit fördern, verstehend nachzuvollziehen, was andere bewegt hat, ihre Aussagen so zu machen, wie sie sie machen. An dem Punkt ist sie von der Sprachdidaktik nicht zu trennen und geht zwanglos in die Förderung interkulturellen Verstehens über." (Multhaup 1997: 100)

2.1.1.2 Perspektivenwechsel

Literarische Texte zeigen oft, daß die Charaktere ihre Welt unterschiedlich deuten, so daß die Leser mit einer Vielfalt von Perspektiven zu einer Sache konfrontiert werden können. Dies ist nach Auffassung einiger Literaturdidaktiker für das interkulturelle Lernen besonders wichtig, weil der Mensch zunächst die Welt aus einer ethnozentrischen Perspektive betrachte und erkennen lernen müsse, daß die Welt anders gedeutet werden könne.

Lernende sollen in einem Unterricht, der interkulturelles Verstehen als Lernziel sieht, in der Auseinandersetzung mit dem Text sich ihrer eigenen Vorurteile bewußt werden und diese artikulieren lernen (Bredella 1989: 217f.). So bleibt das Lernziel die Sensibilisierung für Perspektivenvielfalt und gesellschaftliche Konflikte: "Literarische Texte geben keine Antwort auf Fragen im Sinne von Lösungen für Probleme und Konflikte, noch geben sie Handlungsanweisungen, sondern sie werfen selbst Fragen auf und machen Probleme und Konflikte sichtbar." (Bredella 1986: 400) Damit sind literarische Texte " [...] wenig zur Vermittlung von Inhalten im engeren Sinne geeignet [... , aber sie können, S.E.Z.] die Sensibilität für das Verstehen einer fremden Kultur schärfen, indem sie die Aufmerksamkeit auf den Prozeß des Deutens und die dabei ins Spiel gebrachten Einstellungen und Erwartungen lenken." (Bredella 1986: 420) Damit hilft Literatur, ein Bewußtsein für die eigene kulturelle Geprägtheit zu gewinnen.

Für Ansgar Nünning (1997c) ist Literatur besonders geeignet, Lernenden Perspektivenvielfalt bewußt zu machen. Dabei unterscheidet er drei Teilschritte, die zu diesem Ziel führen: erstens, Perspektivendifferenz als Bewußtmachen der Unterschiede zwischen zwei (oder mehr) Sichtweisen, zweitens, Perspektivenübernahme als "inhaltliche Ausgestaltung der fremden Perspektive" (Nünning 2000: 110), und drittens, Perspektivenkoordinierung als Vergleich und Vermittlung zwischen eigener und fremder Perspektive (vgl. Nünning 2000, Schinschke 1995).

2.1.1.2.1 Perspektivendifferenz

Nach Nünning ist Perspektivendifferenz "das Wissen um die Differenz zweier Perspektiven" (Nünning 2000: 110) und damit ein erster Schritt zur

Kenntnisnahme und Anerkennung anderer Sichtweisen. Besonders in Lernergruppen, die relativ homogen sind, ist es wichtig, dieses Lernziel explizit zu erarbeiten und nicht davon auszugehen, daß dies allen Lernenden klar ist. Perspektivendifferenz kann sich auf zwei Weisen bemerkbar und erfahrbar machen: als Differenz innerhalb der Lesergemeinschaft und als Differenz innerhalb des Textes.[10]

Literarische Texte werden von jedem Leser anders verstanden, sowohl in einer Lesegemeinschaft (Klasse, Seminar), die aus einer relativ monokulturellen Gruppe besteht, als auch besonders in multikulturellen Gruppen (vgl. Kramsch 1993). Diese Tatsache kann im Unterricht genutzt werden, in dem Lernende sich als eine *reading community* betrachten, die ihre Leseeindrücke mitteilt und ihr Verstehen eines Textes im Dialog aushandelt.[11]

2.1.1.2.2 Perspektivenübernahme

Literarische Texte fordern ihre Leser zur Perspektivenübernahme auf, indem sie den Lesenden emotional ins Geschehen einbinden, und es so dem Leser ermöglichen, die Ereignisse des Erzählten mitzuerleben und für eine begrenzte Zeit die Welt aus der Sicht eines anderen zu sehen und nachzuempfinden. Dieses Potential der Literatur nutzen viele Literaturdidaktiker, da die Fähigkeit zur Perspektivenübernahme die interkulturelle Kommunikationsfähigkeit fördert (vgl. Schinschke 1995).

Diese Fähigkeit zur Perspektivenübernahme kann durch Methoden unterstützt werden, die Lernende auffordern, mit dem gelesenen Text kreativ umzugehen, so daß sie sich in die Situation der Textfiguren hineinversetzen müssen. Durch die aktive Auseinandersetzung mit dem Text aus der Sicht einer Textfigur übernimmt der Lernende die Perspektive in einer fremden Situation.[12]

---

[10] Literaturdidaktische Vorschläge zur Perspektivendifferenz im Text bei Bredella 1986; Bredella 1989; Bredella 1990; Bredella 1996b; Bredella 1997b; Bredella 1999b; Bredella 2000a; Bredella 2000b; Delanoy 1993; Erdmenger 1995; Freese 1999a; Heller 1996; Iandoli 1991; Jarfe 1997b; Kramsch 1993; Kumar 1996; Müller-Hartmann 1999; Murti 1996; Nünning 1997c; Nünning 1999a; Nünning 2000; O'Sullivan & Rösler 2000; Schüren 1994; Volk 2001.

[11] Auf diesen Aspekt weisen ferner hin: Bredella 1990; Delanoy 1996a; Delanoy 1999; Doderer 1991; Krusche 1996; Müller-Hartmann 1999.

[12] Vorschläge hierzu wurden in den folgenden literaturdidaktikischen Arbeiten gemacht: Bredella 1997b; Bredella 1999b; Bredella 2000a; Bredella 2000b; Brusch 1992; Caspari 1994; Delanoy 1993; Delanoy

Das Lernziel Perspektivenübernahme ist besonders für Lernende aus monolingualen (deutschsprachigen) Familien wichtig, weil sie dadurch Einblicke in die Situation von kulturellen Minderheiten (z.B. Mitschüler oder Freunde) gewinnen können. Sie können etwas darüber lernen, was es heißt, eine Minderheit zu sein, und dabei ihre Einstellung zu Minderheiten und ihren Umgang mit ihnen reflektieren (Wotschke & Himmelsbach 1997).

Schließlich bleibt anzumerken, daß Perspektivenübernahme die am häufigsten (explizit) genannte Dimension des Bereichs Perspektivenwechsel beim interkulturellen Lernen mit literarischen Texten in den gesichteten Beiträgen ist. Einige literaturdidaktische Arbeiten weisen darauf hin, daß im ästhetischen Lesen eines Textes eine Perspektivenübernahme erfolgt, da Lesende sich hier nicht nur kognitiv, sondern auch affektiv auf den Text einlassen (vgl. Bredella 1989; Bredella 1990; Bredella 1996b; Christ 1994; Christ 1996).

2.1.1.2.3 Perspektivenkoordinierung

Unter Perspektivenkoordinierung versteht Nünning als "die auf der Meta-Ebene vollzogene Integration inhaltlich unterschiedlicher Perspektiven" (Nünning 2000: 110). Dabei wird neben der mentalen Integration verschiedener Positionen im Text auch die handlungsorientierte Vermittlung zwischen unterschiedlicher Interpretationen eines Textes angestrebt. Um dies zu leisten, muß ein interkulturell-orientierter Sprecher sowohl seine eigene Position als auch die des Gegenübers kennen und verstehen (also erklären können). Wenn die Schüler mit ihren Positionen in Konflikt zueinander stehen, ist es wichtig, eine Lösung zu vermitteln, die einen Kommunikationsabbruch verhindert.

Ein Beispiel hierfür beschreibt Andreas Müller-Hartmann 1999 (drei Klassen in zwei Ländern tauschten sich per E-mail über einen Roman aus). Hier diskutierten die Lernenden über ihre Eindrücke zu einem Roman, fragten nach der Situation bei den anderen und betrachteten dabei ihre eigene Situation neu. Ähnlich handlungsorientiert ist die Arbeit von Gunther Volk (2001), der zum Thema Holocaust mit Schülern amerikanische und

---

1999; Delanoy 2000; Erdmenger 1995; Freese 1999a; Gymnich 1999; Hermes 1997; Hermes 1999; Müller-Hartmann 1999; Nieweler 1995; Nünning 1997c; Nünning 1999a; Nünning 2000; Pulm 1992; Raddatz 1999: 478; Röhrig 1999: 41; Wotschke 1997; Wotschke & Himmelsbach 1997; Volk 2001.

britische Literatur behandelte, und dann Vertreter jüdischer Kultureinrichtungen in Deutschland besuchte.[13]

2.1.2 Erwerb kulturellen Wissens

Während vor einigen Jahren Arbeiten in der Literaturdidaktik und in der Landeskundedidaktik versucht haben, sich voneinander abzugrenzen, sind heute die Grenzen fließend geworden, da viele Didaktiker das Potential für den Unterricht sehen, wenn diese Bereiche eher als sich gegenseitig komplimentierend betrachtet werden.

In der Begegnung mit literarischen Texten erfahren Fremdsprachenlerner sowohl sprachliche Hürden als auch Verstehensschwierigkeiten aufgrund mangelnder kultureller Kenntnisse, so daß sie "Schwierigkeiten bei der Annäherung an eine fremde Kultur" beim Lesen haben können (Hermes 1998a: 130). Diese Schwierigkeiten gilt es im Fremdsprachenunterricht überwinden zu lernen.[14]

In vielen Fällen wird ein literarischer Text besondere Hürden beim Verstehen darstellen, wenn der Lesende nicht über das notwendige Wissen zu dem Kulturraum und der historischen Epoche verfügt (vgl. Delanoy 1993; Bredella 1997a).[15] Je nachdem, welcher Schwerpunkt im Fremdsprachen-

---

[13] Weitere Beiträge sprechen die Bedeutung der Perspektivenkoordinierung an: Bredella 1989; Bredella 1990; Hermes 1997; Hermes 1999; Nünning 1997c; Rauer 1997; Röhrig 1999; Schinschke 1994; Wotschke & Himmelsbach 1997.

[14] Delanoy 1993 hat eine Unterrichtssequenz dokumentiert, in der er diese Schwierigkeiten, die seine Studenten beim Verstehen hatten, als Ausgangspunkt weiterer Überlegungen zum interkulturellen Lernen nimmt. Weitere Hinweise auf Fremderfahrung im fremdsprachlichen Literaturunterricht in Byram 1990; Donnerstag 1992; Funke 1989; Heller 1992b; Hermes 1997; Hermes 1999; Nieweler 1995; Röhrig 1999; Schneider 1992; Wendt 1996. Hinweise auf Fremderfahrung im muttersprachlichen, aber fremdkulturellen Literaturunterricht in Burton 1992; Dasenbrock 1992.

[15] Dennoch weisen einige Literaturdidaktiker darauf hin, daß ein literarisches Werk sowohl den eigenkulturellen als auch fremdkulturellen Leser vor Verstehensbarrieren stellt, unabhängig davon, wieviel kulturelles Kontextwissen zum Werk mitgebracht wird oder nicht. Z.B. in Bredella 1997b wird deutlich, daß es ein Irrweg sein kann anzunehmen, daß ein Text einer Minderheitenautorin (M.H.

unterricht gelegt wird, kann der Literaturunterricht durch landeskundliches Hintergrundwissen ergänzt werden, so daß der kulturelle Kontext des literarischen Textes besser verstanden wird, oder der Landeskundeunterricht kann mit literarischen Texten angereichert werden.

Bevor ich auf diese zwei Ansätze näher eingehe, möchte ich darauf hinweisen, daß zwar in der Regel kulturelles Wissen über die Zielsprachenkultur im Zentrum des Unterrichts steht, es aber auch wichtig ist, Lernende für die eigene kulturelle Geprägtheit zu sensibilisieren. Walter Hölbling bemerkt hierzu:

> Fremdsprachliche fiktionale Literatur ist nicht nur 'Probehandlung' (Wellershof) allgemein; sie ist zugleich fremdkulturelle Probehandlung und fordert als solche den Rezipienten heraus, sich mit ihr auf dem Hintergrund seines eigenen kulturellen Erfahrungshorizonts individuell auseinanderzusetzen. (Hölbling 1986: 252)

Sicherlich ist kulturspezifisches Wissen ein wichtiger Bestandteil des interkulturellen Lernens, sowohl in bezug auf die eigene als auch auf die fremde Kultur. Dieser Aspekt wird jedoch nur selten in literaturdidaktischen Beiträgen zum interkulturellen Lernen mit Literatur angesprochen. Dies kann daran liegen, daß von den Lehrenden erwartet wird, daß sie dieses im Unterricht ansprechen, und die Veröffentlichung sich auf die Zielsprachenkultur beschränkt. Die Sichtung der Beiträge zeigt, daß Konzepte, die kulturspezifisches Wissen vermitteln helfen, zum interkulturellen Lernen mit Literatur immer häufiger in Richtung von Texten weisen, die die multikulturelle Gesellschaft in einem spezifischen Land thematisieren. [16] Von den ca. 140 gesichteten Beiträgen zum interkulturellen Lernen mit Literatur befassen sich etwa fünfzehn Artikel mit sogenannter *mainstream*

Kingston) dadurch zugänglicher wird, wenn man in der elterlichen Herkunftskultur der Autorin nach dem Schlüssel zum Textverstehen sucht. Weber 1996 weist darauf hin, daß muttersprachliche Leser nicht unbedingt einen leichteren Zugang zu literarischen Texten haben als fremdsprachliche, weil sie nicht über die notwendigen Schemata verfügen oder Hinweise im Text auf diese Schemata nicht erkennen. In seinem Beispiel kann die Unterrichtende beiden Lesergruppen mit Hinweisen auf Nachkriegsdeutschland im Leseprozeß helfen.

[16] Siehe die Tabelle "Vermittlung von kulturspezifischem Wissen, FU Englisch" im Anhang.

Literatur, alle anderen verwenden multikulturelle oder postkoloniale Literatur. Somit hat in der Fremdsprachenforschung das Interesse an multikultureller Literatur deutlich zugenommen, und es bleibt zu hoffen, daß diese Vorschläge auch bald einen Eingang in die Praxis finden werden.[17]

2.1.2.1 Landeskundegestützter Literaturunterricht

Im Fremdsprachenunterricht können landeskundliche Zusatzinformationen helfen, den literarischen Text zu verstehen. Besonders die von Freese herausgegebenen Textsammlungen (z.B. Freese, Hrsg., 1994a) bieten eine Fülle von zusätzlichen landeskundlichen Informationen, die auf die interpretatorische Analyse des Textes vorbereiten sollen (vgl. den literaturwissenschaftlichen Ansatz in Kapitel 1.2).

Von einem anderen Ansatz berichtet Müller-Hartmann (1997), bei dem der literarische Text landeskundliche Fragen bei den Studierenden auslöste und diese selbständig nach den Antworten suchten, die ihnen bei der Interpretation des Textes weiterhalfen. Dennoch bleiben die Aufgaben eher an dem literarischen Text orientiert und zielen nicht so sehr auf die landeskundliche Informationsentnahme ab, auch wenn sie Neugierde auf die Zielsprachenkultur wecken sollen.[18]

Schließlich gibt es besonders in den Vorschlägen zum muttersprachlichen, aber auch fremdkulturellen Literaturunterricht in den USA viele Ansätze, zunächst das universale Thema eines Werkes zu verdeutlichen, um dann auf die kulturspezifischen Aspekte einzugehen (vgl. Stott 1992).[19] Dasenbrock (1992) argumentiert, daß es Lernziel sein kann, bei der Rezeption fremdkultureller Texte Verstehensstrategien zu entwickeln, um die fremden Begriffe interpretieren zu lernen. Diese Vorschläge sind auch für den fremdsprachlichen Unterricht interessant, wie in der Didaktisierung von Sandra Cisneros' *The House on Mango Street* (Kapitel 6.4) gezeigt wird.

---

[17] Nach Nünning 1997a (und weiteren darin zitierten Untersuchungen zum heimlichen Kanon an der Schule) ist der Englischunterricht noch weitgehend von *mainstream* Literatur geprägt.

[18] Weitere Vorschläge zum landeskundegestützten Literaturunterricht wurden unterbreitet von: Delanoy 2000; Donnerstag 1999a; Freese 1992; Freese 1994a; Freese 1999b; Hermes 1997; Hermes 1998a; Hermes 1999; Murti 1996; O'Sullivan & Rösler 2000; Wotschke & Himmelsbach 1997.

[19] Weitere Beispiele in Maitino & Peck 1996.

2.1.2.2 Literaturbezogene Landeskunde

Für Franz Kuna besteht die Möglichkeit, "zur Vermittlung landes- und kulturkundlicher Inhalte gerade literarische Texte heranzuziehen", weil "[f]iktionale Texte eine außer- und metaliterarische Wirklichkeit symbolisch abbilden und zur Diskussion stellen können" (Kuna 1986: 427) und weil "soziokulturelle Denk- und Wahrnehmungsschemata auch in der Form von literarischen Fiktionen in der Literatur auftreten können." (Kuna 1986: 428) Ähnlich wird darauf hingewiesen: "[...] durch eine geeignete Zusammenstellung literarischer Texte" können "kulturkundliche Kenntnisse, Informationen über das betreffende Land und seine Geschichte" vermittelt und vertieft werden (Zhu 1990: 23).

Bei der literaturbezogenen Landeskunde dient der literarische Text dem Einstieg in das landeskundliche Thema (vgl. Esser 1995) oder er exemplifiziert das eben erarbeitete Thema anhand eines Textes, der im Gegensatz zu einem Sachtext eine emotionale Einbindung der Lernenden erlaubt (vgl. Erdmenger 1995; Humphrey 2000). Bei der Didaktisierung von Literatur zu diesem Zweck ist ein besonders wichtiges Auswahlkriterium die Relevanz eines Textes für den zu unterrichtenden Kulturraum.

Darüber hinaus haben einige Texte das Potential, ihren Lesern z.B. Erkenntnisse zu der Machtposition der englischen Sprache und auch des westlichen Bildungssystems zu vermitteln. Dies trifft besonders auf die Gruppe der postkolonialen Literatur zu, die das Ungleichgewicht auf sprachlicher, politischer und wirtschaftlicher Ebene zwischen der ursprünglichen Bevölkerung und den Nachfahren der Kolonialherren bzw. Einwanderern thematisiert (vgl. Rauer 1997; Bredella 1996a; Bredella 2000a) .

Schließlich kann der literarische Text selbst Quelle landeskundlichen Wissens sein. Auf einer inhaltlichen Ebene kann Fremdverstehen "durch die Betrachtung der interkulturellen Problematiken der Länder selbst" stattfinden (Berthold 1995: 145). Die Aufgabenbereiche der literaturbezogenen Landeskunde unterstützen den Zugang zur fremden Kultur über den literarischen Text. Dabei geht es nicht nur darum, etwas über die Situation in der Zielkultur zu erfahren, sondern auch die Werte und Diskurse nachvollziehen zu lernen.

Ein Beispiel für eine Textreihe zu einem landeskundlichen Thema hat Manfred Erdmenger 1995 veröffentlicht, der sich dem Thema "Canada – A

Country of Survivors" mit zwei einführenden Essays nähert und danach die Einheit mit literarischen Texten (Lyrik und Prosa) fortsetzt.[20]

Diana Grogan-Schomers & Wolfgang Hallet zeigen in ihrer Didaktisierung eines Films, wie die darin enthaltenen landeskundlichen Hinweise zum Leben in Los Angeles, zu Familien und Religion in den USA sowie der Rolle von Sport und besonders von *baseball*, für den Unterricht genutzt werden können.[21]

2.1.3 Förderung der Ausdrucksfähigkeit

Implizites Lernziel jeden Fremdsprachenunterrichts ist natürlich die Sprachkompetenz, so auch beim Einsatz literarischer Texte im Fremdsprachenunterricht. Die kommunikativen Fähigkeiten, die hierbei am meisten geübt werden können, sind:

1. Das Interpretieren des Textes, d.h. den Text lesen, wofür Fremdsprachenkenntnisse benötigt werden, und die Inhalte des Textes verstehen, wofür Wissen über die Textsorte und über die Zielsprachenkultur benötigt wird, sofern der Text dies voraussetzt.
2. Das Kommunizieren über den Text, d.h. entweder mündlich in Diskussionen in der Lerngruppe oder schriftlich in der Erfassung der eigenen Interpretation oder Reaktion auf den Text.
3. Das Argumentieren, wenn Lernende feststellen, daß sie den Text unterschiedlich interpretiert haben und ihre Position in der Gruppe verdeutlichen möchten und eventuell die Position eines anderen argumentativ entkräften möchten.

Hier wird deutlich, warum literarische Texte im Unterricht eingesetzt werden, um die kommunikative Kompetenz der Lernenden zu fördern: Literatur ist im Gegensatz zu Sachtexten vieldeutig, und diese Vieldeutigkeit zu entdecken steht oftmals im Zentrum des Literaturunterrichts. Deshalb wird Literatur neben dem Lernziel des Verstehens literarischer Texte auch gerne

---

[20] Weitere Arbeiten, die Textreihen zu landeskundlichen Themen vorstellen, sind: Bredella 1986; Bredella 2000b; Donnerstag 1995; Freese 1984; Humphrey 2000; Rauer 1997; Schinschke 1994; Volk 2001.

[21] Weitere Einzeltextvorschläge wurden veröffentlicht von: Althof 1995; Berthold 1995; Christ 1994; Delanoy 1993; Delanoy 2000; Donnerstag 1999b; Esser 1995; Freese 1999b; Heller 1996; Müller-Hartmann 1997; Müller-Hartmann 1998; Richter 2000; Röhrig 1999; Schüren 1994.

als Diskussionsanlaß eingesetzt (vgl. Zhu 1990). Dabei wird meist innerhalb der Lernergruppe der Text gemeinsam rezipiert, unterschiedliche Deutungen diskutiert und dann in einer Transferphase in eine meist projektorientierte Aufgabe übergeleitet.

Ein Beispiel für die kommunikationsfördernde Wirkung von Literatur zum interkulturellen Lernen hat Müller-Hartmann 1999 veröffentlicht, in dem er den E-mail Austausch einer internationalen Gruppe von Schülern über einen Roman beschreibt. In dieser Korrespondenz gehen die Lernenden über die Inhalte des Buches hinaus, diskutieren den im Buch thematisierten Rassismus in ihrem eigenen Umfeld und fragen nach der Situation bei den anderen.[22]

Beim Umgang mit einer fremden Sprache können Lernende für die Bedeutung der Wortwahl sensibilisiert werden. Im Literaturunterricht kann die Erkenntnis über die kulturelle Bedingtheit von Sprache vermittelt werden. Aus sprachdidaktischer Sicht gibt es z.T. sehr weit ausgearbeitete Konzepte, die den Fremdsprachenlernenden die kulturelle Bedingtheit und Eingebundenheit von Sprache deutlich machen (vgl. Klippel 1991; Kramsch 1995; Müller-Jacquier 1998; Müller-Jacquier 1999). Wie aber auch Literaturdidaktiker zeigen, sind literarische Texte gute Quellen, um den kulturell geprägten Umgang mit Sprache im Unterricht zu thematisieren. Dabei kann gezeigt werden, daß

- bestimmte Begriffe eine kulturspezifische Bedeutung haben oder durch Sprache Konzepte ausgedrückt werden können, die in eine andere Sprache kaum übertragbar sind (vgl. Delanoy 1993; Ehlers 1999; O'Sullivan & Rösler 2000; Widdowson & Seidlhofer 1996; Wotschke 1997);
- Sprache sich in einer Sprechergemeinschaft von der Standardsprache abweichend entwickeln kann bzw. kulturspezifische Begriffe einführt (Dasenbrock 1992; Esser 1995; McRae 1996; Rauer 1997);
- Sprache eine wichtige Komponente der Identitätsbildung ist (Bredella 1999b; Donnerstag 1992; Rauer 1997; Wotschke & Himmelsbach 1997).

Diese Aspekte sind wichtig für die interkulturelle Kommunikation, in der Mißverständnisse durch eine vorsichtige Wortwahl vermieden werden kön-

---

[22] Weitere Beispiele in Delanoy 1999, der einen Text als Ausgangspunkt nimmt, um nach einem Rezeptionsgespräch in eine kommunikative Projektphase überzuleiten. Schneider 1992 verwendet eine Vorlage, um seine Lernergruppe den Text umschreiben und aufführen zu lassen. Legutke 1996 nimmt J.D. Salingers Text als Vorlage, um Schüler in Projektarbeit eine Talk Show "Holden Caulfield at 45" produzieren zu lassen. Siehe auch Donnerstag 1996.

nen. Hier kann der Einsatz literarischer Texte für den Zusammenhang von Sprache und Kultur sensibilisieren.

2.1.4 Umgang mit Stereotypen

Im Rahmen des interkulturellen Lernens zeigt die Fremdsprachendidaktik ein Interesse an dem Thema Stereotypen und Hetero-Stereotypen. Dieser Bereich scheint deshalb als Lernziel für interkulturelles Lernen ergiebig zu sein, weil er die – verzerrte – Wahrnehmung des Anderen aufgreift. Durch Einheiten, die sich mit diesem Thema beschäftigen, können Lernende den Unterschied zwischen Vorurteil und Stereotypen kennenlernen und auch die Funktion von Stereotypen verstehen lernen. Dadurch erst können sie ihren eigenen Umgang mit Stereotypen kritisch beurteilen und Vorurteile erkennen.

Ein Beispiel zum literaturdidaktischen Umgang mit fremdkulturellen Stereotypen im Fremdsprachenunterricht hat Multhaup 1997 veröffentlicht. Hier zieht er einen Text heran, in dem die Vorurteile und stereotypischen Vorstellungen von anglo-europäischen Amerikanern über *Native American Indians* humorvoll entblößt werden.[23] Wie schnell sich Vorurteile in stereotype Bilder einschleichen können, wird für in Deutschland lebende Lernende deutlich, wenn sie mit den Bildern der Deutschen im Ausland konfrontiert werden. Bilder im britisch-deutschen Austausch von Vorurteilen und Stereotypen haben Emar O'Sullivan und Dietmar Rösler (1999; 2000) unter literaturdidaktischen Gesichtspunkten näher erläutert.[24] Schließlich kann Jugendlichen deutlich gemacht werden, daß im Ausland noch sehr viele Vorurteile über Deutschland in Zusammenhang mit dem Dritten Reich bestehen, und eine Auseinandersetzung mit literarischen Texten kann sie motivieren, sich mit der eigenen Geschichte zu beschäftigen (vgl. Volk 2001).

Der unreflektierte Umgang mit Stereotypen deutet auf eine ethnozentrische Haltung. Didaktiker hoffen, daß es zum Abbau von Ethnozentrismus führe, wenn Lernziele wie Perspektivendifferenz und -übernahme, kulturelles Wissen über fremde Kulturen vermittelt werden können und dadurch

---

[23] Ein weiteres Beispiel von Stereotypisierung in der amerikanischen Literatur analysiert Donnerstag 1992.

[24] Weitere Beiträge zu Heterostereotypen über Deutschland gibt es von Bredella 1999a; Hunfeld 1986; Husemann 1993; Nünning 1999b; Volk 2001.

Stereotypen abgebaut werden:[25] "The cross-cultural exposure to views dissimilar to theirs helps students progress beyond ethnocentrism to a broader appreciation of their target culture." (Iandoli 1991: 485) Die Überwindung einer ethnozentrischen Haltung ist ein wichtiges Ziel des interkulturellen Lernens, weil ein ethnozentrisch denkender Kommunikationsteilnehmer die verschiedenen Sichtweisen der anderen nicht oder nur unzureichend wahrnehmen wird und deshalb kaum in der Lage sein wird, zwischen ihrer und seiner Position zu vermitteln. Dies ist jedoch das, worauf interkulturelles Lernen vorbereiten soll.

2.2 Umgang mit literarischen Texten im Unterricht

Die Sichtung literaturdidaktischer Vorschläge zum interkulturellen Lernen mit fremdsprachlicher Literatur zeigt eine große Spannbreite von Arbeitsformen. Dabei findet die Auseinandersetzung mit dem literarischen Text gleichermaßen in mündlicher und in schriftlicher Form statt, die alle im weitesten Sinne ein besseres Verstehen des Textes zum Ziel haben. Der Aspekt, in dem sich die verschiedenen Methoden unterscheiden, liegt darin, wo sie ihren Schwerpunkt setzen.

Die folgende Darstellung von Arbeits- und Übungsformen mit literarischen Texten beim interkulturellen Lernen wird mit Interpretationsverfahren eröffnet, da diese nach wie vor zu den wichtigsten Methoden des fremdsprachlichen Literaturunterrichts gehören. Danach werden kreativitätsorientierte Verfahren sowie das Unterrichtsgespräch und abschließend die Übersetzung vorgestellt. Bevor ich mich der Darstellung dieser Verfahren widme, möchte ich eine Bemerkung zur Unterscheidung von interpretativen und kreativitätsorientierten Verfahren machen.

Es kann argumentiert werden, daß alles Lesen zugleich ein Interpretieren oder Verstehen ist und daß dieses Interpretieren und Verstehen immer Kreativität voraussetzt. Wozu sollte also im folgenden zwischen interpretativen Verfahren und Verfahren, die den kreativen Ausdruck fördern (auch kreativitätsorientierte Verfahren genannt), unterschieden werden? Der Unterschied zwischen diesen zwei Gruppen von Aufgabentypen liegt meines Erachtens in den von den Lernenden erzeugten Produkten. So führt z.B. die Aufforderung "*Interpretieren* Sie diesen Text" zu einem Aufsatz oder einem Vortrag, in dem der Leser sich darüber äußert, wie er bestimmte

---

[25] Vergleiche auch: Jorgensen & Whiteson 1993; Kafka 1991. Allerdings liegen meines Wissens noch keine empirische Studien vor, die dies belegen könnten.

Aspekte des Textes versteht oder welche Reaktionen sie bei ihm auslösen. Bei einer Aufgabe, in der Lernende beispielsweise eine Kurzgeschichte in ein Hörspiel umschreiben und dieses selber aufführen, entsteht dagegen ein neues Werk oder Produkt, das zwar einen Bezug zum ersten Werk hat und auf das Verstehen der Lernenden des ersten Textes beruht, aber nicht explizit ausdrückt, wie die Lernenden den ersten Text verstanden haben oder was sie darüber empfinden.

Beide Aufgabenformen erfordern eine interpretative und eine kreative Auseinandersetzung mit dem Text, aber ihre Ergebnisse sind unterschiedlicher Natur: die erste Aufgabenform führt zu einem Produkt, in dem explizit das Verständnis des Textes ausgedrückt wird, während der Text bei der zweiten Aufgabenform Anlaß für ein eigenes fiktionales Produkt ist. Aus diesem Grund erscheint es mir sinnvoll, zwischen interpretativen und kreativen Verfahren zu unterscheiden, auch wenn die o.g. Überlegungen gezeigt haben, daß diese Begriffe nicht scharf von einander zu trennen sind.

2.2.1 Interpretative Verfahren

Die zwei Interpretationsansätze, die im fremdsprachlichen Literaturunterricht am häufigsten eingesetzt werden, sind der rezeptionsästhetisch orientierte Ansatz und und der objektivistisch ausgerichtete Ansatz. Beide Ansätze beinhalten eine reflektierende Umgangsweise mit dem literarischen Text, die den Lernenden ein tiefergehendes Verstehen des Textes ermöglichen soll.

Bei der objektivistisch orientierenten Interpretation stehen häufig Aspekte wie Erzählvorgang, Erzählperspektive, Handlung, Zeit, Raum, Schauplatz und Atmosphäre im Vordergrund der Analyse. Es sollte bei der Erstellung einer Interpretation, die das interkulturelle Lernen fördern soll, darauf geachtet werden, daß der jeweilige kulturspezifische Kontext des Textes angemessen berücksichtigt wird. Um diese Hinwendung zur Innenperspektive zu fördern, sind ausführliche Annotationen oder andere Quellen mit kulturspezifischem Wissen den Lernenden bereitzustellen. Implizite Lernziele bei dieser Interpretationsmethode sind einerseits *kulturspezifisches Wissen*, durch den Text und die Annotationen vermittelt, sowie die *Fähigkeit zur Perspektivenübernahme*.[26] Das Produkt einer Textinterpreta-

[26] Weitere Veröffentlichungen zur Textinterpretation: Au 1993; Burton 1992; Donnerstag 1999b; Ehlers 1999; Freese 1984; Freese 1992; Freese Hrsg. 1994a; Freese 1999a; Freese 1999b; Heller 1992a; Heller 1996; Krusche 1996; Kumar 1996; Nieweler 1993; Nünning 1997c; Nünning 2000; Schüren 1994; Volkmann 2000; Wilcoxon 1997.

tion ist häufig ein Aufsatz, in dem der Lernende ausgewählte Aspekte des Textes näher reflektiert, um das Textverständnis zu explizieren.

Die rezeptionsästhetisch orientierte Interpretation lenkt die Aufmerksamkeit vor allem auf die Gedanken, Reaktionen, Assoziationen und Fragen, die Lesende bei der Lektüre eines Textes haben. Diese werden oft zunächst in Form von kleinen Randbemerkungen festgehalten und dienen in einer zweiten Phase als Grundlage der Textinterpretation.[27] Dieses Verfahren dient neben dem tiefergehenden Verständnis des Textes dem *Bewußtmachen der subjektiven Eindrücke und der Perspektivendifferenz innerhalb der Lernergruppe.*

2.2.2 Kreative Verfahren

Während eine interpretative Aufgabe Kreativität erfordert, setzt die kreative Aufgabe ihrerseits die Interpretation voraus. In dem vorherigen Abschnitt habe ich gezeigt, daß das Produkt der Interpretation (im engeren Sinne, vgl. Kapitel 2.2.1) eine Darstellung sachbezogener Informationen ist, und somit als nicht-fiktionaler Text zu verstehen ist, während durch kreative Verfahren eine Darstellung fiktionaler Handlung entsteht (im Sinne von Kapitel 1.1)

In den vergangenen Jahren haben Verfahren für einen kreativitätsorientierten Literaturunterricht viel Aufmerksamkeit erhalten, und viele Literaturdidaktiker scheinen von dem Wert dieser Übungsformen zum Einsatz von Literatur im fremdsprachlichen Unterricht überzeugt zu sein. In der nun folgende Übersicht werden Verfahren für *pre-reading*, dann *reading* und schließlich *post-reading activities* dargestellt.

2.2.2.1.1 Pre-reading activities

Lesevorbereitende Verfahren "animieren den Schüler dazu, sein bereits gespeichertes Vorwissen, seine Erfahrungen, Meinungen und Gefühle zu bestimmten Bereichen zu (re)aktivieren und Erwartungen auf den Text zu bilden." (Caspari 1994: 215) Diese Verfahren können soweit gehen, daß Lernende Kurzgeschichten zu einem Aspekt der Lektüre verfassen (vgl. Multhaup 1997).

2.2.2.1.2 Reading activities

Lesebegleitende Verfahren sind solche, die während oder gleich nach der ersten Textbegegnung eingesetzt werden, um die direkte Reaktion der Le-

[27] Benton 1996; Bredella 1990: 579; Delanoy 2000: 207; Gymnich 1999:25; Kramsch 1993: 141f.

senden festzuhalten und reflektieren zu lassen und um sie Hypothesen bilden zu lassen. Man kann diese Aufgaben so einsetzen, daß kreative Texte gestaltet werden, wie folgende Beispiele zeigen:

- **Aufforderung zur Hypothesenbildung** (Caspari 1994: 218), d.h. der Leseprozeß wird unterbrochen und Lernende äußern Vermutungen, wie es weitergehen könnte: *continue the story* (Erdmenger 1995: 37; Bredella 1990: 576; Kramsch 1993; Wotschke & Himmelsbach 1997). Hier wird ein aktives Mitdenken am Geschehen im Text (und die Übernahme des literarischen Stils) gefordert, d.h. es handelt sich um eine *Übung zur Perspektivenübernahme.*
- **Szene erspielen** (Caspari 1994: 219), d.h. eine Szene im Text wird dramatisierend nachgespielt (Delanoy 1999: 149; Volk 2001) oder als Tableau nachgestellt (Burwitz-Melzer 1999:17), wobei deutlich wird, wie die Lernenden die Textstelle interpretieren. Arti Kumar (1996) setzt dieses Verfahren ein, um den kulturell fremden Text den Lernenden näher zu bringen, weil sie beim Nachspielen das Universelle im Text (erste Verliebtheit) nachempfinden können. Nünning sieht einen weiteren Vorteil: "Darüber hinaus lassen sich die von einem Text vorgegebenen Beziehungskonflikte (vor allem Probleme im Umgang mit dem anderen Geschlecht) im Unterricht in Form von Rollenspielen szenisch umsetzen und dramatisch erörtern." (Nünning 1997a: 9). Dieses Verfahren *übt die Fähigkeit zur Empathie und Perspektivenübernahme.*

2.2.2.1.3 Post-reading activities

Verfahren, die nach dem Lesen des Textes eingesetzt werden, können dazu dienen, daß Lernende den Text auf kreative Weise verarbeiten. In diesem Sinne wurden folgende Verfahrenstypen zum interkulturellen Lernen mit Literatur angewandt:

- **Ausgesparte Elemente ausführen** (Caspari 1994: 221), dazu gehört z.B. Tagebuch einer Textfigur schreiben (Grogan-Schomers & Hallet 1997), die Gedanken während eines Dialogs schreiben (Wotschke & Himmelsbach 1997), einen inneren Monolog schreiben (Röhrig 1999). Nünning schlägt weiter vor, "bestimmte Szenen aus der Sicht jener Figur darzustellen, von der im Roman an der betreffenden Stelle keine Innensicht gegeben wird" (Nünning 1997c: 150), und Andreas Nieweler nutzt die Möglichkeit, einen Handlungssprung auszugestalten: "Ziel dieses produktionsorientierten Verfahrens ist es, die Besonderheiten einer fremdkulturellen, hier der arabisch-islamischen Erziehung, deutlich werden zu lassen." (Nieweler 1995: 296) Diese Arbeitsformen *unterstützen die Entwicklung der Fähigkeit zur Perspektivenübernahme.*

- **Umgestaltung in eine andere Textsorte** (Caspari 1994: 222): Es besteht auch die Möglichkeit, den Originaltext umzuarbeiten in eine andere Textart, wie z.B. ein Epos in einen Lebenslauf umzuschreiben, wobei hier ausgesparte Teile ergänzt werden (Erdmenger 1995: 37), oder eine Ratgeberkolumne zu verfassen (Nünning 1997a: 8f; Nünning 1997c: 151). Es liegen ferner Vorschläge vor, den Text in eine dramatisierende Form umzuarbeiten, z.B. in eine Talkshow (Legutke 1996) oder ein Interview (Bredella 1996a). Diese Arbeitsformen fördern durch *eine intensive Auseinandersetzung mit dem Text und eine implizite Interpretation die Fähigkeit zur Perspektivenübernahme*, da Entscheidungen über das Wesentliche im Text getroffenen werden müssen. Besonders bei den dramatisierenden Übungen kommt es *neben der Perspektivenübernahme auch zur Perspektivenkoordination*, da die Lernenden die verschiedenen Positionen der Figuren in der neuen Fassung "aushandeln" müssen.
- **Umgestaltung des Textes in ein anderes Medium** (Caspari 1994: 222): Bei der Übertragung einer schriftlichen Vorlage in ein audiovisuelles Medium, z.B. in eine filmtechnische Vorlage (Richter 2000) oder ein Skript für eine Talkshow (Legutke 1996) werden die drei Stufen der *Differenzierung, Übernahme und Koordinierung bzw. Vermittlung von verschiedenen Perspektiven* geübt.
- **Text aus anderer Perspektive schreiben** (Caspari 1994: 222): Das Verfassen eines Textes aus der Perspektive einer anderen Person fördert *Perspektivenübernahme und -koordination* (Brusch 1992; Wotschke & Himmelsbach 1997; Nieweler 1995: 296). Beim Umschreiben in einen anderen (eigenkulturellen) Kontext (Schneider 1992) fördert dies darüber hinaus das *Bewußtwerden der eigenkulturellen Identität.*
- **Nicht genannte/vorhandene Titel der Überschriften formulieren** (Caspari 1994: 221) und deren Vergleich fördert die *Erkenntnis der Perspektivenvielfalt in der Lernergruppe* (Wotschke & Himmelsbach 1997).
- **Entwicklung inhaltlicher Alternativen** (Caspari 1994: 222): einen alternativen Schluß eines Textes schreiben (Brusch 1992: 38f.) oder die Geschichte weiterentwickeln (Brusch 1992: 38; Erdmenger 1995: 38; Nünning 1997a "Entwurf von Alternativen zum geschilderten Handlungsverlauf") sind Möglichkeiten, *Empathie und Perspektivenübernahme zu fördern.* Als eine in Hinblick auf interkulturelle Kompetenz hin gesteuerte Aufgabenstellung schlägt Werner Delanoy (1993: 296) vor, den Text (eine Dialogstelle mit kommunikativen Mißverständnissen) umschreiben zu lassen, so daß die Protagonisten besser kommunizieren, d.h. die *Lernenden lösen ein Kommunikationsproblem und proben interkulturelle Kommunikationskompetenz.*

- **Text umschreiben (Text an anderen Ort, Zeit, andere Personen)** (Caspari 1994: 223). Durch die Übertragung des Originals in eine andere Zeit oder an einen anderen Ort wird kulturelle Differenz deutlich (Erdmenger 1995: 37, Canadian Mohawk in pre-historic Europe). "Durch diese Methodik könnte das *Bewußtsein für kulturelle Andersartigkeit geschärft* werden." (Nieweler 1995: 297, kursiv S.E.Z.)

2.2.3 Rezeptionsgespräche

Neben der meist schriftlichen Auseinandersetzung mit Literatur in Form von Aufgaben zur Interpretation oder kreativitätsorientierten Verfahren ist das Lerngespräch eine weitere Arbeitsform zur Textverarbeitung. Während jedoch die schriftliche Textinterpretation einen eher monologischen Charakter hat, steht der Dialog mit anderen Lernenden beim Rezeptionsgespräch im Vordergrund. Dabei sollen die Lernenden auf die Beiträge der anderen Bezug nehmen und ihre Deutungen modifizieren oder differenzieren. Es werden hierbei verstärkt Kompetenzen der Gesprächsführung in einer fremden Sprache geübt.

Es ist möglich, zwischen einem direkten Lerngespräch und einem vermittelten Lerngespräch (in Form von E-mail Korrespondenz) zu unterscheiden. Beide Formen fördern die Wahrnehmung von *Perspektivendifferenz* und lassen Lernende *Perspektivenkoordinierung* in der Aushandlung verschiedener Meinungen üben. Die Rahmenbedingungen, unter denen ein direktes Lerngespräch stattfindet, sind jedoch anders als die beim vermittelten Lerngespräch. Ersteres bietet den Lernenden die Möglichkeit, die fremde Sprache in der – mündlichen – Anwendung zu üben.[28] Die zweite Form ist eine Kommunikation vermittelt durch E-mail. Sie enthält somit ein Element der Zeitverzögerung und erfordert darüber hinaus die Verschriftlichung einer mündlichen Diskussion (informelles Register). Dies kann besonders im Fremdsprachenunterricht wichtig sein. In der Auseinandersetzung mit internationalen Gesprächspartnern, wie sie durch das Internet zusammengeführt werden können, gibt es Anlässe zum interkulturellen Lernen durch das Erkennen von *Perspektivendifferenz* und beim *Erfassen der Meinung der Anderen.* Hier können Lernende ihre *Kommunikationsstrategien üben, um einen Abbruch der Kommunikation aufgrund (kultureller) Mißverständnisse* zu vermeiden (vgl. Müller-Hartmann 1999).

---

[28] Vergleiche Bredella 1990; Bredella 1996a; Bredella 1997b; Bredella 2000a; Delanoy 1993; Delanoy 1999; Berthold 1995; Multhaup 1997; Schüren 1994; Wotschke & Himmelsbach 1997.

2.2.4 Übersetzung und Vergleich von Übersetzungen

Übersetzung oder der Vergleich von Übersetzungen ist eine gute Übungsform, um fortgeschrittenen Fremdsprachenlernern die kulturelle Gebundenheit von Sprache zu verdeutlichen. Dabei wird sowohl die Übersetzung von Prosa (vgl. O'Sullivan & Rösler 2000; Kramsch 1993: 148; Dingwaney & Maier 1992) wie von Lyrik vorgeschlagen (Mina 1995; Kramsch 1993: 163ff.; Widdowson & Seidlhofer 1996). Allen Vorschlägen ist gemeinsam, daß sie die Sensibilität für die Wortwahl der Verfasser – sowohl des Originaltextes als auch der Übersetzung – zu schärfen versuchen, um damit die Unterschiede in der Struktur, d.h. in den stilistischen Mitteln durch Satzbau und Konnotation der Wortwahl zwischen zwei oder mehr Sprachen aufzuzeigen. Damit wird die *kulturelle Bedingtheit von Sprache* verdeutlicht, sowie *Perspektivendifferenz und -koordinierung* thematisiert.

Eine interessante Variation der Übersetzung und Vergleich illustriert Detlev Gohrbandt (1995), der bekannte Tierfabeln in verschiedenen kulturellen Interpretationen vergleichen läßt, wodurch die unterschiedliche Moral, die aus den Geschichten gezogen wird, deutlich wird und gleichzeitig kulturelle Werte und Normen vermittelt werden. Diese Herangehensweise an Literatur vermittelt insbesondere *kulturspezifisches Wissen* im Hinblick auf Werte und Normen unterschiedlicher Kulturen.

2.3 Zusammenfassung

Nach Sichtung der vorliegenden Literatur zum interkulturellen Lernen mit literarischen Texten im Fremdsprachenunterricht kann festgestellt werden, daß es eine Vielfalt an Gründen gibt, warum literarische Texte zum interkulturellen Lernen hinzugezogen und welche Lernziele dabei verfolgt werden sollen. Diese Gründe liegen in der Möglichkeit, durch Literatur Fremderfahrung zu sammeln und Perspektivenwechsel zu üben, sich kulturelles Wissen über die eigene Kultur bewußt zu machen und über die fremde Kultur anzueignen, die fremdsprachliche Ausdrucksfähigkeit in der Rezeption und Auseinandersetzung mit dem Text zu verbessern. Dabei hat sich gezeigt, daß die Forschung sich verstärkt mit multikultureller und postkolonialer Literatur befaßt, so daß Lehrende vielfältiges Material zum interkulturellen Lernen mit Literatur vorfinden können.

Im Bereich des interkulturellen Lernens mit Literatur werden besonders interpretativ Verfahren oder verschiedene kreativitätsorientierte Arbeitsformen eingesetzt. Auch gibt es Vorschläge, die das Unterrichtsgespräch sowie das Übersetzen in den Mittelpunkt rücken.

Im weiteren Verlauf dieser Arbeit soll eine Textreihe unter didaktischen Gesichtspunkten vorgestellt werden. Es wird deshalb eine Textreihe erstellt, um insbesondere der Frage nachzugehen, inwieweit eine Progression im Schwierigkeitsgrad beim interkulturellen Lernen beschrieben kann, da dieser Aspekt in den bisherigen Veröffentlichungen kaum angesprochen wurde. Bevor diese Textreihe präsentiert wird, werden im nächsten Kapitel Auswahlkriterien für die Erstellung von Textreihen diskutiert und die Literatur, die in den USA heute als "*multi-ethnic American literature*" bezeichnet wird, wird im Zusammenhang mit dem aktuellen literaturwissenschaftlichen Diskurs erörtert. Schließlich stelle ich die Textreihe sowie meine Methodik für die Textuntersuchungen vor.

3 Die Textreihe im interkulturellen Lernen

Wie in Kapitel 2 deutlich wurde, befaßt sich ein Großteil der Veröffentlichungen zum interkulturellen Lernen mit literarischen Texten im Fremdsprachenunterricht vorwiegend mit der Einsetzbarkeit einzelner Texte. Es liegen nur vereinzelt Beispiele vor, die dieses Thema anhand einer längeren Textreihe darstellen. Gleichzeitig brauchen die Lernziele des interkulturellen Lernens Konzepte, die langfristig z.B. die Fähigkeit zur Empathie entwickeln. Eine einzelne Lerneinheit zum interkulturellen Lernen wird wenig bewirken können, es sollten mehr Vorschläge entwickelt werden, wie Themen, die für interkulturelles Lernen besonders geeignet sind, anhand von mehreren Texten im Unterricht integriert werden können. In diesem Kapitel werden Kriterien für die Zusammenstellung einer Textreihe zum interkulturellen Lernen erörtert sowie auf einige Aspekte speziell zur multi-ethnischen amerikanischen Literatur hingewiesen, bevor im zweiten Teil der Arbeit am Beispiel dieser Literatur eine Textreihe zum interkulturellen Lernen vorgestellt wird.

3.1 Textauswahl

In der Literaturdidaktik für den Fremdsprachenunterricht gibt es Kriterien für die Auswahl einzelner Texte und für die Zusammenstellung von Textreihen.

3.1.1 Auswahlkriterien für Einzeltexte

In der Literatur zu Auswahlkriterien für den Einsatz einzelner literarischer Texte im Fremdsprachenunterricht werden meist folgende Aspekte genannt:

1. Der Text muß eine **Relevanz für die Lernenden** haben, d.h. er sollte Bereiche thematisieren, die für die Lernergruppe interessant sind und in der sie ihre Erfahrungen einbringen können (vgl. Aßbeck 1997; Krumm 1991; Raabe 1991; Wolff 1985; Zydatiß 1991). Andererseits wird auch die These vertreten, daß Oberstufenschüler Literatur bevorzugen, "wenn sie mit ihrer unmittelbaren persönlichen Sphäre am wenigsten Berührungspunkte hat." (Vgl. Stütz 1990) Daraus ist abzuleiten, daß dieser Aspekt von Gruppe zu Gruppe von der Lehrkraft und ihrer Beziehung zu den Lernenden entschieden werden muß. Auf einer universalen Ebene sollten im Text Erfahrungen des menschlichen Daseins

oder Sachthemen angesprochen werden, die für die Lernergruppe von Interesse sind und bei denen sie ihr Weltwissen einbringen können. Auf einer kulturspezifischen Ebene ist zu berücksichtigen, wieviel kulturspezifisches Wissen durch den Text vorausgesetzt wird und ob die Lernergruppe über genügend kontextuelles Wissen, d.h. auch Textsortenwissen (vgl. Wolff 1985), verfügt, um den Text sinnbildend lesen zu können. Falls ein Text zu viel Wissen beim Leser voraussetzt, kann methodisch (z.B. Annotation, vgl. Freese 1994b, oder thematisch einführende Schülerreferate, vgl. Finkbeiner 1995) geholfen werden.

2. Der ausgewählte literarische Text sollte **für die Zielkultur repräsentativ bzw. relevant** sein, ersteres nach inhaltlichen und letzteres nach literarischen Gesichtspunkten (vgl. Stütz 1990; Murdoch 1992; Krumm 1991; Nünning 1997a). Gleichzeitig muß im Unterricht verdeutlicht werden, daß der ausgewählte Text eine individuelle Stimme ist und nur begrenzt verallgemeinernd betrachtet werden darf (vgl. Kramsch 1993: 130f.).
3. Die **sprachliche Angemessenheit** ist besonders für den Fremdsprachenunterricht ein wichtiges Kriterium (vgl. Krumm 1991; Nünning 1997a; Murdoch 1992; Stütz 1990; Wolff 1985). Dabei geht es nicht nur um den Wortschatz, sondern auch um die grammatischen Strukturen und die Satzlänge (sowie die Verwendung von besonderen rhetorischen Mitteln wie Ironie, vgl. Althof 1995). Zum Teil wird auf Schwierigkeiten hingewiesen, die besonders durch Dialekte im Dialog entstehen können (vgl. Murdoch 1992), während andere diese Abweichung von der Standardsprache didaktisch nutzen (vgl. Bredella 1990; Esser 1995; Rauer 1997). Auch ist die Bedeutung der grammatischen Komplexität umstritten. Während Wolfgang Zydatiß im Leseverstehen auf eine relativ große Bedeutung der grammatischen Komplexität hinweist, sieht Dietrich Wolff darin nur ein sekundäres Merkmal in der Textschwierigkeit. Er argumentiert in Anbetracht der Erkenntnisse aus der kognitiven Psychologie, "daß grammatische Komplexität Textschwierigkeit nur in geringem Maße beeinflußt." (Wolff 1985: 218)[29]

[29] Nach Wolff sind es die Propositionen, die die Textschwierigkeit ausmachen. "Konzepte sind die kognitiven Einheiten, die Wörtern zugrunde ligen. Die Propositionen unterscheiden sich von den Konzepten durch die Komplexität. Sie bestehen mindestens aus zwei Konzepten, einem Prädikat und einem oder mehreren Argumenten. [...] Propositionen drücken also Relationen zwischen Konzepten aus." (Wolff 1985: 214) "Die Propositionen [...] sind ausgerichtet auf Textinhalte und

4. Narrative Mittel wie die **Erzählstruktur und Intertextualität** sind wietere Aspekte, die für Lernergruppen adäquat eingeschätzt werden müssen (vgl. Stütz 1990). Dabei kann der Text selbst intertextuelle Bezüge aufwiesen oder es kann eine Intertextualität im Unterricht geschaffen werden, in dem die einzelnen Texte durch die Aufgabenstellung aufeinander bezogen werden (vgl. Heller 1992a; Raabe 1991).
5. Die **Ergiebigkeit des Textes für die Rezeption** und Eignung für den Einsatz der gewünschten Textarbeitsformen sollte ebenfalls berücksichtigt werden (Nünning 1997a; Murdoch 1992; Zydatiß 1991). Hierzu zählen Aspekte wie die Länge (bei Romanen, vgl. Nünning 1997a) und die Möglichkeit, einen Text in kleinere Leseabschnitte zu unterteilen.
6. **Pragmatische Gesichtspunkte** werden schließlich eingebracht, wenn z.B. bei der Behandlung von Romanen darauf hingewiesen wird, daß der Roman "in einer preiswerten und leicht erhältlichen Taschenbuchausgabe vorliegen" sollte (Nünning 1997a: 7).

Neben den Kriterien, die hier als "klassische Kriterien" für die Auswahl von literarischen Texten für den fremdsprachlichen Unterricht bezeichnet werden können, fordert Nünning einen offenen Kanon, der "Perspektiven der Neuorientierung für den Englischunterricht" eröffnet und eine "prozessorientierte Schulung der Textproduktion" in der Textarbeit ermöglicht (Nünning 1997a: 8). Kreativitätsorientierte Aufgaben schulen die kreativen Verstehensprozesse und Ausdrucksfähigkeit von Lernenden, so daß schließlich soziale und kulturelle Schlüsselkompetenzen wie geistige Flexibilität, kombinatorische Fertigkeiten, Vorstellungsvermögen und Eingehen auf eine plötzliche Wandlung des Bezugsrahmens und die Fähigkeit, unterschiedliche Bedeutungen auszuhalten, weiterentwickelt werden (vgl. Nünning 1997a: 8).

3.1.2 Kriterien für eine Textreihe zum interkulturellen Lernen

Neben den im vorherigen Abschnitt genannten Kriterien zur Auswahl einzelner Texte gibt es weitere Aspekte, die bei der Zusammenstellung von Textreihen zu beachten sind, wie z.B. Perspektivenvielfalt, Intertextualität sowie Textschwierigkeit und Progression im interkulturellen Verstehen, die im folgenden detaillierter beschrieben werden.

---

nicht auf grammatische Struktur. Die Dekodierung der grammatischen Struktur ist ein Hilfsmittel bei der Erfasssung von Propositionen." (Wolff 1985: 218)

3.1.2.1 Perspektivenvielfalt

Bei der Zusammenstellung von Textreihen sollte darauf geachtet werden, daß die ausgewählten Beispiele eine Vielfalt von Perspektiven vorstellen. Dies kann entweder durch einen diachronischen Schnitt durch die Literaturgeschichte erfolgen (vgl. Freese 1984; Freese 1994b) oder durch einen eher synchronischen Schnitt zur Darstellung gesellschaftlicher Perspektivenvielfalt (vgl. Decke-Cornill 1994).

In ihrer Untersuchung der vorgeschlagenen Texte für den Englischunterricht verwendet Helene Decke-Cornill die Dimension der Erzählinstanz, um die Perspektivenvielfalt in einer Leseliste zu beurteilen. Erzählinstanzen können nach Decke-Cornill zum Vergleich von Texten verwendet werden, denn "kein Text [kommt] ohne eine solche Instanz [aus]" (Decke-Cornill 1994: 274), und weil "jeder Text vereinfacht als Kommunikation zwischen (implizierten) erzählendem und (impliziert) verstehendem Subjekt aufgefaßt werden kann" (Decke-Cornill 1994: 274). Ferner müssen Textreihen eine didaktische Erwartung erfüllen, denn sie ermöglichen "durch ihre Heterogenität eine differenzierte Auseinandersetzung mit dem komplexen Thema in der Literatur" (Decke-Cornill 1994: 280). Somit fordert Decke-Cornill bei der Erstellung von Textreihen (mit sechs bis acht Beispielen) die Berücksichtigung von möglichst vielfältigen Erzählinstanzen, um den Lernenden ein differenziertes Bild zu einem relevanten Thema in der Zielkultur zu vermitteln.

Einen anderen, aber ebenso plausiblen Weg schlägt Freese vor, der dafür plädiert, eine diachronische Textauswahl zu einem gegebenen Thema zu treffen (vgl. Freese 1986; Freese 1994b). Mit einer solchen Textreihe (mit zwölf Beispielen) kann Freese zugleich die historische Entwicklung und die aktuelle Perspektivenvielfalt dokumentieren. Beide Literaturdidaktiker weisen darauf hin, daß es wichtig ist, Schülern eine möglichst große Bandbreite von Positionen zu einem Thema anzubieten, damit die Lernenden ihrerseits die Komplexität eines Themas erfassen und ihre eigene Position darin bestimmen können.

3.1.2.2 Intertextualität

Bei der Zusammenstellung von literarischen Texten wird implizit eine intertextuelle Beziehung zwischen den Texten aufgebaut alleine durch die Tatsache, daß diese Texte in einem bestimmten Lehrkontext gelesen werden und darüber kommuniziert wird. Dieser intertextuelle Bezug kann sich in der Textsorte (Autobiographie, Kurzgeschichte, Sonett, usw.), der Epoche (z.B. Romantik, Postmoderne) oder dem Thema (z.B. "Black & White in the USA", vgl. Decke-Cornill 1994) ausdrücken, aber auch über andere Schulfächer hinweg (vgl. Raabe 1991). Diese Intertextualität kann für den Lernprozeß genutzt werden, in dem textverbindende Aufgaben gestellt werden, wie im 2. Teil dieser Arbeit demonstriert wird.

Neben der durch Textreihen erzeugten Intertextualität verweisen literarische Texte häufig in sich auf andere Texte, sie enthalten also eine intrinsische Intertextualität. So beziehen sich die ersten Worte der Rede von Martin Luther King, Jr. "I Have a Dream" auf Abraham Lincolns "Gettysburg Address" ("Five score years ago" respektive "Four score and seven years ago"). Ohne Lincolns Namen zu nennen, macht King deutlich, auf wen er sich mit dieser Zeitrechnung bezieht. Oder, ein anderes Beispiel, Cisneros' *The House on Mango Street* enthält sehr viele intertextuelle Bezüge (und interpretiert sie zugleich neu) zu anderen Textsorten (z.B. Bildungsroman oder Märchen), wie in Kapitel 6 dieser Arbeit ausführlicher erörtert wird.

3.1.2.3 Textschwierigkeit und Progression in Textreihen

Die Forschung zur Textverständlichkeit und zum Textverstehen zeigt, daß es sehr schwer ist, präzise Angaben zum Schwierigkeitsgrad literarischer Texte zu machen. So hat Groeben ein Modell vorgeschlagen, aus dem hervorgeht, daß die Textverständlichkeit und das Textverstehen sowie Textverständnis von der Lesemotivation und den Leseinteressen abhängt, und diese wiederum die Wirkung verstandener Texte (literarischer und informativer Art) beeinflussen (vgl. Groeben 1982: 6 und 148f.). Es scheint einen Konsens darüber in der Leserpsychologie zu geben, "daß für die Verarbeitung literarischer Texte auf seiten des Lesers nicht nur eine passive, quasi abbildend decodierende Rezeption anzusetzen ist." (Groeben 1982: 8)

Die Schwierigkeit eines Textes liegt also nicht nur im Text an sich begründet, sondern steht in Relation zum jeweiligen Leser, d.h. Textschwierigkeit ist mit Textverstehen verbunden (vgl. Groeben 1982: 148; Wolff 1985: 212). Nach Wolff kann Textschwierigkeit an fünf Kriterien beurteilt werden, wobei er ausdrücklich darauf hinweist, daß sich aus diesen Kriterien kein allgemeingültiges Meßinstrument ableiten läßt (Wolff 1985: 211). Die Kriterien beziehen sich darauf, 1. inwiefern der Leser eine Eingangshypothese zum Text formulieren kann, 2. ob dem Leser die Inhaltskonzepte und Propositionen des Textes bekannt sind (vgl. hierzu Fußnote in Kapitel 3.1.1), 3. ob der Leser über genügend Textsortenwissen verfügt, 4. wie hoch die Kohärenzdichte des Textes ist, und 5. inwieweit der Leser über ausreichendes Weltwissen verfügt und dieses im Verstehensprozeß anwenden kann (Wolff 1985: 215f.).

Für meine Untersuchung sind von den oben genannten Kriterien besonders zwei relevant: inwieweit Inhaltskonzepte und Propositionen im Text dem Leser bekannt sind, und inwieweit der Leser über genügend Weltwissen verfügt und dieses im Leseprozeß anwenden kann. Diese Kriterien sind deshalb wichtig, weil sie eine große Rolle im interkulturellen Verstehen spielen. Wenn ein Text relativ stark kulturspezifisch geprägt ist, muß dem Leser dieses Wissen bekannt sein. Bei der Rezeption fremdsprachlicher und fremdkultureller Texte können erhebliche Wissenslücken zu interkulturellen Mißverständnissen beim Leser führen.

In den Kapiteln, in denen sechs Texte als Textreihe vorgestellt werden (Kapitel 4 bis 9), wird in der Diskussion der relativen Textschwierigkeit darauf eingegangen, inwieweit der jeweilige Text für die Lernergruppe eher unbekannte Inhaltskonzepte und Propositionen darstellt und inwiefern in Europa, genauer in Deutschland, lebende Schüler als Textrezipienten, die Englisch als Fremdsprache lernen, über genügend Weltwissen verfügen, um unbekannte Inhaltskonzepte und Propositionen im Text durch ihr Weltwissen zu inferieren, d.h. zu ergänzen (vgl. Wolff 1985: 215). (Natürlich gehe ich hierbei nicht von einer kulturell homogenen Lernergruppe aus. Dennoch gehe ich z.B. davon aus, daß Jugendliche in Deutschland Erfahrungen mit der Bedeutung von Kleidung als Ausdruck von Identität haben oder etwas über Rassismus wissen. In den jeweiligen Abschnitten "Zum interkulturellen Verstehen des Textes" diskutiere ich dies ausführlicher.) Hierbei wird deutlich, daß Textschwierigkeit, und damit Progression innerhalb einer Textreihe, sowohl durch Textmerkmale als auch durch Lesermerkmale bestimmt werden (vgl. Wolff 1985: 213).

Zu den Textmerkmalen gehören die sprachliche Ebene (Wortschatz und Grammatik), die Textsorte, die Kohärenzdichte und schließlich die Konzepte und Propositionen im Text. Die ersten drei Merkmale werden nicht weiter berücksichtigt. Wolff unterscheidet zwischen zwei Schwierigkeiten, denen der Fremdsprachenlerner begegnet, wenn er Wörter in Konzepte umwandeln soll: "(1) er kann viele Wörter der zweiten Sprache nicht zu den im Gedächtnis gespeicherten Konzepten in Beziehung setzen (d.h. er kennt die Bedeutung vieler Wörter nicht), und er hat (2) wie auch der muttersprachliche Sprecher Schwierigkeiten mit dem Bezeichnungsniveau"[30] (Wolff 1985: 217). Neben der Bedeutung der mittleren Bezeichnungsebene

[30] Mit Bezeichnungsniveau ist gemeint, auf welche Abstraktionsebene eine Aussage gelegt wird, eher abstrakt oder eher sehr konkret.

für eine gute Textverständlichkeit kommt noch die kulturspezifische Bedeutung hinzu, d.h. inwiefern gibt es im Text Konzepte und Propositionen, die als literarische (bzw. kulturelle) Symbole eine Schlüsselrolle beim Textverstehen spielen können. Als Beispiel sei hier die Kurzgeschichte "The Moths" von Helena María Viramontes genannt. Im letzten Absatz der Kurzgeschichte wird beschrieben, wie Motten aus dem Mund der sterbenden Großmutter zum Licht emporsteigen, was Personen, die mit mexikanisch-amerikanischen Symbolen wenig vertraut sind, ungewöhnlich erscheinen mag.

Mit den Lesermerkmalen bezeichnet Wolff die Fähigkeiten, die ein Leser zum Verstehen eines Textes benötigt. Dazu gehört die Fähigkeit, eine Hypothese über Inhalt und Struktur eines Textes bilden zu können;[31] hierzu muß er die sprachliche Ebene einordnen können und über Textsortenwissen und Weltwissen verfügen. Hier soll nur das Weltwissen näher betrachtet werden. Textstellen mit unbekannten Konzepten und Propositionen können eine zu geringe Kohärenz für fremdkulturelle und -sprachliche Leser aufweisen, so daß Textrezipienten ihr Weltwissen für Inferierungsprozesse aktivieren müssen. "Die kognitive Psychologie nimmt an, daß Weltwissen in Schemastrukturen gespeichert ist, welche unterschiedliche Formen haben. Es werden abstrakte Rahmen (*Frames*), Schemata und konkrete Skripte unterschieden. In Rahmen ist Weltwissen sehr abstrakt gespeichert, in Schemata in strukturierter Form und in Skripten in einer Form, die konkrete Handlungsabfolgen modelliert." (Wolff 1985: 215)

Dies kann im Rahmen des interkulturellen Verstehens so übertragen werden, daß die eher universalen Themen des menschlichen Daseins auf einer abstrakten Ebene des Rahmens gespeichert sind, und eher kulturspezifische Elemente auf der Ebene der konkreten Handlung (und des konkreten Bezeichnungsniveaus) als Skripte liegen. Je mehr ein Text von dem Textrezipienten unbekannte kulturspezifische Skripte (also konkretes Weltwissen) erfordert, um Kohärenz durch Inferierungsprozesse herzustellen, desto schwerer ist das Textverstehen. Wenn jedoch der Text diese Skripte zumindest teilweise beschreibt, wird der Textrezipient im Verstehensprozeß unterstützt.

---

[31] "In der künstlichen Kommunikationssituation, in welcher Fremdsprachenunterricht abläuft, ist es für einen Textrezipienten schwer, zu einer akzeptablen Hypothese über den zu verarbeitenden Text zu kommen. Die soziale Situation macht es ihm nicht möglich, zu einer eindeutigen Festlegung zu gelangen." (Wolff 1985: 216)

Bei der Zusammenstellung einer Textreihe kann es sinnvoll sein, die Texte mit einer aufsteigenden Progression in der Textschwierigkeit in Bezug auf Inhaltskonzepte und Propositionen anzuordnen. Damit können Lernende schrittweise an die Komplexität des gewählten Themas herangeführt werden. Dies kann auch erreicht werden, indem verschiedene Texte unterschiedliche Positionen zu einem Thema darstellen (vgl. Kapitel 3.1.2.1 Perspektivenvielfalt), oder indem Texte eingesetzt werden, die diese Komplexität in sich zeigen. Ein solches Thema, das einen sehr hohen Grad an Komplexität aufweist, ist "Identität in einer multikulturellen Gesellschaft" und im zweiten Teil dieser Arbeit wird am Beispiel einer Textreihe gezeigt, wie dieses Thema vom thematisch relativ einfachen zu relativ schweren Texten entwickelt werden kann.

In den folgenden Abschnitten dieses Kapitels wird die multi-ethnische amerikanische Literatur vorgestellt, die interessante Möglichkeiten für interkulturelles Lernen bietet. Im Anschluß daran wird die Textreihe zusammenfassend vorgestellt sowie die Kriterien der Analysemethodik erläutert.

3.2 Vorüberlegungen zur multi-ethnischen Literatur

"Attention to minority literatures can enrich the mainstream and make everyone's sense of the total culture of the United States more real." Walter Ong, 1982.

Der Begriff multi-ethnische (amerikanische) Literatur wurde insbesondere im Jahr 1972 geprägt, als Literaturwissenschaftler aus dem Bereich der *ethnic studies* ein Forum innerhalb der *Modern Language Association of America* suchten, innerhalb dessen über Minderheitenliteratur diskutiert und gearbeitet werden konnte. Bisher war ihr im Verhältnis zur amerikanischen *mainstream* Literatur[32] kein oder bestenfalls nur ein minimaler Platz eingeräumt worden (vgl. Newman 1990). In dem Bemühen, der *non-mainstream* Literatur eine Stimme zu verschaffen, wurde kurzerhand eine eigenständige Gesellschaft gegründet, genannt *Multi-Ethnic Literatures*[33] *of the United States (MELUS),* die die Erforschung der amerikanischen ethnischen Literatur fördern und innerhalb des Dachverbands der MLA auf Tagungen repräsentieren sollte. Aus dieser grundsätzlichen Überlegung, der amerikanischen ethnischen Literatur ein größeres, eigenes Forum anbieten zu wollen, entstand der Begriff der multi-ethnischen Literatur, eine umfassende Bezeichnung für die gesamte *non-mainstream* Literatur; Literatur also, die sich u.a. zu einer ethnischen Orientierung bekennt.

Heute wird in Anlehnung an Rudine Sims (1982) und Violet Harris (1992) *multi-ethnic literature* beschrieben als kulturell bewußte Literatur, die die Kultur, Sprache, Geschichte und Werte einer Gruppe sorgfältig reflektiert. Der Schwerpunkt in dieser Literatur liegt in der Darstellung von sehr verschiedenen Personengruppen, jedoch mit der Gemeinsamkeit, "that they all tend to be in a subordinate status with respect to the dominant, mainstream culture." (Au 1993: 175) Dies gilt zumeist für von Gruppenangehörigen verfaßte Literatur über z.B. Afro-Amerikaner, *Native American Indians*, Amerikaner asiatischer Herkunft usw. sowie religiöse Minderheiten (wie Amisch), regionale Kulturen (z.B. Cajun) oder schließlich Behinderte und Kranke (Aids-Kranke) sowie weitere Gruppen. Die in dieser Lite-

[32] Womit i.d.R. die Literatur von Männern gemeint ist, die Werte der weißen angelsächsischen protestantischen Kultur vertreten.

[33] Die Frage, ob von Literatur<u>en</u> im Plural gesprochen werden soll, ist noch umstritten, da dieser Begriff auf Separatismus hindeutet.

ratur auftretenden Charaktere werden sorgfältig in ihrem spezifischem kulturellen Rahmen beschrieben, wozu vor allem unter Vermeidung von Stereotypen die Darstellung als komplexe Personen gehört.[34]

Die Entscheidung, in den folgenden Textanalysen auf den jeweiligen ethnischen Hintergrund einzugehen, könnte als Versuch gedeutet werden, diese Texte ausschließlich als ethnische Literatur einzuordnen, sie aber nicht als amerikanische Literatur anerkennen zu wollen.[35] Diese Problematik wurde von Werner Sollors in seiner "Critique of Pure Pluralism" (1986) diskutiert. Er fragt, ob die gleichen Kategorien, die zur Ausgrenzung gedient hatten, nun als positiv konnotierte Merkmale für eine konzeptionelle Neuorganisation der amerikanischen Literatur dienen könnten, indem an bestehende Literaturgeschichten jeweils ein Kapitel zur Literatur von Afro-Amerikanern, Frauen usw. angefügt würde. Für Sollors führt eine solche Kategorisierung dazu, daß Literatur auf die ethnische oder geschlechtliche Ebene reduziert wird und die Gemeinsamkeiten der Texte mit anderen (zwar mit einem anderen ethnischen Kontext aber zu einem gleichen Thema oder einer gleichen Textsorte) ignoriert werden. Sollors sieht einen Trend, Autoren nur noch als 'Mitglieder' einer bestimmten Ethnie oder eines Geschlechts zu betrachten (vgl. Sollors 1986: 255).

Mit Sorge beobachtet Sollors auch die Tendenz, daß in der kritischen Betrachtung dieser Literatur der Text als ein ethnisches Dokument analysiert wird, das am besten von einem Angehörigen dieser Gruppe verstanden werden kann (Sollors 1986: 256). Was ursprünglich befreiend oder wohlwollend gemeint war, nämlich Autoren in der amerikanischen Literatur verstärkt zu berücksichtigen, die nicht Teil der *mainstream* Gesellschaft sind, wird nun in eine Reduzierung auf dieses bestimmte ethnische Merkmal umgekehrt. Mit anderen Worten habe die Forderung nach Beachtung und Integration von *non-mainstream* Literatur zu einer verstärkten Ausgrenzung bzw. Reduzierung auf die ethnische oder geschlechtliche Ebene geführt.

---

[34] Vgl. Au 1993: 176: "As Sims (1982) uses the term, culturally conscious literature is literature that accurately reflects a group's culture, language, history, and values. [...] The characters are not presented as stereotypes but as complex human beings."

[35] Vgl. die kritische Rezeption von *The House on Mango Street* (Cisneros) in Valdés 1993: 290 wie auch das Kapitel in dieser Arbeit zu Cisneros. Ortiz-Márquez (1997: 227) hinterfragt ferner ethnische Kategorien in der literaturwissenschaftlichen Besprechung von Latina Autorinnen.

Wie komplex diese Situation ist, zeigt folgende Überlegung: Auch wenn Minderheiten oder Einwanderer sich in die amerikanische Gesellschaft einfügen und anpassen wollen, ist es fraglich, ob sie dies überhaupt aus Sicht der angloamerikanischen Gesellschaft *dürfen*, wie Bredella formuliert: "The question, however, is whether the dominant culture allows the minorities to adjust and accomodate." (Bredella 1999b: 81) Dies gilt entsprechend für ihre Literatur.[36]

Diese Aufrechterhaltung der Unterscheidung zwischen dem "Eigenen" und dem "Fremden" scheint für die Konstituierung einer gesellschaftlich dominierenden Identität notwendig zu sein (z.B. der Angloamerikaner oder Anglokanadier)[37] wie John Sekora & Houston A. Baker zwar in bezug auf die amerikanische Literatur bis 1945 schreiben, dies aber heute noch gültig ist:

> [...] racism in America was undoubtedly satisfying, consolidating as it was dividing. It readily accomodated, even encouraged, belief in a historical division of humankind into a virtuous 'we' standing against a deformed 'they.' In a psychological sense it [literature] *proved* – more conveniently than empirical evidence could ever hope to do – the existence of lower, corrupted, imperfect humanity, whether called slave or black or insane or savage. (Sekora & Baker 1984: 44)

Die Praxis, diejenigen auszugrenzen, die nicht in das angloamerikanische Bild passen, mag in der Vergangenheit möglich gewesen sein. Aber die Erkenntnis, daß Amerika eine multikulturelle Gesellschaft ist, setzt sich kontinuierlich durch[38] und hat bereits weitreichende Konsequenzen im

---

[36] Vgl. Hall & Lindholm: "racial prejudice is still deeply embedded in the national fabric [of the United States]." (1999: 153) Cose weist darauf hin, daß, auch wenn die Bedeutung von Rasse und Ethnizität abnimmt, hellhäutige Amerikaner Vorteile gegenüber dunkelhäutigen haben werden: "In the emerging U.S. mestizo future, some people will still be whiter than others – and if the Latin American experience is any guide, they will have an advantage." (Cose 2000: 42)

[37] Vgl. Fee 1987 und Walton 1990 in bezug auf anglokanadische Literatur.

[38] Diese Einsicht geschieht hauptsächlich durch den demographischen Druck, siehe z.B. Freese 1994b: 54 über "The Browning of America" und Cose 2000.

Bildungsbereich, der zunehmend die heterogenen Einflüsse der multikulturellen Gesellschaft berücksichtigen und nutzen will.[39]

In den USA gibt es eine Auseinandersetzung um die Einordnung und Deutung von Minderheitenautoren. Wie bereits oben gezeigt wurde, kritisiert Sollors die Position, die die Autoren als Vertreter ihrer jeweiligen ethnischen Gruppe sieht und nicht die literarische Qualität der Werke in den Vordergrund rückt.

Katrin Schwenk stimmt der Kritik von Sollors grundsätzlich zu und ergänzt: "This mosaic procedure [of the group-by-group approach] relies on the problematic notion of *tradition* as simply being there, resting on the law of ethnic heritage or *decent.*" (Schwenk 1996:1) Dennoch warnt sie davor, die Methode, die Literatur *group-by-group* zu kategorisieren, trotz der Nachteile voreilig zu verwerfen:

> At this point, however, it is uncertain whether the problems and essentialist dangers of a group-by-group approach, as well as the dangers of translating it into literary criticism, already justify dispensing with the idea altogether. (Schwenk 1996: 2)

Denn auch wenn der gruppenformende Ansatz Gefahr läuft, Autoren in Schubladen zu stecken, schafft dieser überhaupt erst einen – wenn auch begrenzten – Raum für die Analyse dieser Literatur: "The boundaries are certainly there, but they also create a space – a limited one, to be sure – but a space nevertheless; one which, within its boundaries, secures legitimacy for the much contested approach." (Schwenk 1996: 3) Damit teilt Schwenk die Hoffnung mit anderen Kritikern,[40] daß ethnisch orientierte Ansätze sowohl flexibel als auch vorübergehend sein werden und daß sie, wenn auch unzulänglich, dazu beitragen können, die Entwicklung eines Dialogs anzustoßen (vgl. Schwenk 1996: 5).

---

[39] Vgl. Nieto 1995 zur multikulturellen Erziehung in den USA; Au 1993 und Oliver 1994 zur multikulturellen *literacy instruction* bzw. Literaturunterricht. Vgl. Freese 1994: 89 zur verstärkten Förderung von bilingualem Unterricht in den USA in den 90er Jahren. Vgl. Rasinski & Padak 1990 für vier Modelle, wie die multikulturelle Gesellschaft im Literaturunterricht berücksichtigt werden kann.

[40] Wie Sollors, der für einen offenen, übergreifenden transethnischen Ansatz plädiert, (vgl. Sollors 1986: 256) oder Myra Jehlen, für die die ethnische Betrachtungsweise als eine notwendig überbrückende und temporäre Zwischenlösung gilt (vgl. Schwenk 1996: 2f).

Einen weiteren Aspekt in der Problematisierung von Ethnizität, nämlich den der Veränderlichkeit von ethnischer Zugehörigkeit, bringen John Maitino & David Peck ein:

> [...] as Frank Shuffleton has written, ethnicity is a process – a dynamic relationship of assimilation and alienation – and not a product [...] Ethnic American literature is itself a process – in its stories of assimilation and resistance, of immigration and oppression – and demands a criticism that is equally flexible and fluid. (Maitino & Peck 1996: 4)

Da für Maitino & Peck ein Wissen über den kulturellen Kontext eines Werkes zu einem vertieften Verstehen dieser Literatur führen kann, plädieren sie dafür, ethnische Literatur sowohl in ihrem spezifisch kulturellen Kontext als auch in ihren Bezügen und Gemeinsamkeiten zu anderen Texten (aus anderen kulturellen Kontexten) zu lesen: "We need to do both reading jobs at the same time, in other words: to recognize the cultural uniqueness of the individual work, and then look for the links among different works." (Maitino & Peck 1996: 8f.)

Die Texte, die in dieser Arbeit zu einer Reihe zusammengestellt wurden, können der multi-ethnischen Literatur zugeordnet werden, denn sie enthalten Figuren aus verschiedenen Gruppen von Minderheiten, die als komplexe Persönlichkeiten dargestellt und nicht als ethnische Stereotypen verflacht werden (vgl. Au 1993: 176). In den Texten geht es um das spannungsreiche Verhältnis einer Minderheitengruppe zur angloamerikanischen Gesellschaft in unterschiedlichen Situationen, und diese Texte werden durch das gemeinsame Thema "Identität in einer multikulturellen Gesellschaft" intertextuell verbunden. Dadurch, daß in dieser Arbeit kein Schwerpunkt auf eine spezifische Gruppe gelegt wird, soll verdeutlicht werden, daß einerseits diese Thematik des Aushandelns von Anerkennung und Integration bei gleichzeitiger Bewahrung von Differenz ein übergreifendes Thema von Minderheiten in den USA ist, dies aber andererseits jeweils vor einem kulturspezifischem Hintergrund geschieht.[41]

[41] Ausführlicher siehe Taylor 1994, der der Frage nach geht, wie die Dichotomie zwischen Gleichberechtigung und Anerkennung von Differenzen in einer multikulturellen Gesellschaft in Einklang gebracht werden kann. Bredella 1999b greift diese Thematik mit Bezug auf Taylor 1994 in ihrer Umsetzung in amerikanischer Literatur auf.

3.3 Eine Textreihe "Identität in einer multikulturellen Gesellschaft"

Durch diese Textreihe soll vermittelt werden, mit welchen Fragen in bezug auf Integration sich Angehörige gesellschaftlicher oder kultureller Minderheiten beschäftigen und was es für sie bedeutet, in einer Gesellschaft zu leben, in der ihre Lebensweise nicht zur herrschenden Norm gehört. Um die Komplexität einer solchen Situation zu zeigen, sollte aus möglichst verschiedenen Perspektiven dargestellt werden, wie Menschen mit ihrem Leben als Einwanderer oder Angehörige einer Minderheit umgehen.[42] Die Auswahl der Texte läßt sich damit begründen, möglichst verschiedene Aspekte zur Lage von Minderheiten aufzuzeigen, und zwar einerseits hinsichtlich der kulturellen Gruppe, andererseits bezüglich der dargestellten Situation, in der die Frage von individueller Identität in einer multikulturellen Gesellschaft thematisiert wird. [43]

Die Vielfältigkeit von Integrationsversuchen läuft wie ein roter Faden durch die ersten vier Texte der Reihe. Die ersten beiden Texte beginnen mit der Immigration und zeigen exemplarisch, wie Einwanderer als Erwachsene oder als Kinder mit diesem Einschnitt in ihrem Leben umgehen. Bei den nächsten zwei Texten stehen die Angehörigen von Einwanderern im Mittelpunkt, die selbst die Herkunftskultur ihrer Eltern oder Großeltern nur durch sie vermittelt erleben und somit zwar eine gewisse Distanz zu diesen Kulturen haben, sich aber dennoch in ihrem Alltag damit auseinandersetzen.

Die letzten beiden Texte dieser Reihe stellen eine ganz andere Situation von Minderheiten in den USA dar, daher muß hier gewissermaßen eine gedankliche Zäsur gesetzt werden. In diesen Texten geht es nicht um Einwanderer oder deren Nachfahren, sondern um die Situation von Afro-Amerikanern bzw. Indianern in Nordamerika.

Die sechs Texte dieser Reihe, die für den Englischunterricht in der gymnasialen Oberstufe geeignet ist, sind die folgenden: [44]

---

[42] Vgl. Decke-Cornill 1994 zur Perspektivenvielfalt in Textreihen.

[43] Siehe: Au 1993; Gogolin 1994; Hu 1999; Kerby 1991; List 1997; Oliver 1994.

[44] Diese Auswahl an literarischen Texten kann z.B. nach dem Rahmenplan der Gymnasialen Oberstufe in Hessen in den Rahmenthemen der 12,I "Der Mensch in der Begegnung mit dem Anderen" (Hessisches Kultusministerium 1998: 26) und 13,II "Individuum und Gesellschaft"

1. Vijay Lakshmi: "Mannequins" (Kurzgeschichte; eine Frau immigriert mit ihrer Familie aus Indien.)
2. Julia Alvarez: *How the García Girls Lost Their Accents* (Ausschnitt aus einem Roman; eine dominikanische Familie mit kleinen Kindern flüchtet aus politischen Gründen nach Amerika.)
3. Sandra Cisneros: *The House on Mango Street* (Roman; die mexikanisch-amerikanische Tochter eines Immigranten distanziert sich von ihrer Herkunft.)
4. Jeanne Wakatsuki Houston: "After the War" (Kurzgeschichte; die Tochter japanischer Eltern bemüht sich um Integration nach langem Aufenthalt in einem Internierungslager.)
5. Thomas King: "Borders" (Kurzgeschichte; eine *Blackfoot* Indianerin weigert sich, ihre kanadische Staatsbürgerschaft zu deklarieren.)
6. John A. Williams: "Son in the Afternoon" (Kurzgeschichte; ein afroamerikanischer Mann empfindet bei jeder Interaktion mit Angloamerikanern Diskriminierung.)

Somit zeigen diese Texte in ihrer Zusammenstellung verschiedene Aspekte in der Auseinandersetzung mit Integration in der amerikanischen Gesellschaft und der Frage nach der Bewahrung der eigenen kulturellen Identität aus der Sicht von Minderheiten auf, wie im folgenden kurz zusammengefaßt wird.

Für die meisten Immigranten besteht der amerikanische Traum vor allem in der Möglichkeit, sich durch Assimilierung in die amerikanische Gesellschaft integrieren zu können, doch dabei stoßen sie immer wieder auf Widerstände. Es ist deutlich geworden, daß nur Einwanderer aus dem nördlichen Europa eine Chance haben, sich zu assimilieren, da sie äußerlich von Angloamerikanern nicht unterschieden werden können. Aber die meisten Einwanderer kommen heute nicht aus Europa, sondern aus anderen Teilen der Welt, insbesondere aus Asien. Diese Einwanderer werden häufig mit Rassismus konfrontiert, auch wenn sie sich in ihrem Verhalten an die amerikanische Gesellschaft assimilieren wollten.

(Hessisches Kultusministerium 1998: 36) thematisch passend eingesezt werden.

Während in der Vergangenheit (bis zur Mitte des zwanzigsten Jahrhunderts) kulturelle Minderheiten eher versucht hatten, sich an die WASP[45] Kultur anzupassen, ist seit den 60er Jahren eine immer stärker werdende Tendenz zu beobachten, daß Angehörige einer kulturellen Minderheit sich im positiven Sinne mit ihrer ethnischen Herkunft identifizieren und sich nicht assimilieren (und sich damit nicht von ihrer Herkunftskultur abwenden) möchten.[46] Diese Haltung entsteht vermutlich z.T. aus der Erfahrung heraus, daß unabhängig davon, wie sehr sich jemand um Assimilierung im Lebensstil und Denken bemüht, die Erfahrung von rassistisch begründeter Diskriminierung aufgrund der nicht-angelsächsischen Herkunft bleibt. Vor diesem Hintergrund zeigen die ausgewählten Texte eine große Spannweite von Erfahrungen zu dieser Situation.

Selbstverständlich kann nicht eine einzelne Kurzgeschichte behaupten, für die Literatur einer Gruppe zu stehen und diese Gruppe objektiv darzustellen (vgl. Kapitel 3.2). Vielmehr sollen die im weiteren Verlauf dieser Arbeit vorgestellten Texte zeigen, wie sie das Thema "Identität in einer multikulturellen Gesellschaft" aus unterschiedlichen Perspektiven darstellen. Ich möchte nun die einzelnen Texte näher vorstellen.

In der Kurzgeschichte von Lakshmi geht es um eine Inderin, die sich zwar stärker assimilieren möchte, aber Angst hat, sie könnte dabei sich selbst nicht mehr erkennen. Sie überwindet jedoch ihre Angst und kauft ein westliches Kleid, das sie beim bevorstehenden Elternabend tragen möchte.

Im zweiten Text, einem Auszug aus einem Roman von Alvarez, wird vor allem aus Sicht der mit ihren Eltern ausgewanderten Kinder die Frage nach Erhaltung oder Veränderung der kulturellen Identität aufgegriffen. Hier wird gezeigt, daß die Töchter einer dominikanischen Familie in der amerikanischen Gesellschaft Chancen für sich sehen, die sie in der Dominikanischen Republik als Frauen nicht hätten. Doch erkennen sie auch, daß sie mit ihrer Entscheidung für eine Assimilierung an amerikanische Le-

---

[45] WASP steht für "White Anglo-Saxon Protestant" und wird sowohl als Adjektiv wie als Substantiv gebraucht, um die Teile der amerikanischen Gesellschaft zu beschreiben, deren Vorfahren evangelischen Glaubens aus England eingewandert sind. Siehe auch Brookhiser 1993.

[46] Siehe aktuelle Artikel aus Newsweek, z.B. zur Situation der hispanischen Bevölkerung in Larmer (1999) und Leland & Chambers (1999) oder zur afro-amerikanischen Situation in Cose (1999), sowie Cose (2000) zum Rassismus in der multikulturellen amerikanischen Gesellschaft.

bensgewohnheiten gleichzeitig eine Entscheidung gegen ihre Familie – ihre Eltern und Verwandtschaft – treffen.

Auch im dritten Text liegt der Schwerpunkt auf der Frauenperspektive. In dem kurzen Roman von Cisneros steht ein Mädchen im Mittelpunkt, das in einer mexikanisch-amerikanischen Nachbarschaft aufwächst, sich dennoch nicht mit dieser Kultur identifizieren möchte, sondern nach einem Weg aus dieser Umgebung sucht. Die Einwanderer (wie auch der Vater des Mädchens) haben die sozialen Strukturen der mexikanischen Gesellschaft mitgebracht, aber die Protagonistin lehnt ein Leben in dieser Umgebung ab. Ohne das Herkunftsland ihrer Eltern, nämlich Mexiko, selbst erlebt zu haben, entscheidet sich das Mädchen für eine Integration (im Sinne von Teilnahme an der amerikanischen Gesellschaft) in die (anglo-) amerikanische Gesellschaft in der Hoffnung, so ein selbstbestimmtes Leben führen zu können. Doch anders als in Alvarez' Roman wird das Mädchen von den älteren Frauen in dieser Entscheidung bestärkt, aber gleichzeitig dazu ermahnt, ihre Herkunft niemals zu vergessen, um so den Frauen zu helfen, die aus ihrer Situation nicht entkommen können. Somit soll zwar die Integration angestrebt werden, aber eine vollkommene Assimilierung, die ein Vergessen der sozialen und kulturellen Herkunft mit sich bringen würde, gilt als unverantwortlich gegenüber der eigenen Gruppe (hier von mexikanisch-amerikanischen Frauen).

Während im Text von Cisneros die Auseinandersetzung mit der realen Situation, die die Motivation zur Abwendung von der kulturellen Herkunft erklärt, im Vordergrund steht, beleuchtet der vierte Text, eine Kurzgeschichte von Houston, eine andere Seite. Hier macht sich ein Mädchen japanischer Herkunft zunächst Illusionen über angloamerikanische Familien, während sie sich ihrer Herkunft schämt und sich assimilieren möchte. Im Verlauf der Geschichte erkennt das Mädchen jedoch die Realität hinter der Fassade und ist durch die Erkenntnis, daß angloamerikanische Familien nicht unbedingt glücklicher sind, bereit, sich positiv mit ihrer japanisch-amerikanischen Herkunft zu identifizieren. In dieser Geschichte (ähnlich wie in Alvarez' Text) wird deutlich, daß der Prozeß der Integration nicht geradlinig verläuft, sondern sehr stark von den Schwankungen geprägt ist, die durch ständiges Vergleichen der Möglichkeiten entstehen.

Wie bereits angedeutet, beschreiben die ersten vier Texte eine andere Position zum Thema Minderheiten in der amerikanischen Gesellschaft als die letzten beiden. Dies liegt darin begründet, daß die Charaktere in den ersten vier Texten an eine mögliche Integration interessiert sind. Die letzten zwei Texte vermitteln dagegen eine andere Einstellung zu diesem Thema. Hier fordern Minderheiten die Anerkennung ihrer Kultur und lehnen die Werte der angloamerikanischen (bzw. anglokanadischen) Gesellschaft ab.[47]

Der fünfte Text wirft eine weitere Frage auf, inwiefern Minderheiten die Erwartungen der dominierende Gesellschaft erfüllen sollen. In der Kurzgeschichte von Thomas King verweigert eine *Blackfoot* Indianerin, sich bei einer Kontrolle an der kanadisch-amerikanischen Grenze nach westlichen Kategorien auszuweisen und damit entweder als Kanadierin oder Amerikanerin zu deklarieren. Sie besteht auf ihre Nationalität als *Blackfoot* und lehnt damit die europäisch-nordamerikanischen Bedingungen und Rechtsvorschriften ab.

Der letzte Text in dieser Reihe ist eine Kurzgeschichte von John A. Williams, die verdeutlicht, wie ein Afro-Amerikaner durch die ständige Konfrontation mit rassistischen Bemerkungen in jeder Interaktion mit Angloamerikanern übersensibel eine Form von Diskriminierung sieht. Er fühlt sich in seiner Kompetenz als Schriftsteller verkannt und glaubt ständig, Angloamerikaner trauten ihm höchstens eine Arbeit als Diener zu.

In den Texten werden die folgenden sozialen und psychologischen Themen in bezug auf Identität aufgegriffen: Selbstveränderung und Anpassung an eine neue Gesellschaft (Vijay Lakshmi: "Mannequins"), Entwurzelung nach der Emigration (Julia Alvarez: *How the García Girls Lost Their Accents*), Zugehörigkeit zu und Abgrenzung von der eigenen Gruppe (Sandra Cisneros: *The House On Mango Street*), (falsche) Vorstellungen über die jeweils andere Gruppe (Jeanne Wakatsuki Houston: "After the War"), Selbstbestimmung der Identität (Thomas King: "Borders"), verbaler Rassismus und sein Einfluß auf Identität und Würde von Minderheiten (John A. Williams: "Son in the Afternoon").

Alle sechs Texte in dieser Reihe beschäftigen sich mit der Frage, inwiefern eine Integration von Minderheiten in eine Einwanderergesellschaft erwünscht ist. Die Texte haben unterschiedliche Konstellationen. Es geht in einigen Texten um Kinder und Jugendliche, in anderen dagegen um Erwachsene, die entweder seit mehreren Generationen im Land leben oder erst kürzlich eingewandert sind. Darüber hinaus hat jeder Text einen anderen kulturhistorischen Bezug zur angloamerikanischen bzw. anglokanadischen Gesellschaft. Während die *Native Americans* eine Verdrängung aus ihrem eigenem Land erdulden mußten, kamen Afro-Amerikaner als Sklaven nach Amerika. Die Einwanderer des 19. und 20. Jahrhunderts sind entwe-

---

[47] Die Ambivalenz Thomas Kings zur Staatsangehörigkeit und inwiefern seine Literatur amerikanisch oder kanadisch ist, wird im entsprechenden Kapitel zu seiner Kurzgeschichte "Borders" ausführlicher erläutert.

der politische Flüchtlinge oder aus wirtschaftlichen Gründen nach Amerika gekommen. Trotz der vielfältigen Hintergründe, auf die jeder einzelne Text Bezug nimmt, ist ihnen gemeinsam, daß sie die komplexe Auseinandersetzung mit Integration in einer multikulturellen Gesellschaft thematisieren. Dabei wird deutlich, daß ein solcher Prozeß von vielen verschiedenen Faktoren beeinflußt und von zahlreichen Höhen und Tiefen begleitet wird.

3.4 Methodik der Textuntersuchungen

Im zweiten Teil dieser Arbeit soll auf die genannten Texte näher eingegangen und dargestellt werden, wie die jeweiligen Erzählungen verschiedene Aspekte der zwischen Integration und Ausgrenzung stehenden Minderheiten thematisieren und wie diese Texte im fremdsprachlichen Unterricht eingesetzt werden können, um interkulturelles Verstehen zu fördern. In erster Linie auf den literarischen und in zweiter Linie auf den ethnischen Hintergrund bezugnehmend soll ein kurzer Einblick in die thematischen Schwerpunkte der jeweiligen Autoren gegeben werden. Zwei Ziele sollen damit erreicht werden: Erstens soll der Text als zeitgenössische Literatur gewürdigt und nach Möglichkeit in Bezug zu weiteren Texten mit ähnlicher Thematik oder Struktur gesetzt werden, um die Intertextualität darzustellen. Zweitens soll bei diesen Texten, die alle als kulturell bewußte Texte eingeordnet werden können,[48] der kulturelle Hintergrund beleuchtet werden, um den kulturspezifischen Kontext zu würdigen.

Die gewählte Vorgehensweise, die Texte auf der methodischen Grundlage einer – weitgehend identischen – Struktur der Präsentation zu behandeln, dient nicht nur der besseren Vergleichbarkeit der Untersuchungen. Hierdurch soll vielmehr vor allem leichter nachvollziehbar werden, worin die Unterschiede zwischen den einzelnen Texten liegen und wie sich eine Progression des Schwierigkeitsgrads beim interkulturellen Verstehen entwickelt.

3.4.1 Sprachliche Schwierigkeit, Handlung und narrative Struktur

Die Auswahl der Texte orientierte sich durchgehend an der Zielgruppe von Schülern in der gymnasialen Oberstufe. Es wurde darauf geachtet, daß die

---

[48] Vgl. Sims 1982, die (in bezug auf afro-amerikanische Literatur) den Begriff von "culturally conscious literature" geprägt hat. Dieser Begriff wird seitdem als Grunddefinition von multi-ethnischer Literatur auch auf andere Gruppen bezogen.

Texte in einer Sprache verfaßt sind, die für Schüler der Jahrgangstufe 12 als verständlich gilt. Für den Einsatz im Unterricht wurden Vokabellisten erstellt (siehe Anhang), mit deren Hilfe die Schüler die Texte ohne sprachliche Schwierigkeiten lesen konnten. Ferner weisen die Texte keine Häufungen von Satzstrukturen oder stilistischen Besonderheiten auf, die zu größeren Verstehensschwierigkeiten führen könnten.[49] Somit sind die ersten fünf Texte vom sprachlichen Schwierigkeitsgrad her in einer gewissen Spannbreite vergleichbar. Der sechste Text (Williams) erweist sich als sprachlich etwas schwieriger aufgrund der umgangssprachlichen Wortwahl. In den einzelnen Analysen wird nicht weiter auf diesen Aspekt eingegangen.

Da anzunehmen ist, daß die behandelten Texte den Lesern dieser Arbeit nicht bekannt sind, werden sie zu Beginn der Kapitel mit den Textuntersuchungen kurz vorgestellt. Als Grundlage wird daher die Handlung dargestellt, wobei auch auf die narrative Struktur des Textes eingegangen wird. Zunächst soll eine kurze Inhaltsangabe die thematische Ausrichtung des Textes erkennbar werden lassen. So werden die wichtigsten Charaktere vorgestellt (ethnische Zugehörigkeit), der Kern der Handlung zusammengefaßt und die gesellschaftliche bzw. psychologische Relevanz in bezug auf Minderheiten in der amerikanischen Gesellschaft beschrieben.

Über den inhaltlichen Ansatz hinaus werden narrative Besonderheiten des Textes dargestellt. Die Analysen zum Inhalt und zur narrativen Struktur sind insbesondere für didaktische Überlegungen von Bedeutung, da sie einerseits zeigen, auf welches Vorwissen die Lernenden beim Lesen zurückgreifen können; anderseits geben sie dem Lehrenden erste Hinweise darauf, worauf bei der Vermittlung der Texte im Unterricht geachtet werden sollte.

---

[49] Die Texte wurden mit Vokablellisten und konkreten Unterrichtsvorschlägen von Barbara Himmelsbach in verschiedenen Kursen der gymnasialen Oberstufe an der Clemens-Brentano Schule Lollar (Hessen) erprobt. Dies wurde jedoch nicht wissenschaftlich begleitet, sodaß mir zwar die Mitschriften der Schülerinnen und Schüler vorliegen, ich diese jedoch nicht für wissenschaftliche Analysen auswerten kann. Ich möchte lediglich erwähnen, daß aus den Schülerarbeiten hervorgeht, daß wesentliche Ziele wie Perspektivenübernahme und -koordinierung bei einigen Schülerinnen und Schülern in Ansätzen zu erkennen sind.

3.4.2 Die Textinterpretation

Bei der kurzen Interpretation der Texte wird ein Schwerpunkt auf Elemente im Hinblick auf das Thema Integration und Identität in der Gesellschaft gelegt und soweit möglich werden weitere Angaben zu detaillierteren Interpretationen gegeben. Diese Aspekte greifen sowohl kulturspezifische als auch allgemeine Elemente im Text auf. Eine solche Interpretation bildet die Grundlage zur Einschätzung des Textes in bezug auf Aspekte im interkulturellen Verstehen, insbesondere im Hinblick auf in Deutschland lebende Schüler.

3.4.3 Zum Kontext des Textes in der ethnischen Literatur

Eine Einordnung des Textes und der Autorin bzw. des Autors erfolgte nach Gesichtspunkten der betreffenden ethnischen Literatur, um den Untersuchungsgegenstand in den Kontext der amerikanischen Literatur zu stellen. Dies geschieht in Anlehnung an den häufig angewandten "group-by-group approach"[50], auch wenn dieser Ansatz z.B. von Sollors kritisiert wird, da er Integration ausschließe (vgl. Sollors 1986). Maitino & Peck (1996) weisen jedoch darauf hin, daß beide Aspekte – die intertextuellen und die kulturspezifischen – berücksichtigt werden müssen, um ein tiefergehendes Verständnis von Literatur zu erreichen. Sie befürworten es daher, ethnische Literatur auch in ihrem ethnischen Kontext zu lesen.

Nach Bredella (2001) besteht kulturelles Verstehen aus einem Wechselspiel von Einzelnem und Ganzen, und bei der Rezeption fremdkultureller Literatur sollte nicht nur der Rezeptionskontext (also die Lernenden in ihrer Umgang) sondern auch der Produktionskontext (also die Epoche und die Geselschaft, in der in Text verfaßt wurde) berücksichtigt werden. Diesen Aspekt gilt es bei der Auswahl von Textaufgaben zu intergrieren (siehe Kapitel 3.4.5).

3.4.4 Progression im interkulturellen Verstehen

In diesem Abschnitt der Textuntersuchung wird ferner eine Einordnung in eine Progression im interkulturellen Sinne unternommen, d.h. es wird beschrieben, warum ein Text im Hinblick auf seine interkulturellen Konnotationen (oder Inhaltskonzepte und Propositionen, vgl. Kapitel 3.1.2.3)

---

[50] Vgl. die von Ishmael Reed herausgegebene "Harper Collins Literary Mosaic Series" 1996, siehe z.B. Kanellos, Hrsg., 1995; Young, Hrsg., 1995; Knippling, Hrsg., 1996.

leichter oder schwerer zu verstehen sein kann als ein anderer. Diese Textreihe baut somit auf der Grundlage einer sich steigernden Progression im Lernprozeß des interkulturellen Verstehens auf. Das Ziel war, eine Reihe zusammenzustellen, in der von Text zu Text eine immer weiter fortschreitende Progression im interkulturellen Verstehen erfahrbar und insbesondere die Frage nach Identität in einer multikulturellen Gesellschaft thematisiert wird.[51]

3.4.5 Didaktisierung der Texte

Möglichkeiten zur Didaktisierung der Texte schließen die Untersuchung ab, wobei auf konkrete Aufgaben im Anhang verwiesen wird. Die Didaktisierung ist insbesondere auf das Lernziel von Fremdverstehen ausgerichtet.[52] Auch soll die interkulturelle Kommunikationsfähigkeit[53] durch die Rezeption literarischer Texte verbessert werden.[54]

Wie Literaturdidaktiker immer wieder gezeigt haben, ist es wichtig, den Leseprozeß zunächst vorzubereiten, in geeigneter Weise zu begleiten und

---

[51] Groeben muß nach Durchsicht quantitativer Studien feststellen, daß für kompetente Leser das Kriterium 'Textverständlichkeit' vernachlässigt werden kann, für nicht voll kompetente Leser zwar relevant, jedoch schwer zu beschreiben ist (Groeben 1982: 159f.).

[52] Das Lernziel "Fremdverstehen" kann und sollte auch in anderen Fächern verfolgt werden. Für den Deutschunterricht eignet sich z.B. multiethnische bzw. multikultrelle Literatur im deutschsprachigen Raum. Zur Literatur von und über Gastarbeiter siehe Cavelis & Hemm 1984; Frederking 1985; Picardi-Montesardo 1985. Zur Literatur von Migranten im deutschsprachige Raum siehe Fischer & McGowan, Hrsg., 1997; Gross 1995; Lützeler 1995; Khalil 1995; alle mit Analysen und weiteren Überlegungen zu dieser Literatur. Zur Vermittlung deutscher Literatur im Bereich DaF siehe Doderer 1991; Kramsch 1993; Krusche 1995; Zhu 1990. Zur Vermittlung eines multi-ethnischen deutschen Textes: Kramsch 1996. Zum interkulturellen Lernen in Deutsch Sek. II mit Literatur siehe Wachwitz 1997.

[53] Einen guten Überblick zur Entwicklung des Begriffs "interkulturelle Kommunikationsfähigkeit" und seiner Bedeutung im Fremdsprachenunterricht, siehe Knapp & Knapp-Potthoff 1990.

[54] Verschiedene Didaktiker stellen fest, daß Literatur im fremdsprachlichen Unterricht die Kommunikationsfähigkeit der Lerner fördern kann. Vgl. Kramsch 1993: 131f.

anschließend darauf einzugehen.[55] Diese Struktur wird bei der Didaktisierung in Form von *pre-reading, reading* und *post-reading activities* berücksichtigt. Ferner werden hier Aufgaben entwickelt, die helfen sollen, die Grenzen des Verstehens im Sinne von Jerome Rothenberg möglichst zu überschreiten:

> [...] it has become fashionable today to deny the possibility of crossing the boundaries that separate people of different races & cultures: to insist instead that black is the concern of black, red of red, and white of white. Yet the idea of translation has always been that such boundary crossing is not only possible but desirable. [...] The question for the translator is not whether but how far we can translate one another. (Rothenberg in Standiford 1982: 171)[56]

Es ist eine wichtige Aufgabe der fremdsprachlichen Literaturdidaktik, diesen Prozeß der Annäherung und Übertragung, d.h. des Verstehens, zu begleiten und zu unterstützen. In den nun folgenden sechs Kapiteln werden literarische Texte und Überlegungen zum Einsatz im Englischunterricht vorgestellt, die für diese Aufgabe geeignet erscheinen.

---

[55] Vgl. Many & Cox (Hrsg.) 1992; Kramsch 1993; Bredella & Delanoy (Hrsg.) 1996.

[56] Vgl. Bredella (1992b) mit einer Gegenargumentation zu Hunfeld (1992) und Hunfeld (1993). Oder Bredella & Delanoy (1999) zu Edmondson & House (1998).

TEIL II: EINE TEXTREIHE ZUM INTERKULTURELLEN LERNEN

4 Vijay Lakshmi: "Mannequins"

Immigration und der darauf folgende Prozeß des Einlebens in die amerikanische Gesellschaft werden in der amerikanischen Literatur häufig thematisiert, aber gerade in neuster Zeit erfahren Werke, die diese Erfahrungen in den Mittelpunkt stellen, eine besondere Aufmerksamkeit.[57] So kommentiert Sollors die veränderte Lage der Minderheitenliteratur:

> Waren gegen Ende des 19. und zu Anfang des 20. Jahrhunderts ethnische Autoren kaum beachtete Randerscheinungen im nationalen Kulturbetrieb, so sind sie heute, gegen Ende des 20. Jahrhunderts, in den Mittelpunkt der amerikanischen Kultur gerückt. (Sollors 1991: 538)

Immigration und deren Folgen sind in den bisher veröffentlichten Kurzgeschichten von Vijay Lakshmi ein wichtiges Thema, wie auch in der indisch-amerikanischen Literatur im allgemeinen, in der Migrationserfahrungen im Vordergrund stehen.[58] Dies liegt unter anderem daran, daß aus Indien stammende Menschen seit etwa 1965 in größeren Zahlen in die USA einwandern. Indisch-amerikanische Autoren, die sowohl aus der Einwanderergeneration hervorgegangen sind, als auch zu der ersten Generation der in den USA Geborenen zählen, verarbeiten nun diese Erfahrungen verstärkt literarisch.[59]

---

[57] Vgl. Binder & Breinig 1994. Z.B. erreichen Romane über die Erfahrungen von Immigranten nach wie vor eine breite Leserschaft, wie beispielsweise der Roman von Amy Tan, *The Joy Luck Club*.

[58] Angaben zur indischen Immigration nach Amerika und Kanada in Chua 1992 mit weiterführenden Literaturangaben.

[59] Eine sehr hilfreiche Quelle zur indischen Diasporaliteratur wurde von Nelson (1993) herausgegeben, sowie eine interessante Aufsatzsammlung, ebenfalls von Nelson herausgegeben (1992). Grewel (1996) bietet eine übersichtliche Zusammenfasssung der indisch-amerikanischen Literatur.

In diesem Kapitel wird die Kurzgeschichte "Mannequins" von Lakshmi mit einer kurzen Inhaltsangabe und Hinweisen auf formale Besonderheiten vorgestellt. Nach der Interpretation der Kurzgeschichte folgt eine knappe Einführung in die indisch-amerikanische Literatur und der Position der Autorin Vijay Lakshmi dort, um auf diese Weise den spezifisch ethnischen Hintergrund berücksichtigen zu können. Die Überlegungen zu Aspekten des interkulturellen Verstehens bilden eine wichtige Grundlage für die Möglichkeiten der Didaktisierung.

4.1 Die Kurzgeschichte "Mannequins"

In der 1997 in Paris veröffentlichten Kurzgeschichte "Mannequins" von Vijay Lakshmi geht es um eine indische Familie, die drei Jahre zuvor aus Indien nach Amerika eingewandert ist. Die Familie besteht aus der Mutter, zugleich Hauptperson der Erzählung, die seit der Emigration nicht mehr voll berufstätig ist, ihrem indischen Ehemann namens Govind und den zwei in Indien geborenen Kindern, die Teenager sind. Außerdem wird auf Mira, die verwitwete Cousine der Erzählerin, Bezug genommen.

4.1.1 Zusammenfassung der Erzählung

Die Protagonistin beschäftigt sich seit geraumer Zeit mit dem Gedanken, ihren indischen Sari abzulegen und sich westlich zu kleiden. Für den bevorstehenden Elternabend möchte sie sich zum ersten Mal ein westliches Kleid kaufen. Damit verbindet sie einerseits die Hoffnung, sich ihr Einleben in den USA zu erleichtern, und andererseits die Angst, durch den Kleiderwechsel ihre Identität verlieren zu können. Aus Neid auf ihre gut integrierte Cousine und auf Drängen ihrer Kinder entschließt sie sich endlich, ihren Kleidungsstil zu verändern, geht in ein Kaufhaus und kauft trotz ihrer Unsicherheit ein Kleid, um es ihrer Familie nach dem Abendessen voller Stolz vorzuführen. Doch die Familie, vor dem Fernseher versammelt und ein Baseball-Spiel verfolgend, reagiert nur zurückhaltend und desinteressiert auf die "Verwandlung" der Mutter. Die enttäuschte Frau setzt sich zu ihrer Familie auf das Sofa, und schweigend sehen die voneinander isolierten Familienmitglieder fern.

4.1.2 Narrative Struktur

Die Kurzgeschichte zeichnet sich insbesondere durch eine Vermischung verschiedener Zeitebenen aus. Zunächst erzählt sie von der tatsächlich stattfindenden Handlung (das Gespräch am Morgen mit ihren Kindern, der

Gang durch das Kaufhaus und die Vorführung des neuen Kleides am Abend) mit den Erinnerungen der Ich-Erzählerin an Ereignisse, die zu der Entscheidung, ein westliches Kleid zu kaufen, geführt haben (z.B. Gespräche mit ihrem Mann, ihre Beobachtung ihrer Cousine und amerikanischer Frauen).

So bilden die Ereignisse eines Tages die Rahmenhandlung der Erzählung. An jenem Morgen reden die Kinder der Erzählerin auf ihre Mutter ein, sich doch endlich ein amerikanisches Kleid zu kaufen, das sie beim Elternabend tragen kann. Die Erzählerin hatte sich bereits für diesen Tag vorgenommen, ein solches Kleid zu kaufen, doch sie erzählt ihrer Familie nichts von diesem Vorhaben, sondern möchte sie am Abend überraschen. So fährt sie in die Stadt, geht in ein Kaufhaus, überwindet ihre Ängste, sich ein Kleid zu kaufen, und führt es nach dem Abendessen ihrer Familie vor. Während dieser Handlung beschäftigt sich die Erzählerin mit den Auslösern und den (befürchteten) Implikationen, die das Ablegen des Saris und das Anlegen eines amerikanischen Kleides für sie hat. Somit wird die Handlung unterbrochen durch Erinnerungen an vergangene Gespräche und durch Projektionen in die Zukunft mit der Frage, wie ihre Familie auf diesen Schritt in Richtung Assimilation reagieren wird.

Die narrative Struktur ist durch eine Verflechtung der Gegenwart mit der Vergangenheit und der Zukunft gekennzeichnet. Diese Struktur sollte bei einem Einsatz im fremdsprachlichen Literaturunterricht beachtet werden, da sie für fremdsprachliche Leser zu Verständnisschwierigkeiten führen könnte.[60]

4.2 Interpretation der Kurzgeschichte

Wie viele indisch-amerikanische Autorinnen beschäftigt sich Lakshmi in ihren Werken mit den Konsequenzen von Auswanderung für die eigene Identität und die Erinnerung an das Herkunftsland sowie der Reaktion auf das Aufnahmeland (vgl. Tapping 1992: 35). Im folgenden sollen einige Aspekte dieser Erzählung genauer analysiert werden, und zwar insbeson-

---

[60] Vgl. die empirischen Untersuchungen von Becker (1992: 128): "Die Schüler sind zumeist überfordert, 'mit Abstand' zu lesen und z.B. die Vorschaltung eines fiktiven Erzählers oder die Verwendung von Erzählperspektiven zu erkennen." Dazu gehört auch, erkennen zu können, was die Haupthandlung ausmacht und was zu Erinnerung oder Spekulation gehört.

dere im Hinblick auf den Prozeß der Integration als *transition* im Sinne von Verwandlung in einem Prozeß der Anpassung an eine neue Umgebung.

4.2.1 Der Prozeß der Assimilierung: Kleidung als Symbol der Identität

Im Mittelpunkt dieser Erzählung stehen die Schwierigkeiten einer Immigrantin, sich an ihre neue Umgebung zu gewöhnen, und die Möglichkeiten, sich assimilieren und dadurch integrieren zu können.[61] Die Hauptfigur, eine indische Einwanderin, ist verunsichert und überlegt sich, ihre indische Kleidung abzulegen und sich stattdessen amerikanisch zu kleiden, denn sie verspricht sich davon mehr beruflichen Erfolg und ein Gefühl von Freiheit und Attraktivität.[62] Doch bei dieser möglichen Verwandlung befürchtet sie gleichzeitig, daß sie sich selbst nicht mehr erkennt, also ihre Identität verliert: "What if I become a stranger to myself? What if I can't recognize myself?" (Lakshmi 1997: 12) In dieser Äußerung zeigt sich die Widersprüchlichkeit der Protagonistin: In ihren Saris fühlte sich die Erzählerin bisher in ihrer Identität sicher, aber allmählich erlebt sie sich darin als eingeschränkt, ohne Bewegungsfreiraum und unattraktiv. Die Alternative, sich amerikanisch zu kleiden, ist zwar willkommen und damit eine scheinbare Lösung ihrer Probleme, aber diese Verwandlung macht ihr Angst.

Für die Erzählerin vollzieht sich der Prozeß der Verwandlung einer Inderin in eine Amerikanerin durch einen Kleiderwechsel. Doch für die Familie hat sie sich nicht verändert – sie kann zunächst keine Verwandlung der Erzählerin erkennen. Für sie ist das Kleid eher eine äußere Hülle, und Ehemann und Kinder wissen zu wenig über die Gedanken der Erzählerin zur Integration, die zu einer Veränderung der inneren Werte führen könnte. Letztendlich war der Übergang von einer Inderin zu einer Amerikanerin für die Protagonistin durchaus ein Prozeß, der zwar am äußeren Erscheinungsbild dokumentiert wird, aber in erster Linie ein innerer Prozeß, der sehr viel mehr Kraft gekostet hat, als nach außen sichtbar wird.

---

[61] Diese Möglichkeit zur Assimilierung erweist sich in der Realität für bestimmte Minderheiten als Illusion, siehe hierzu Hall & Lindholm 1999. Zur Verarbeitung dieses Themas in indisch-amerikanischer und indisch-kanadischer Literatur siehe Tapping 1992.

[62] Zwei weitere Kurzgeschichten, in denen Kleidung und Identität verknüpft werden, sind Chitra B. Divakaruni (1995): "Clothes" und Gary Soto (1986): "The Jacket".

4.2.2 Das Leben in einer neuen Umgebung: Die Symbolik der Kälte

Wie in ihren anderen Kurzgeschichten auch, verwendet Lakshmi in "Mannequins" die Symbolik der Kälte, um zu zeigen, daß die Hauptfigur das Leben in Amerika als kalt empfindet (vgl. Ulrich 1993). Die Schaufensterpuppen wirken auf sie etwas verfroren, und sie hat selber Angst, sie könnte zu einer Schaufensterpuppe erstarren, wenn sie ihren Sari auszieht (Lakshmi 1997: 14). Die Begegnungen mit den amerikanischen Verkäuferinnen sind ebenfalls von Kälte geprägt (Lakshmi 1997: 15).

Wenn die Protagonistin Angst hat, sie könne sich durch einen neuen Kleidungsstil selbst nicht mehr erkennen, hängt dies wohl mit ihren zwiespältigen Gefühlen gegenüber Amerika zusammen. Obgleich sie sich durch eine Assimilierung amerikanischer Normen Glück, Erfolg und Freiheit erhofft, empfindet sie die amerikanische Gesellschaft als kühl und distanziert.

4.2.3 Cousine Mira: Der Spiegel des Selbst

Die Cousine Mira ist eine wichtige Bezugsperson für die Erzählerin.[63] In ihr sieht sie zugleich eine Konkurrentin um die Zustimmung ihrer Familie und die Verkörperung ihres eigenen Potentials als erfolgreiche und beliebte Frau.[64] Cousine Mira ist zugleich Vorbild und Konkurrentin für die Protagonistin. Sie kam erst vor zehn Monaten als Witwe in einem weißen (indische Farbe für Witwen) Sari nach Amerika und hat sich innerhalb dieser Zeit schnell eingelebt: Sie hat eine Teilzeitstelle als Verkäuferin gefunden, trägt eine neue Frisur und modische, farbenfrohe, westliche Kleider, während die Protagonistin sich drei Jahre lang in indische Saris gekleidet hat und beruflich nicht Fuß fassen konnte.

Die Familie vergleicht die Protagonistin unwillkürlich mit der Cousine (Lakshmi 1997: 12). Aber die Erzählerin empfindet diesen Vergleich als unfair und kritisiert Mira für ihr scheinbar verantwortungsloses Verhalten, weil sie angeblich ihr ganzes Geld für Kleider ausgibt (Lakshmi 1997: 14). Aber trotz dieser Kritik an der Cousine möchte die Protagonistin genauso

---

[63] Vielleicht ist der Name "Mira" ein Homphon zu "mirror" mit indisch-britischer Aussprache. Auf jeden Fall hat Mira die Funktion eines Spiegelbilds dessen, was die Erzählerin sein könnte.

[64] Dieses Credo, "Be liked and you will be successful" ruft Erinnerungen an Arthur Miller's *Death of A Salesman* wach und bietet eine Verknüpfungsmöglichkeit an. Siehe Bredella 1989 für eine Diskussion des Dramas in Hinblick auf Fremdverstehen.

unverkrampft auftreten können wie ihre Cousine, die sie damit als Vorbild nimmt (Lakshmi 1997: 12). Später, als sie das neue Kleid vorführt, verhält sich die Protagonistin wie ihre Cousine in Gestik und Mimik (Lakshmi 1997: 18).

Diese Beziehung zu Mira ist symbolisch für die Einstellung der Ich-Erzählerin zu ihrem Leben in Amerika: auf der einen Seite ist Mira ein Vorbild, das sie anstrebt, indem sie ein westliches Kleid kauft. Auf der anderen Seite fühlt sich die Protagonistin in ihrer Situation als sich amerikanisierende Frau isoliert von ihrer Familie (Lakshmi 1997: 18). Doch auch wenn dieser erste Schritt auf dem Weg zur Integration nicht erfolgreich verlaufen ist, bleibt festzuhalten, daß die Protagonistin den Versuch trotz ihrer Ängste gewagt hat und ihre Identität dabei nicht wie befürchtet verloren, sondern ein wenig Selbstvertrauen gewonnen hat.

4.3 Lakshmi im Kontext der indisch-amerikanischen Literatur

Bevor der Text im interkulturellen Verstehen betrachtet wird, sollte der ethnische Hintergrund dieser Kurzgeschichte mit einbezogen werden, um den Text in seiner kulturspezifischen Dimension besser verstehen zu können.

Indisch-amerikanische Literatur kann entweder der amerikanischen Immigrantenliteratur (vgl. Grewel 1996; Leach 1997) zugeordnet und damit als Teil der amerikanischen Literatur gesehen werden, oder sie kann im Kontext der indischen Diasporaliteratur[65] betrachtet und damit als Teil der modernen indischen Literatur zugeordnet werden, die außerhalb von Indien geschrieben und veröffentlicht wird. Vijay Lakshmi wird als Autorin beider Kontexte gesehen und bearbeitet Themen, die auf beide Bezüge zutreffen. Nelson schreibt in seiner Einleitung zur indischen Diasporaliteratur über Autorinnen, darunter Lakshmi:

> Many emerging women writers [...] have begun to engage in their works the complicated politics of their (dis)locations: their narratives carry the inscriptions of their complex perspectives – perspectives that are simultaneously shaped by their ethnicity, gender, migrancy, and postcoloniality. (Nelson 1993: xii.)

---

[65] Zum erweiterten und problematischen Begriff der Diaspora siehe Natarajan 1993: xiii und Nelson 1992: ix.

Diese vier Bereiche – ethnische Zugehörigkeit, frauenspezifische Fragen, die Erfahrung von Migration und die Auseinandersetzung mit einer postkolonialen Welt – werden in den Kurzgeschichten von Vijay Lakshmi miteinander verwoben. In der Kurzgeschichte "Mannequins" befaßt sich Lakshmi insbesondere mit den ersten drei Bereichen.

Vijay Lakshmi, geboren 1943, kam als Professorin für englische Literatur aus Indien in die USA und begann nebenberuflich mit dem literarischen Schreiben (vgl. Ulrich 1993: 175). Wie bei vielen indisch-amerikanischen Autorinnen und Autoren ist bei Lakshmis Arbeiten eines der wichtigsten Themen die Frage, wie ein Gleichgewicht gefunden werden kann zwischen der Verwurzelung in der indischen Kultur und der neuen Zugehörigkeit zur amerikanischen Gesellschaft:

> One of the abiding concerns for most first-generation immigrants, poised between living "back home" and in the present, is how to balance their dual affiliations in a country with the myth of the melting pot. On the one end of the spectrum is that "need to claim one cultural identity, singular and immovable," [...]; on the other end is the shedding of Indianness [...]. (Grewal 1996: 98f.)

Ein wiederkehrendes Thema in Lakshmis Kurzgeschichten ist die Isolation von Frauen, die als Erwachsene aus Indien ausgewandert sind. Es werden vorwiegend verheiratete Frauen mit Familienangehörigen dargestellt, die Schwierigkeiten haben, sich in der fremdkulturellen Umgebung einzuleben. Diese Situation führt häufig zu einem Konflikt: Einerseits idealisieren Lakshmis Figuren den Lebensstil der Amerikaner und wollen sich integrieren, andererseits erleben sie die amerikanische Gesellschaft als kalt, hart und brüchig. Sie erleben nur in den eigenen vier Wänden Geborgenheit und Wärme, umgeben von der Familie. Und doch leiden diese Frauen unter den Gegensätzen zwischen ihrer Welt zu Hause und der Welt außerhalb der Familie. Die Frauen beobachten mit Unbehagen und Neid, daß ihre Familienangehörigen, meist Ehemann und Kinder, sich scheinbar viel schneller als sie selbst in der neuen Gesellschaft einleben (vgl. Ulrich 1993: 176). Lakshmi gelingt es in ihren Geschichten, die inneren Konflikte von indischen Einwanderinnen differenziert darzustellen. Damit verarbeitet Lakshmi wichtige Themen der indisch-amerikanischen Frauenliteratur:[66]

---

[66] Vgl. Bharati Mukherjee (1989) *Jasmine*, ein Roman über die Überwindung von Gewalt und Diskriminierung gegen eine (indische) Frau in Indien, in der Migration und in den USA. Siehe Chua 1992 dazu.

> [Many Indian-American women writers] deal with the immigrant woman's isolation and peculiar limbo, especially those who, after following their husbands to the United States without careers of their own, find themselves at the mercy of husbands who either cheat, desert, or abuse them. Their turbulent inner worlds of despair and courage form the stuff of much of the fiction [...]. (Grewal 1996: 104)

Lakshmis Kurzgeschichte "Mannequins" ist ein gutes Beispiel zur Veranschaulichung der Isolation von Immigrantinnen mit ihrer "turbulenten inneren Welt" und ihren Versuchen, sich davon zu befreien.

4.4 Zum interkulturellen Verstehen des Textes

In diesem Abschnitt der Untersuchung soll der Frage nachgegangen werden, welches kulturspezifische Wissen über die amerikanische Gesellschaft und über die indisch-amerikanischen Einwanderer nötig ist, um diese Kurzgeschichte als fremdkultureller Leser verstehen zu können.

Im Zentrum der Erzählung stehen zwei Personen, die als erwachsene Frauen von Indien in die USA emigriert sind, die jedoch ganz unterschiedlich auf ihre Situation der Migration reagiert haben. Die Erzählerin lebt zwar seit drei Jahren in den USA, ist aber immer noch verunsichert in der neuen Umgebung. Sie beobachtet, wie leicht ihre Kinder sich kulturell angepaßt und wie schnell sie die englische Sprache gelernt haben und nun von ihren Eltern mehr Anpassung einfordern, damit sie in der Schule nicht als Einwanderer auffallen. Der Ehemann scheint so sehr mit seinem Beruf beschäftigt (was vermutlich der Grund für die Immigration war), daß er sich mit der neuen gesellschaftlichen und kulturellen Umgebung nicht befaßt und sich leicht anpassen kann. Seiner Frau sagt er in einem Gespräch, in dem sie versucht, die Beziehung zwischen Kleidung und Identität zu beschreiben, daß er sie immer lieben wird, unabhängig davon, wie sie sich kleidet (vgl. Lakshmi 1997: 14).

Aber für die Protagonistin ist die Situation nicht so leicht zu bewältigen. Durch die Migration findet sie sich in einer Umgebung wieder, in die sie sich mit ihrer Kleidung nicht einfügen kann. Sie ist nicht mehr eine Person in Einklang mit ihrer sozialen Umwelt, im übertragenen Sinne hat sie ihre kulturelle Identität verloren.[67] Dieser mögliche Verlust ist ein

[67] Erdheim 1992 unterscheidet zwischen der Identität in der Familie und der Identität in der Kultur. Zwischen diesen zwei vermittelt die ethnische

Paradoxon: Durch das Tragen indischer Kleidung in Amerika wird die kulturelle Identität der Protagonistin in Frage gestellt, da sie sich von ihrer Umgebung abgrenzt. Sie aber fürchtet den Verlust von familiärer Identität, wenn sie westliche Kleidung trägt. Dieser Schritt würde jedoch eine Vermittlung zwischen der kulturbezogenen (amerikanischen) Identität und der familienbezogenen (indischen) Identität ermöglichen. Dies bedeutet Veränderung der Identität, aber nicht Verlust. "Kultur ist das, was in der Auseinandersetzung mit dem Fremden entsteht, sie stellt das Produkt der Veränderung des Eigenen durch die Aufnahme des Fremden dar." (Erdheim 1992: 734)

Die zweite Frau, Mira, sieht ihre Immigration als Chance, ein neues Leben zu beginnen. In Indien stand ihr das Schicksal einer Witwe bevor, doch in Amerika stehen ihr alle Möglichkeiten offen, symbolisiert mit dem Ablegen ihrer weißen Trauerkleidung aus Indien und der Neueinkleidung mit farbenfrohen amerikanischen Kleidern und einer neuen Frisur. Auch versteht es Mira, sich schnell einzuleben, in dem sie eine Stelle als Verkäuferin bekommt und so jeden Tag mit Amerikanern Kontakt hat.

Diese alternativen Reaktionen auf Migration werden im Text durch die Gegenüberstellung der zwei Frauen deutlich herausgearbeitet. Die Kurzgeschichte hat insofern einen universalen Charakter, als hier die Problematik des Einwanderers in einer neuen Gesellschaft, der Druck und die damit verbundenen Ängste beim Prozeß der Anpassung weniger als kulturbedingt, sondern eher als persönlichkeitsbedingt dargestellt werden.

Auf einer tiefer liegenden Ebene schwingen noch andere Bedeutungen mit. Denn als Mira sich zu assimilieren versucht, indem sie sich äußerlich anpaßt, erhält sie Zugang zur amerikanischen Gesellschaft und genießt erste berufliche Erfolge und gesellschaftliche Anerkennung. Die Erzählerin, die sich nicht äußerlich verändert, bleibt beruflich ohne Erfolge und leidet immer mehr unter ihrem mangelnden Selbstvertrauen.

Bei diesem Beispiel geht es um die Anpassung von Immigranten, symbolisiert durch Kleidung. Wird der Blick auf Deutschland gerichtet, so wird klar, wie wichtig die Anpassung ist und daß eine Nichtbeachtung solcher Regeln schwerwiegende Folgen haben kann. Insofern ist das Thematisieren der Rolle von Kleidung als Merkmal einer (fremden) Kultur ein Bereich, der in Deutschland lebenden Schülern bekannt sein dürfte.

Identität. Das Problem der Identität in dieser Erzählung liegt darin, daß die ethnische Identität der Erzählerin mit der familiären Identität gleich geworden ist und nicht mehr zwischen der (amerikanischen) kulturellen Identität vermitteln kann.

Die kulturspezifischen Elemente im Text sind gering und behindern dadurch das Verstehen nicht. So läßt sich aus dem Kontext erraten, daß ein Sari offensichtlich ein indisches Kleidungsstück ist, das in einer westlichen Gesellschaft nicht getragen wird. Der Hinweis, daß die Cousine Mira verwitwet ist und in Indien vermutlich ein recht freudloses Leben hatte im Vergleich zu ihren Möglichkeiten in Amerika, könnte erwähnt werden, um den Kontrast zum farbenfrohen und selbstbewußten neuen Auftreten der Cousine deutlich zu machen. Ansonsten enthält die Kurzgeschichte wenig kulturspezifische Elemente, die einer besonderen Erklärung bedürfen.

Schließlich versteht es die Autorin in dieser Kurzgeschichte, das Verständnis der Leser für die Situation von Einwanderinnen zu wecken, indem sie an das Mitgefühl appelliert. Die Gefühle der Erzählerin werden offen dargestellt mit ihren Selbstzweifeln, Erinnerungen, ihrem Stolz und ihrem Neid, wenn sie sich mit anderen vergleicht. So können Leser auch ohne eigene Migrationserfahrung erleben, wie schwer es Immigranten fallen kann, sich von ihren Gewohnheiten zu verabschieden, auch wenn sie sich integrieren möchten. Ferner wird dargestellt, wie unterschiedlich Migration erlebt werden kann. So haben sich die Kinder und der Ehemann scheinbar ohne große Schwierigkeiten auf ihre neue Umgebung eingestellt. Anhand der zwei Figuren, der Erzählerin und Mira, wird dann aber gezeigt, daß Migration ganz unterschiedliche Reaktionen auslösen kann und daß dies mehr mit der jeweiligen Persönlichkeit und ihrer Lebenssituation zusammenhängt als mit der Kultur, aus der eine Einwanderin kommt.

In dieser Kurzgeschichte geht es nicht darum, eine Handlungsanweisung an die Leser zu vermitteln, sondern darum, Verständnis für Migranten zu wecken. Unter interkulturellen Gesichtspunkten ist diese Kurzgeschichte für den Unterricht gut verwendbar, weil die Erzählerin beschreibt, was ihr Probleme und Ängste in der neuen Umgebung bereitet, und nicht davon ausgeht, daß die Leser dies als Hintergrundwissen mitbringen. Dadurch wird deutlich, daß es nicht so sehr die kulturellen Rahmenbedingungen sind (hier: indische Herkunft in der amerikanischen Gesellschaft), sondern daß es die individuellen Reaktionen auf die Situation der Migration sind, die bedeutsam für den Integrationsprozeß sind. Denn zwei Frauen mit dem gleichen kulturellen Hintergrund reagieren auf ihre Immigration völlig unterschiedlich. So müssen fremdkulturelle Leser (in unserem Falle deutsche Englisch Lernende) weder besondere Kenntnisse über Indien noch über die USA beim Lesen dieses Textes mitbringen, um die wesentlichen Aspekte des Textes zu verstehen. Aus diesen Gründen ist die Kurzgeschichte "Mannequins" in bezug auf interkulturelles Verstehen ein guter Einstiegstext.

4.5 Möglichkeiten zur Didaktisierung

Bei der Gestaltung der Vorbereitungsphase der fremdsprachlichen Lektüre von Lakshmis "Mannequins" sollte auf die Hinführung zum Thema Kleidung und ihrem Bezug zur Identität geachtet werden. Anhand von geeignetem Bildmaterial[68] kann diskutiert werden, wie z.B. Jugendgruppen, Fußballfans oder religiöse Gruppen Kleidung verwenden, um sich als Gruppenmitglieder zu identifizieren und sich dadurch von Nichtmitgliedern abzugrenzen, wenn auch vorübergehend. In einem zweiten Schritt kann über Einwanderer aus Kulturen gesprochen werden, die in ihrem Herkunftsland eine andere als in Deutschland übliche Kleidung tragen. Welche Bedeutung mag es für sie haben, in Deutschland zu leben, wo sich die Mehrheit anders kleidet als sie es zu Hause gewohnt waren? Diese oder ähnliche Fragen können dabei diskutiert werden.

Eine solche vorbereitende Diskussion kann die Leser auf die Situation der Hauptperson in "Mannequins" einstimmen, ohne Gefahr zu laufen, bei einem allgemein gehaltenen *Brainstorming* (z.B. "Was fällt Ihnen zum Thema Kleidung ein?") sich zu sehr vom Text zu entfernen (Becker 1992: 185f). Durch den Bezug in der Vorbereitungsphase zur eigenen Umwelt in Deutschland rückt der Text in den Erfahrungsbereich der Lernenden und erleichtert damit eine Verknüpfung mit den eigenen Erfahrungen der Schüler.

Nach einer thematischen Vorbereitung können sich die Lernenden dem Text widmen. Je nach Stärke der Lernergruppe kann der Leseprozeß gemeinsam im Unterricht stattfinden, wobei Einschnitte gemacht werden können, wenn die Erzählerin von der eigentlichen Handlung abschweift, oder im fortgeschrittenen Kurs kann der Text als Hausaufgabe zur Lektüre gegeben werden. Wichtig ist zunächst, daß die Lernenden die Struktur der Erzählung auf narrativer Ebene gut erkennen und die einzelnen Rückblenden wahrnehmen.

Nachdem die Lernenden die Situation der Erzählerin verstanden haben, kann eine Übung nach dem "prozeßorientierten Ansatz der kreativen Rezipientenrolle" gewählt werden mit einer "Betonung des individuellen, persönlichen Charakters von Textverstehen", die sich nach Caspari besonders gut eignet, Fremdverstehen zu üben (Caspari 1994: 213-223). Eine typische Übung hierzu wäre, mit dem Text Perspektivenübernahme bewußt zu machen und zu artikulieren (nachdem im Leseprozeß der wichtige Schritt der

---

[68] Geeignete Bildquellen sowie Aufgaben für den Unterricht und Vokabelangaben zum Text sind im Anhang aufgeführt.

Perspektivenübernahme – hoffentlich – bereits stattgefunden hat). So bietet es sich an, die Ereignisse aus der Sicht der Kinder, des Ehemanns oder der Cousine schreiben zu lassen. Zum Beispiel erzählt eines der Kinder, was an diesem Tag passiert ist. Zur Inspiration kann neben der Aufgabenstellung der erste Satz vorgegeben werden:

> Write the story from the point of view of one of the children. Start with: "A few years ago, my family moved from India to the United States. ..."

Dabei sollen die Lernende begründen, warum sie ihre Mutter bitten wollen, ein anderes Kleid zu kaufen und wie sie beschließen, die Mutter auf das Thema anzusprechen. Auch sollten sie darauf eingehen, welche Reaktionen sie empfinden, als ihre Mutter das neue Kleid beim Fernsehabend vorführt.

In einem solchen selbstverfaßten Text versetzen sich Lernende in die Lage der jeweiligen Personen und reflektieren darüber, wie sie ihr Leben (als Einwanderer) und das der Erzählerin in einem neuen Land sehen. Anschließend können die so entstandenen Texte aus Sicht der Kinder, des Mannes, der Cousine und der Originaltext miteinander in Bezug gesetzt werden, um herauszuarbeiten, wie unterschiedliche Familienmitglieder auf eine Auswanderung reagieren können. Dabei kann festgestellt werden, daß einigen Familienmitgliedern die Umstellung auf die neue Umgebung relativ leicht gefallen ist, während es anderen – insbesondere der Erzählerin – eher schwer fällt. Auch sollten die Lernende aufgefordert werden, darüber nachzudenken, woran dies liegen kann und inwiefern die persönliche Situation, d.h. Alter, berufliche Einbindung, Schule, schüchterne oder extrovertierte Persönlichkeit usw., eine Rolle spielen können.

4.6 Fazit

Für den Umgang mit dieser Kurzgeschichte wurden solche Aufgaben vorgeschlagen, die es den Lesern ermöglichen, sich nach dem Leseprozeß in die Ereignisse hineinzuversetzen. Durch die Übungen zum Text sollen die Lernenden dafür sensibilisiert werden, wie schwierig es für Einwanderer sein kann, sich in eine neue Umgebung einzuleben und welche Krisen scheinbar banale Fragen ("Was ziehe ich an?") auslösen können. Dabei sollte in einer möglichen Diskussion nicht ausgeklammert werden, wie Einwanderer in Deutschland betrachtet werden und wie hoch (oder gering) unsere Akzeptanz für andere Gewohnheiten bezüglich der Kleidung u.ä. ist.

Dieser Text ist zum Einstieg in das interkulturelle Verstehen gut geeignet, da er sich in erster Linie auf *einen Aspekt* (Kleidung) bei *einer Person* beschränkt. Diese Person wird zwar im Bezug zu ihrer Familie dargestellt, die offensichtlich Migration auf andere Weise bewältigt hat. Im Vergleich zu den nachfolgenden Texten, in denen entweder mehrere Personen und/oder mehrere Aspekte betrachtet werden, ist dieser erste Text relativ leicht zu erfassen und läßt Lernende eine sympathisierende Haltung zu Immigranten entwickeln.

Wie in weiteren Texten zu sehen sein wird, spielen neben der Kleidung als kulturelles Symbol noch weitere Faktoren bei der Eingewöhnung in eine neue Gesellschaft nach der Immigration eine Rolle. Auf einer ähnlichen Ebene wie die Kleidung liegen Eßgewohnheiten (ein Thema, das in der Kurzgeschichte von Jeanne Houston, "After the War", angesprochen wird). Auf tieferliegenden Ebenen liegen stereotype Vorstellungen von der jeweils anderen Gruppe (siehe z.B. John A. Williams "Son in the Afternoon"), die Spannung zwischen der eigenen Identität und der Zugehörigkeit zu einer Gruppe in dem Roman von Cisneros *The House on Mango Street* oder die Probleme des Generationenkonflikts einer Familie, in der Eltern in einer anderen Kultur aufgewachsen sind als ihre Kinder, wie in Julia Alvarez Roman *How The García Girls Lost Their Accents*, worauf im folgenden Kapitel eingegangen wird.

5 Julia Alvarez: *How the García Girls Lost Their Accents*

Wird in der Kurzgeschichte von Lakshmi ein kurzer Einblick in die Nöte einer erwachsenen Frau nach der Immigration vermittelt, so wird im Roman von Alvarez die Migration vorwiegend aus der Sicht von Kindern gezeigt, und wie sich nach der Migration die Beziehung von vier Schwestern zu ihren Eltern und zu ihrem Herkunftsland verändert.

Zunächst wird in diesem Kapitel der Roman von Julia Alvarez *How the García Girls Lost Their Accents* vorgestellt und seine narrative Struktur erläutert. Darauf folgt eine nähere Analyse eines Kapitels daraus, "A Regular Revolution", wobei der Inhalt zusammengefaßt wird, die narrativen Besonderheiten beschrieben und einige Aspekte zur Migrationssituation interpretiert werden.[69] Ein kurzer Überblick über die dominikanisch-amerikanische Literatur zeigt die Position Alvarez darin und bildet den Übergang zu Fragen des interkulturellen Verstehens. Abschließend werden

---

[69] Im Rahmen dieser Textreihe soll nur ein Kapitel dieses Romans untersucht werden. Dafür gibt es zwei Gründe. Erstens eignen sich die Kapitel des mittleren Teils des Buches besonders gut für das Lernziel Fremdverstehen, so daß es nicht notwendig ist, das gesamte Buch zu lesen. Zweitens ist die narrative Struktur des Buches sehr ungewöhnlich mit der rückwärts verlaufenden Chronologie, die einzelnen Kapitel haben jedoch eine vorwärts verlaufende Erzählzeit. In der Unterrichtspraxis hat es sich bewährt, nur ein Kapitel aus dem Roman zu lesen, wie eine Lehrerin mir ihre Erfahrungen berichtet hat. In einem ersten Versuch hatte sie mit ihrem Englisch Leistungskurs das Kapitel "Tresspass" gelesen. Ermutigt durch die erfolgreiche Arbeit wurde in einem späteren Kurs der Roman als Ganzschrift behandelt. Hier hatten die Lernenden jedoch zum Teil Schwierigkeiten mit der rückwärts verlaufenden Erzählzeit und der Romanlänge. In einem dritten Kurs wählte sie das Kapitel "A Regular Revolution" und "Tresspass" aus, deren Behandlung und kreative Verarbeitung zu interessanten Ergebnissen führten. Aufgrund dieser einzelnen Erfahrung soll nicht grundsätzlich davon abgeraten werden, den gesamten Roman zu lesen. Andererseits, wie bereits angedeutet, können die Lernziele des interkulturellen Verstehens durchaus verfolgt werden, wenn nur ein oder zwei Kapitel, besonders aus dem zweiten Teil des Romans, gelesen werden.

literaturdidaktische Möglichkeiten zu "A Regular Revolution" im Hinblick auf das Lernziel Fremdverstehen aufgezeigt.[70]

5.1 Der Roman *How The García Girls Lost Their Accents*

Der Roman *How the García Girls Lost Their Accents* handelt von der dominikanischen Familie García de la Torre, die aus politischen Gründen während der Diktatur Trujillos 1960 die Dominikanische Republik überstürzt verlassen mußte und nach Amerika geflohen ist. Der Roman vermittelt die Perspektiven der verschiedenen Familienangehörigen, wobei insbesondere die Erlebnisse der vier Töchter dargestellt werden, die versuchen, sich in einem komplexen Leben[71] sowohl in den USA als auch in der Dominikanischen Republik zu orientieren.[72] Das Buch wurde 1991 veröffentlicht und wenig später mit dem "1991 PEN Oakland / Josephine Miles Book Award"[73] ausgezeichnet.

5.1.1 Zusammenfassung des Romans

In diesem Roman wird die Geschichte einer sich bikulturell entwickelnden Familie in rückwärts verlaufender Chronologie aus der Perspektive von verschiedenen Familienangehörigen erzählt.

---

[70] Die Didaktisierung eines weiteren Kapitels "Tresspass", ebenfalls aus dem zweiten Teil des Romans und anthologisiert in Frosch 1994, wird in Wotschke & Himmelsbach (1997: 39) vorgestellt.

[71] "Growing up is a trying enough task, but growing up caught between varying and conflicting cultural expectations is, of course, even more bewildering and alienating." (Barak: 1998: 160) Vgl. Ortiz-Márquez 1997:228f. zur Entwicklung von (weiblicher) Identität: "... this search is done through the metaphor of journey, which encompasses the experience of cultural dislocation and gender configuration."

[72] Ein weiteres Buch über eine Familie, die sich in zwei sehr unterschiedlichen Ländern – Iran und Amerika – bewegt, ist Tara Bahrampour (1999): *To See and See Again*. Vgl. Dogar 1999. Ein weiterer Roman, in dem eine junge Frau ihre bikulturelle Identität zu bestimmen versucht (chinesisch und irisch-amerikanisch) ist Aimee Liu (1994) *Face*. Vgl. Wotschke 1997.

[73] Auszeichnung für Literatur, die eine multikulturelle Perspektive darstellt. Siehe Bramen 1996: 213f.

Das Buch ist in drei Abschnitte unterteilt, die die Erfahrungen der Familie in den Phasen vor, während und nach der Immigration beschreiben. Der erste Abschnitt umfaßt eine Zeitspanne von 1972 - 1989, d.h. die Familie lebt seit über zehn Jahren in den USA, und hat sich mehr oder weniger mit ihrem neuen Leben arrangiert. Die Kapitel aus diesem Abschnitt zeigen die Konflikte zwischen den Eltern, die nach wie vor sehr in den Traditionen der Dominikanischen Republik verwurzelt sind, und den Töchtern, die vor allem durch die amerikanische Gesellschaft stark geprägt sind. In diesem Abschnitt wird deutlich, daß die inzwischen erwachsenen Töchter ihre dominikanische (kulturelle) Prägung nicht ablegen konnten, auch wenn sie sich scheinbar an die amerikanische Lebensart assimiliert und ihre englische Sprache perfekt amerikanisiert haben.[74]

Der zweite Abschnitt bezieht sich auf die Jahre von 1960 - 1970, das ist die Zeit direkt nach der Flucht in die USA. In diesem Abschnitt wird deutlich, wie schwer allen Familienmitgliedern nach der traumatisierenden Flucht die Verarbeitung der neuen Situation fällt. Anhand von Schlüsselerlebnissen wird klar, daß die Übersiedlung in ein neues Land noch nicht abgeschlossen ist, wenn alle Koffer ausgepackt sind. In diesem Abschnitt des Romans kämpfen die Eltern um die berufliche und gesellschaftliche Integration, während die Töchter sich um den Spracherwerb und schulischer Integration bemühen. Während dieser Zeit lebt die Familie mit ihren Erinnerungen an die Dominikanische Republik, und gleichzeitig versuchen sie, sich in den USA zurechtzufinden. Trotz dieser Probleme überwiegt in diesen Kapiteln die Hoffnung, sich in Amerika integrieren zu können.

Der dritte Abschnitt des Romans schildert die Zeit von 1956 - 1960, als die Familie noch in der Dominikanischen Republik lebte und Teil einer reichen und angesehenen Großfamilie war. Dort lebten sie auf dem Großgrundbesitz der Großfamilie in einem großen Haus in enger Nachbarschaft mit anderen Familienmitgliedern. Auch stand ihnen eine Schar von Dienstboten, Chauffeuren und Gärtnern zur Verfügung. Dies war ein Leben geprägt von großem materiellem Reichtum, patriarchalischen gesellschaftlichen Hierarchien, katholischer Religion und *Voodoo* Aberglaube sowie von den politischen Restriktionen einer Diktatur. Die geschilderten Erlebnisse veranschaulichen die tiefe Verwurzelung der Familie in der Dominikani-

---

[74] "Alvarez demonstrates her ironic humour with the satiric titel of her first novel, *How the García Girls Lost Their Accent*. The novel demonstrates that, try as they may, the García sisters would not be treated fully as part of the U.S. society." (Martínez 1998: 275f.)

schen Republik und verdeutlichen damit, wie einschneidend sich ihr Leben durch die spätere Flucht für sie verändert hat.

5.1.2 Narrative Struktur

Um die komplexe Thematik einer sich bikulturell entwickelnden Familie an die (meist monokulturellen) Leser zu vermitteln, entwickelt Alvarez eine ungewöhnliche narrative Technik, die drei Besonderheiten aufweist: die Chronologie in der Erzählweise, die wechselnde Erzählperspektive und die sich verändernde Erzählstimme.

Diese erste Besonderheit besteht darin, die Kapitel im Buch rückwärts chronologisch anzuordnen, obwohl in jedem Kapitel die Ereignisse darin vorwärts verlaufend chronologisch erzählt werden. [75] In der kritischen Rezeption wird diese narrative Technik unterschiedlich interpretiert, und kann im Rahmen dieser Arbeit nur kurz angedeutet werden.[76]

Zweitens gibt es verschiedene Erzählperspektiven im Roman, d.h. die Ereignisse werden aus Sicht wechselnder Personen dargestellt, wobei in einigen Kapiteln die Erzählperspektive bei einer Person bleibt[77] und in ande-

---

[75] McCracken zitiert Alvarez, die mit dieser Inversion der Erzählreihenfolge darstellen möchte, wie Erinnerung verläuft. McCracken 1995: 321.

[76] Morales vergleicht diese Erzähltechnik mit der Wasserbewegung an einer Küste: "whose suggestion of the backward flow of time had the calming effect of an ocean wave receding from a troubled shore." (Morales 1994: 13) Und Barak sieht in dieser Technik eine sich immer während drehende Spirale der Erinnerung: "To untangle these complications and to bridge the gap between the bilingual, immigrant García family and the mostly monolingual, monocultural, English speaking reader who is her primary audience, Alvarez spins a narrative that spirals from the outside in, whirling backward through the García's lives, highlighting in this spiral movement the centripetal and centrifugal forces which pull them toward and away from their island home, toward and away from the U.S., toward and away from an integrated adulthood." (Barak 1998: 160)

[77] Z.B. in "Floor Show" liegt die Erzählperspektive bei Sandra, erzählt durch die dritte Person Singular.

ren Kapiteln die Erzählperspektive zwischen mehreren Personen abwechselt.[78]

Zur dritten Besonderheit gehört, daß die Ereignisse mit unterschiedlichen Erzählstimmen ("narrative voices") erzählt werden,[79] wobei hier zwischen dritter Person Singular,[80] erster Person Singular[81] und erster Person Plural[82] gewechselt wird.

Schließlich bleibt anzumerken, daß der Text in Form eines zusammengesetzten Romans ("composite novel") verfaßt wurde.[83] Dies wiederum erleichtert in gewissem Maße die Rezeption des gesamten Romans, da jedes Kapitel als alleinstehende Geschichte gelesen werden kann, bis der Leser die Zusammenhänge zwischen den Ereignissen erkennt. Diese Struktur der "composite novel" erleichtert es, nur einzelne Kapitel im fremdsprachlichen Literaturunterricht zu lesen.

5.1.3 Inhalt von "A Regular Revolution"

Da dieses Kapitel später auf seine Möglichkeiten bei der Didaktisierung näher besprochen wird, soll hier der Inhalt zusammengefaßt werden.

Die Töchter sind in diesem Kapitel zwischen 16 und 20 Jahre alt. Die gesamten Sommerferien sollen die Töchter in der Dominikanischen Republik bei der Großfamilie verbringen, während die Eltern in den USA bleiben (Alvarez 1991: 109). Am Abend vor der Abreise überlegt die Jüngste, Fifi, ob sie etwas Marihuana mitnehmen soll. Als sie plötzlich die Schritte ihrer Mutter hört, wirft sie das Päckchen hinter ein Bücherregal und vergißt

---

[78] Z.B. in "The Blood of the Conquistadores" wechselt die Erzählperspektive zwischen allen Beteiligten an den Ereignissen des Tages, an dem die Familie García de la Torre fliehen mußte.

[79] Zur implizierten Zweisprachigkeit in der Literatur von Alvarez und anderen Autoinnen, siehe Rosario-Sievert 1997.

[80] Z.B. in "The Daughter of Invention" wird die Perspektive von der Mutter in dritter Person Singular vermittelt.

[81] Z.B. in "Snow" wird die Schwierigkeit von Yolandas Spracherwerb in der Schule durch einen Ich-Erzähler vermittelt.

[82] Z.B. ist "A Regular Revolution" in der wir-Form geschrieben.

[83] Ein "composite novel" ist ein Text, dessen einzelne Kapitel für sich (als Kurzgeschichten) gelesen werden können, aber zusammen gelesen eine Geschichte ergeben. Vgl. Kelley 1997: 63. Weitere Beispiele sind: Cisneros: *The House on Mango Street* oder King: *Medicine River*.

es (Alvarez 1991: 112). Einige Wochen später erhalten die Töchter die Mitteilung, daß die Mutter ihnen nachreist, um eine ernste Sache zu klären – sie hat in der Zwischenzeit das Päckchen Marihuana entdeckt und möchte sie zur Rede stellen. Als die Töchter befragt werden, von wem das Päckchen stammt, bekennt sich Fifi schuldig (Alvarez 1991: 115). Als Strafe stellt die Mutter sie vor die Alternative, für ein Jahr auf der Insel zu bleiben (in der Hoffnung, daß die soziale Kontrolle der Großfamilie sie wieder auf die "richtige" Bahn lenken wird), oder sie kommt nach Amerika zurück – aber nicht mehr ins Internat, sondern in die Obhut ihrer Eltern. Fifi entscheidet sich für die erste Option mit der Begründung, sie möchte das dominikanische Leben besser kennenlernen, da sie noch klein war, als sie die Insel verlassen mußte, und deshalb kaum noch Erinnerungen an diese Zeit hat. Die älteren Schwestern reisen am Ende des Sommers wieder nach Amerika ab, fest davon überzeugt, daß Fifi es nicht lange in der Dominikanischen Republik aushalten wird (Alvarez 1991: 117).

So sind die Schwestern um so überraschter, als sie Fifi zu Weihnachten besuchen und feststellen, daß sie sich vollkommen auf das Leben in der Dominikanischen Republik eingestellt hat: von der Frisur und Bekleidung bis zur Bereitschaft, sich von der dominikanischen Männergesellschaft bevormunden zu lassen. Für die Schwestern, die sich als Feministinnen verstehen, kommt diese Veränderung einer "Gehirnwäsche" gleich. Sie beschließen, eine "Revolution" durchzuführen, um Fifi wieder in die USA zurückzuholen und um die Freiheit der älteren drei Schwestern zu sichern. Sie beschließen, die (verbotene) sexuelle Beziehung, die Fifi zu einem Mann unterhält, zu verraten, damit sie "zur Strafe" von den Eltern wieder nach Amerika geschickt wird. Die älteren Schwestern befürchten, daß sie – wenn eine Schwester einen Dominikaner heiratet – das gleiche Schicksal "erleiden" werden (Alvarez 1991: 117). Doch nachdem ihre "Revolution" erfolgreich verläuft, erkennt die Mutter, daß ihre Töchter nicht gezwungen werden können, ihre Ferien auf der Insel zu verbringen. Aber nun sehen die Schwestern ihr Dilemma: jetzt wo sie frei sind, in den USA zu bleiben, erkennen sie ihre Sehnsucht nach der Geborgenheit in der Großfamilie auf der Insel und möchten diese nicht aufgeben.

5.2 Interpretation des Kapitels "A Regular Revolution"

Bei der folgenden Interpretation des Kapitels "A Regular Revolution" wird insbesondere auf Aspekte eingegangen, die den Themenbereich der Entscheidung zwischen zwei Möglichkeiten – hier: das Leben in der einen oder anderen Kultur – nach einer Immigration in die Vereinigten Staaten betrifft.[84]

5.2.1 Die USA: Befreiung und Ausgrenzung

Das Kapitel "A Regular Revolution" zeigt das zwiespältige Verhältnis der Familie García zu ihrer neuen Heimat in den USA. Amerika ist zunächst ein Symbol für die Rettung der Familie, später ermöglicht es die Emanzipation der Frauen in der Familie, aber es ist auch ein Symbol für gesellschaftliche Ausgrenzung und kulturelle Isolation.

Trotz der Tatsache, daß die Familie in den USA politisches Asyl erhielt und dort in (politischer) Sicherheit lebt, ist die Situation nicht leicht für sie. Selbst katholischen Glaubens aber mit geringen finanziellen Mitteln, zieht die Arztfamilie in ein katholisches (irisches) Arbeiterviertel. Doch willkommen ist die Familie García dort nicht, sondern wird als "spic" (von *hispanic*) oder "greaseball" von den Nachkommen irischer Einwanderer beschimpft (Alvarez 1991: 107). Als die Töchter auf ein Internat geschickt werden, damit sie mit Amerikanerinnen aus reichen Familien zusammen sind, bessert sich die Lage nur wenig, denn diese halten Abstand von den ausländischen Mädchen und halten sie ironischerweise für reiche Verwandte eines Diktators (Alvarez 1992: 108).

Trotz dieser Veränderung im gesellschaftlichen Ansehen ihrer Familie sind die vier Töchter lieber in den USA als auf der Insel, denn für die jungen Frauen gibt es in den USA Freiheiten, die in der Dominikanische Republik undenkbar wären, da sie dort einer strengen sozialen Kontrolle der Großfamilie unterliegen[85] (Alvarez 1992: 108). Genau diese fehlende soziale Kontrolle bereitet den Eltern große Sorgen. Sie wollen verhindern, daß ihre Töchter sich amerikanisieren, und möchten, daß ihre Kinder dominikanische Männer heiraten. Deshalb achten die Eltern darauf, daß sie ihre Kinder nach den dominikanischen Werten erziehen, und schicken sie

---

[84] Ein äußerst interessanter Aspekt des Romans ist die Beziehung zwischen Sprache und Identität, die besonders durch die Tochter Yolanda verkörpert wird. Dieses Thema wird in "A Regular Revolution" jedoch nicht aufgegriffen. Für Studien zu Sprache und Identität im Roman siehe J. Hoffman 1998; Barak 1998; Ortiz-Márquez 1997.

[85] Während ein Teil der Exilliteratur zeigt, daß dominikanische Frauen vor allem eine wirtschaftliche Besserstellung in New York erfahren, erfreuen sich Frauenfiguren in Alvarez' Texten an sexuellen Genüssen und Abenteuern. Vgl. Bramen 1996: 213f.

so oft wie möglich auf die Insel, um die Anbindung an die Familie nicht abreißen zu lassen. Doch die Ferien auf der Insel werden von den Töchtern als Strafe empfunden, da sie dann am deutlichsten merken, wie freizügig das Leben in den USA im Vergleich zur Dominikanischen Republik ist.

5.2.2 Dominikanische Republik: Unterdrückung und Geborgenheit

Während die USA für politische und gesellschaftliche Freiheit aber auch kulturelle und soziale Ausgrenzung steht, symbolisiert die Dominikanische Republik einerseits politische und gesellschaftliche Unterdrückung, sie steht aber andererseits für soziale Anerkennung und familiäre Geborgenheit.

Carlos García kämpfte gegen politische Unterdrückung in der Dominikanischen Republik, bis er mit seiner Familie fliehen mußte. Die Töchter der Familie ihrerseits leiden unter der gesellschaftlichen Benachteiligung der Frau.

Aber auch die Mutter scheint die Einschränkung der dominikanischen Gesellschaft zu spüren. In den USA hat sie Möglichkeiten, sich intellektuell zu bilden und wirtschaftlich selbständig zu werden, die ihr sonst versperrt blieben. Dennoch teilt sie die Auffassung mit ihrem Mann, daß die Töchter zur Sittsamkeit erzogen werden müssen. So ist sie darum bemüht, ihn nicht zu viel von den Abenteuern der Mädchen erfahren zu lassen, und bevorzugt es, die Angelegenheiten alleine zu regeln, damit ihr Mann die Familie nicht auf Dauer auf die Insel zurückbringt[86] (Alvarez 1992: 116).

Schließlich inszenieren die Töchter eine "Revolution" und gewinnen dadurch die Freiheit, ihre Ferien in Amerika verbringen zu dürfen. Dabei geben sie die familiäre Geborgenheit und das luxuriöse Leben als Mitglieder einer reichen und gesellschaftlich angesehen Großfamilie auf, was ihnen in den USA fehlt[87] (Alvarez 1991: 131).

---

[86] Bramen weist darauf hin, daß dominkanische Frauen in New York eine größere wirtschaftliche Unabhängigkeit erreichen als es für sie in der Dominikanischen Republik möglich war, und erleben dadurch eine größere Selbstachtung und Authorität im Haushalt. Vgl. Bramen 1996: 213.

[87] Dieses Thema wird in anderen Kapiteln stärker ausgeführt. Vgl. "Tresspass", in dem Carla für ihre Familie betet, um sich selber zu beruhigen: "The seemingly endless list of familiar names would coax her back to sleep with a feeling of safety, of a world still peopled by those who loved her." (Alvarez 1991: 165); oder "Floor Show" Sandi vermißt in Amerika das Gefühl, etwas Besonders zu sein: "Sandi realized with a

5.2.3 Die Revolution: Ausdruck des Kulturkonflikts in der Familie

In dem Kapitel "A Regular Revolution" wird eine große Perspektivenvielfalt zu den Vor- und Nachteilen sowohl der amerikanischen als auch der dominikanischen Gesellschaft eingebracht. Zusätzlich zu den Positionen in der Carlos García Familie zeigt die Autorin, warum dominikanische Frauen der Oberschicht mit ihrem Leben zufrieden sind und keine gesellschaftliche Veränderungen anstreben, aber auch welche Geringschätzung Dominikaner für die amerikanische Gesellschaft hegen.

Die Töchter glauben, sich für das eine und gegen das andere entscheiden zu müssen, denn ein Leben in beiden Ländern wird für sie als junge Frauen zunehmend schwieriger. Um ihre Freiheit, d.h. ihr Leben in Amerika, zu verteidigen, und um sich aus dominikanischen Gesellschaftsstrukturen zu befreien, greifen sie auf eine dominikanische Strategie der Konfliktbewältigung zurück. Sie berufen sich auf die dominikanische Tradition von Rebellion und Revolution.[88]

Die Töchter der García de la Torre Familie fühlen sich hin- und hergerissen zwischen zwei Lebenswelten, zunächst ohne die Möglichkeit, selber eine Entscheidung zu treffen. Doch als sie beschließen, über ihr Leben selbst bestimmen zu wollen und sich dabei für ein amerikanisches Leben entscheiden, wird bei der Durchführung dieser Entscheidung mittels einer "Revolution" ihr dominikanischer – und damit bikultureller – Hintergrund deutlich.

Für die Töchter ist das Verhältnis zur Dominikanischen Republik gespalten. Auf der Insel haben sie ihre Familie und sind mit Menschen zusammen, mit denen sie sich identifizieren. Aber dort möchten sie nicht für immer leben, denn nach einer Jugend in Amerika wünschen sich diese jungen Frauen einen Beruf und das Recht auf Selbstbestimmung, was in der dominikanischen Gesellschaft nicht möglich ist. So kann man in diesem Kapitel sehen, wie die Familie sich allmählich auseinander entwickelt, denn die junge Generation wächst nicht mit den Werten und Zielen auf, wie es ihre Eltern erwartet haben.

---

pang one of the things that had been missing in the last few months.[...] At home [...] as bearers of the de la Torre name, the girls were made to feel important." (Alvarez 1991: 174)

[88] Barak weist darauf hin, daß die dominikanische Gesellschaft seit dem 17. Jahrhundert bis in die Gegenwart von Revolutionen geprägt ist, und daß dieser historischer Hintergrund von Alvarez aufgegriffen wird. Barak 1998: 164-167.

5.3 Alvarez im Kontext der dominikanisch-amerikanischen Literatur

Zur Entwicklung der dominikanisch-amerikanischen Literatur ist interessant zu bemerken, daß es bei diesen Autoren oft um die Heimat im familiären Sinne und nicht so sehr um die (nationalistische) politische Heimat der Dominikanischen Republik geht:[89]

> One of the more notable aspects of recent Dominican emigrant literature is the absence of a nationalist poetics of homeland [...]. Instead, poets [...] prefer a more intimate process of "retracing a homeland in [the] heart." (Bramen 1996: 212)

Dies sieht Bramen im Gegensatz zur Literatur, die von puertorikanischen, mexikanischen oder kubanischen Autoren in den USA geschrieben wird, da diese Autoren sich häufig mit den politischen Fragen in bezug auf ihre Herkunftsländer auseinandersetzen.[90]

Ferner sollte darauf hingewiesen werden, daß Literatur von Fraucn stark repräsentiert ist und zwar aufgrund der großen Zahl von weiblichen Migranten (Bramen 1996: 213). Für viele dieser Frauen bedeutet das Leben in den USA das Erlangen der Freiheit, über ihr Leben selbst bestimmen zu können, was in der Dominikanischen Republik aufgrund der stark patriarchalischen Gesellschaftsstruktur undenkbar wäre. Diese Freiheit bzw. der Umgang damit findet in der dominikanisch-amerikanischen Frauenliteratur

---

[89] Z.B. geht es in der puertorikanischen Literatur häufig um die politische Situation Puerto Ricos. Auch scheint die bewegte Geschichte der Dominikanischen Republik genügend historischen und politischen Stoff zu bieten, aber diese wird offensichtlich in der dominikanisch-amerikanischen Literatur wenig verarbeitet.

[90] In der literaturwissenschaftlichen Analyse von amerikanischen Texten, deren Autoren aus hispanischen Kulturräumen stammen, werden die Texte vor allem nach den Herkunftsksländern der Autoren gruppiert und analysiert. Dies ist wohl in erster Linie darin zu begründen, daß vergleichbare Merkmale in den Texten, sei es thematische, kulturhistorische oder stilistische Aspekte, identitifiziert werden können (vgl. Bramen 1996; Maitino & Peck 1996). Dies kann durch eine ähnliche Motivation für die Auswanderung aufgrund von bestimmten gesellschaftlichen, politischen oder wirtschaftlichen Entwicklungen begründet werden (vgl. Knippling 1996).

ihren Ausdruck und prägt auch die Literatur von Julia Alvarez: "For Julia Alvarez, the best-known Dominican writer in the United States, New York represents a similar place of exploration and, more specifically, a site of female pleasure and adventure." (Bramen 1996: 213)

Trotz ihres relativ hohen Bekanntheitsgrades in den USA[91] werfen ihr einige Kritiker vor, nicht die Belange der Mehrheit der dominikanischen Migranten, nämlich derer aus der Arbeiterklasse, in ihrer Literatur (Prosa und Lyrik) aufzunehmen. Statt dessen stellt sie in ihrem Werk vor allem das Leben der höheren Gesellschaftsschichten (und dabei insbesondere die Welt der Frauen) dar:

> [...] Alvarez actually occupies a rather contentious position in the emergent canon of Dominican emigrant literature. Some critics accuse her of not being representative of the majority of immigrants from the island, who are mainly working class; and although this is true, her poetry, stories, and essays offer a valuable representation and critique of the highly stratified society of Santo Domingo and the experiences of women within that culture and in the United States. (Bramen 1996: 214)

Die Autorin Julia Alvarez floh 1960 als zehnjähriges Mädchen mit ihrer Familie aus politischen Gründen aus der Dominikanischen Republik in die USA (vgl. Bing 1996: 38). Heute arbeitet sie als Dozentin für Englisch und schreibt Prosa und Gedichte, in denen es vorwiegend um die Situation der lateinamerikanischen Frauen geht. Dabei werden Frauen beschrieben, die in der dominikanischen Gesellschaft ihre Wurzeln haben, sich aber für ein Leben in den USA entscheiden. Wie ein solcher Entscheidungsprozeß sich entwickelt und wie die Frauen mit den Folgen umgehen, ist eines der Hauptthemen im Werk von Alvarez.

5.4 Zum interkulturellen Verstehen des Textes

Für das Verständnis des Kapitels "A Regular Revolution" ist es wichtig, die Situation der Eltern und der Kinder zu analysieren, um zu erkennen, welche Bedeutung die Emigration für den Einzelnen hat.

---

[91] Alvarez' Bekanntheit ist gestiegen vor allem seit der Auszeichnung ihres Romans *How the Garcis Girls Lost Their Accents* mit dem 1991 PEN Oakland/Josephine Miles Book Award für Arbeiten mit einer multikulturellen Perspektive. Vgl. Bramen 1996: 213f.

Wie im Abschnitt 5.2 (Interpretation des Kapitels "A Regular Revolution") erläutert wurde, hat die Migration für die Familienmitglieder jeweils eigene Konsequenzen, und es wird in diesem Kapitel des Romans angedeutet, daß die Familie sich durch diese Erfahrung allmählich entfremdet.[92] Das ist einer der wichtigsten Aspekte dieses Kapitels, denn es zeigt, daß Menschen emigrieren, ohne vorher zu wissen, welche Konsequenzen dies für die Familie und ihre künftige Struktur haben wird.

Es wird in diesem Kapitel auch deutlich, wie veränderlich die Einstellung zum Herkunftsland ist. Es gibt für viele Migranten keine eindeutige Entscheidung für oder gegen ein Land, vielmehr spielt die emotionale Reaktion auf eine gegebene Situation eine wichtige Rolle, wie Migranten zu bestimmten Ländern oder Kulturen stehen. Je nachdem, wie oft sie zwischen den in Frage kommenden Kulturen reisen oder sonstige Kontakte aufrecht erhalten, setzen sich Migranten immer wieder damit auseinander, wo sie leben wollen (sofern es eine Entscheidungsmöglichkeit gibt) oder zumindest wo sie zu leben wünschen. Die Vielfalt der persönlichen Perspektiven im Kapitel "A Regular Revolution" zeigt, daß die Frage nach der besseren Wahl nicht objektiv beantwortet werden kann. Je nach persönlicher Situation, z.B. Geschlecht, Alter oder Beruf, kann die Antwort anders lauten. Damit enthält der Text Aspekte, die vielen in Deutschland lebenden Migranten aus persönlicher Erfahrung vertraut sind. Wer keine eigenen Migrationserfahrungen hat, kann sehr viel über die komplexe "innere" Diskussion von Migranten erfahren. Dies macht den Text besonders relevant für Jugendliche in einer Migrationsgesellschaft.[93]

Bei der Betrachtung dieses Textes im Hinblick auf seine Verwendbarkeit im Fremdsprachenunterricht für fremdkulturelle Lernende stellt sich die Frage, wie hoch der Anteil an kulturspezifischem Vorwissen ist, den die Leser mitbringen sollen, und wie dieser Text sinnvoll vorbereitet werden kann. Müssen die Leser über den politischen Hintergrund der Diktaturen und der amerikanischen Unterstützung der Opposition in der Dominikanischen Republik der sechziger Jahre verfügen, um den Sinn des Textes

---

[92] Tatsächlich wird in den ersten Kapiteln des Buches gezeigt, daß die Töchter als erwachsene Frauen die Emigration als Trauma nur schwer verarbeitet haben und ein sehr schwieriges Verhältnis zum Vater haben. Die letzten Kapitel wiederum stellen die Flucht selber als traumatischen Einschnitt im Leben der Familie dar.

[93] Vgl. Hu (1999), die eine unzureichende Berücksichtigung der Frage der Identität von zweisprachigen Schülern im Fremdsprachenunterricht bemängelt.

zu erfassen? Müssen die Leser die gesellschaftliche Struktur der Dominikanischen Republik kennen, um die Situation der Frauen in der Geschichte nachvollziehen zu können? Diese konkreten Fragen in bezug auf *How the García Girls Lost Their Accent* und ähnliche Fragen in bezug auf andere Texte werden gestellt, wenn es um die Didaktisierbarkeit von fremdkulturellen Texten geht.[94] Dies geschieht nicht zu Unrecht, da gerade für fremdkulturelle Leser mehr Wissenslücken in einem Text entstehen und zu Leseschwierigkeiten führen können, als es für eigenkulturelle Leser der Fall ist.

Die Autorin versteht es auf sorgsame Weise, diejenigen Informationen in den Text mit einfließen zu lassen, die sie bei nichtdominikanischen Lesern nicht erwarten kann. So wird laufend im Text kommentiert und beschrieben, welche Unterschiede zwischen der amerikanischen und der dominikanischen Gesellschaft bestehen und was ihren jeweiligen Reiz für die Personen in der Erzählung ausmacht. Damit werden diejenigen kulturspezifischen Informationen im Text mitgeliefert, die für die Sinnbildung nötig sind.

Wenn auch die Perspektivenvielfalt in diesem Kapitel ohne Zweifel eine Bereicherung für das interkulturelle Verstehen sein kann, so stellt sie etwas höhere Anforderungen an das Leseverstehen besonders für den fremdkulturellen Leser im Vergleich zu Lakshmis "Mannequins", wo die Geschichte aus der Perspektive nur einer Person erzählt wurde. In "Mannequins" sind Leser aufgefordert, sich in die Welt *einer* Immigranten hineinzudenken und mit ihr mitzufühlen. In "A Regular Revolution" (bzw. in der Rezeption des ganzen Romans) müssen die Perspektiven von mehreren Personen aufgenommen werden und miteinander in Bezug gesetzt werden, um den Text verstehen zu können.

Ferner ist die Thematik einer sich bikulturell entwickelnden Familie mit einem großen Generationenunterschied wesentlich dynamischer verarbeitet und zeigt die Veränderung in "A Regular Revolution" über sechs Monate auf,[95] während in Lakshmis Text die Handlung auf einen Tag beschränkt ist. Diese zwei Aspekte, die der Perspektivenvielfalt und der dynamischen bikulturellen Identität, machen "A Regular Revolution" etwas anspruchsvol-

---

[94] In Hinblick auf die Didaktisierbarkeit von Kingstons *The Woman Warrior* gibt es eine sehr lange Diskussion, ob und wieviel Wissen über die chinesische Kultur notwendig ist, um das Buch lesen zu können. Siehe Bredella 1997b; Lim, Hrsg., 1991; Lim 1996.

[95] Im gesamten Roman umfaßt diese Entwicklung einen Zeitraum von fast dreißig Jahren.

ler im interkulturellen Verstehen[96] als die Kurzgeschichte von Lakshmi. Es ist jedoch eine Aufgabe, die durchaus von fremdsprachlichen Lesern bewältigt werden kann, vor allem wenn lesebegleitende Übungen den Verstehensprozeß unterstützen.

5.5 Möglichkeiten zur Didaktisierung

Beim Einsatz dieses Textes im Fremdsprachenunterricht sollte es ein Ziel sein, die Lernenden die Schwierigkeiten einer gesamten Familie bei der Emigration nachvollziehen oder nachempfinden zu lassen. So werden auch die Kenntnisse, die bei der Lektüre von Lakshmis "Mannequins" erworben wurden, um einige Facetten erweitert.[97]

Die Sprache in diesem Roman ist je nach Erzählperspektive unterschiedlich. Der Text ist hauptsächlich in *standard English* verfaßt, aber es werden teilweise umgangssprachliche Begriffe aus der amerikanischen Jugendsprache sowie vereinzelt Spanisch eingebracht; d.h. sie spiegelt die ganze Palette einer zweisprachigen Familie. Dennoch ist die Sprache für fremdsprachliche Leser verständlich, wenn einige Vokabelhilfen vorgegeben werden, besonders mit Hinweisen auf den (sozio-) kulturellen Bezug.[98]

Das Kapitel "A Regular Revolution" ist für einen Oberstufenkurs gut geeignet, da hier die Hauptfiguren dem Alter der Lernenden am ehesten entsprechen und sich zu den darin angesprochenen Themen ein inhaltlicher Bezug zu den Erfahrungen und Problemen in Deutschland lebender Jugendlicher bilden läßt. Dies betrifft insbesondere das Thema den Umgang mit der eigenen Sexualität, Rebellion gegen die Eltern bzw. die Familie, Entscheidungen treffen, wo man hingehört, etwas aus Gruppenzwang tun, soziale Rollen von Frauen und Männern, Kampf der Geschlechter.

Als Vorbereitung auf die Lektüre sollten Aktivitäten gewählt werden, die die Lernenden auf die Situation von Migranten einstimmen.[99] Hierfür

---

[96] Jedoch sind die Texte auf erzähltechnischer Ebene vergleichbar.

[97] Bei Lektüre der Kapitel "Daughter of Invention", "Tresspass" oder "Snow" könnte der Blick auf die Beziehung von Sprache und Identität bei zweisprachigen Kindern gerichtet werden, bei Lektüre des Kapitels "Floor Show" könnte ein Schwerpunkt auf kulturelle Identität und Migration gelegt werden.

[98] Vokabelhilfen zu diesem Kapitel sowie Aufgabenvorschläge für den Unterricht sind im Anhang angegeben.

[99] Siehe Caspari 1994: 213-218 über Verfahren zur kreativen Vorarbeit.

könnten zum Beispiel in einer Diskussion mit den Schülern Gründe gesammelt werden, weshalb Menschen sich zur Emigration entschließen. Diese können an der Tafel oder auf einer Folie des Tageslichtprojektors notiert werden. Dazu sollte erarbeitet werden, welche Erwartungen oder Einstellungen verschiedene Generationen einer Familie mit dem jeweiligen Auswanderungsmotiv verbinden. In einer dritten Spalte könnten Vermutungen notiert werden, wie verschiedene Generationen mit ihrer Situation im Zielland umgehen könnten. Diese Übung spricht besonders die Lernenden an, die selber Migrationserfahrungen haben, und auf einer allgemeinen Ebene (also nicht unbedingt persönlich auf die eigene Familie) darüber sprechen können.

Nach einer Vorbereitungsphase erscheint es sinnvoll, den Text abschnittsweise mit Unterstützung von lesebegleitenden Aktivitäten zu bearbeiten,[100] da der Text einige Zeitsprünge enthält. So kann sichergestellt werden, daß alle Lernenden die Handlung und die Entscheidungskonflikte der Töchter richtig erfassen und darüber reflektieren können.

Bei diesen lesebegleitenden Aktivitäten sollten Aufgaben entwickelt werden, die die Motivation der verschiedenen Personen klären helfen. Dadurch wird den Schülern verständlicher, warum Fifi auf der Insel bleiben möchte, warum die drei Schwestern Fifi verraten usw. Dabei sind die Antworten zu derartigen Fragen häufig im Text zu finden. Es geht also darum, diese Textpassagen genau zu lesen, um die Antworten am Text zu begründen und nicht den Text zu überfliegen und die Fragen rein assoziativ zu beantworten. Dies sind vor allem Übungen, die die Fähigkeit zur Perspektivenübernahme entwickeln helfen, indem die Motivation für die Handlung nachvollzogen wird.

Durch viele Unterbrechungen beim Lesen des Textes und eine stark textorientierte Arbeit kann es sinnvoll sein, das Kapitel noch einmal im Überblick zu betrachten und den Lernenden Gelegenheit zu bieten, auf den Text persönlich zu reagieren. Da dies ein Kapitel mit vielen Ereignissen und Personen ist, bietet es sich zur Umschreibung in ein Radiohörspiel an, das von den Lernenden als Projekt entwickelt und aufgenommen wird. Dies würde den Lernenden den Freiraum bieten, das für ein Hörspielskript auszuwählen und aufzuarbeiten, was ihnen am wichtigsten erscheint. In diesem Schritt können Lernende sich mit der Frage auseinandersetzen, wie Frauen, die aus einer "konservativen" Gesellschaft in eine "liberale"

---

[100] Z.B. könnten die Schüler einzelne Textabschnitte mit Überschriften versehen, um die Handlung zusammenzufassen.

Gesellschaft ausgewandert sind, mit diesem Widerspruch oder potentiellem Konflikt umgehen könnten.

Bei der Arbeit mit "A Regular Revolution" geht es weniger darum, Lösungen für Migrationskonflikte zu finden, sondern Lernende erkennen zu lassen, daß bikulturelle Personen nicht gespaltene Persönlichkeiten sind. Zwischen verschiedenen Optionen wählen zu müssen, stellt eine besondere Schwierigkeit im Leben von Immigranten dar. Dadurch können monokulturelle Lernende Empathie und vielleicht auch Verständnis für die komplexen Lebensentscheidungen entwickeln, vor die bikulturelle Personen gestellt sind. Für bikulturelle Lernende kann es eine positive Erfahrung sein zu sehen, daß die Fragen, mit denen sich ihre eigene Familie gegebenenfalls auseinandersetzt, ganz normale Aspekte ihrer Bikulturalität sind. Dies mag zwar nicht konkrete Konflikte lösen, aber das Bewußtsein, daß andere Familien sich mit ähnlichen Fragen beschäftigen, kann eine gewisse Beruhigung darstellen und helfen, mit einer solcher Situation besser umzugehen.

Abschließend möchte ich an dieser Stelle auf Aufgaben hinweisen, die den Text von Lakshmi und den von Alvarez verbinden können. Lernende können näher darauf eingehen, wie in diesen beiden Kurzgeschichten eine Verknüpfung von Identität und Bekleidung hergestellt wird, besonders wie die Hauptfigur in Lakshmis Text glaubt, durch eine andere Kleidung ihre Identität wechseln zu können, und wie Fifi ihr Einleben in der Dominikanischen Republik dokumentieren möchte indem sie sich nicht amerikanisch sondern dominikanisch kleidet und frisiert und dies als ein Zeichen der veränderten Werte von den Schwestern anerkannt wird. Eine weitere intertextuelle Vergleichsmöglichkeit bietet die Frage, wie die Gesellschaft in den USA in beiden Texten dargestellt wird. In diesen zwei Texten bieten die USA zwei Alternativen für die Einwanderer: einerseits verkörpert die Gesellschaft in den USA die Möglichkeit, d.h. die Freiheit, zur Selbstverwirklichung und andererseits fühlen sich die in den Texten darsgestellten Figuren zum Teil sehr isoliert in ihrer neuen Umgebung.

5.6 Fazit

Der Text "A Regular Revolution" ist für die Entwicklung von Empathie gut geeignet, weil darin die kulturbedingte Konfliktsituation der Beteiligten und ihre emotionale Reaktionen darauf deutlich dargestellt werden. So können Lernende, die selber über keine Migrationserfahrung verfügen, die Schwierigkeiten einer sich bikulturell entwickelnden Familie mit großen Generationsunterschieden nachvollziehen.

Der Text lädt dazu ein, Empathie[101] für die Personen im Text zu empfinden, um das Gefühl des Hin- und Hergerissenseins zwischen zwei Gesellschaften bzw. Kulturen besser verstehen zu können. Leser werden hier zum Thema der Migration auf sensible und zugleich humorvolle Weise hingeführt, so daß sie nachvollziehen können, was es für eine Familie bedeutet, fluchtartig ihre Heimat verlassen zu müssen ohne sich auf das, was ihr bevorsteht, vorbereiten zu können.

Die Schwierigkeit des Textes besteht vor allem darin, die verschiedenen Reaktionen der Familie auf Migration zu erkennen und verstehen zu lernen. Wie gehen die Eltern mit der Situation um, daß sie ihre Kinder nach anderen Werten erziehen möchten, als die, die in der Umgebung (in den USA) vorgelebt werden? Woher rührt dieses Verhalten der Eltern? Wie reagieren die Töchter auf ihre Umgebung und auf ihre Familie? Bei der Lektüre dieses Textes geht es in erster Linie darum, kleine Einsichten in die äußert komplexen Familienstrukturen von Migranten zu vermitteln. Dies ist aus zwei Gründen ein sinnvolles Lehrziel: Erstens gibt es – auch in Deutschland – immer mehr Migranten,[102] und deren Kinder können im Unterricht ihre Lebenserfahrung erkennen, einbringen bzw. verarbeiten. Zweitens erhalten Kinder ohne Migrationserfahrung Einblicke in diese Situation, was ihnen helfen kann, Freundschaften mit Migranten zu schließen. Lernende sollen erkennen, daß es keine einfache Lösungen für Migrantenfamilien gibt. Flüchtlinge können nicht einfach wieder in ihre Herkunftsländer zurückgehen, nachdem sie viele Jahre im Exil gelebt haben und sich dadurch anders entwickelt haben als die Daheimgebliebenen. Und die bewußte Entscheidung, für immer in der neuen Heimat zu bleiben, ist auch nicht leicht zu fällen. Vielmehr beschäftigen sich diese Familien ständig mit der grundsätzlichen Frage, wo und wie sie nach der Migration künftig leben werden.

Auf einer anderen, stärker kulturspezifischen Ebene, geht es in dem Roman von Alvarez, und besonders deutlich im Kapitel "A Regular Revolution", um die Emanzipation von Frauen, die aus von Männern dominierten Gesellschaften kommen. In dem vorliegenden Beispiel, das aber auch in vielen anderen Ländern vorkommt, möchten die Frauen an den Möglichkeiten einer gleichberechtigten Gesellschaft teilhaben, auch wenn dies den

---

[101] Vgl. Schinschke 1995 zum Begriff der Empathie.

[102] Siehe Chambers (1996), Braun & Kloos (1995) zu dem Beziehungsgeflecht von Migration, Identität und Kultur bzw. Entwicklungen in der Multikulturalismusdebatte in Nordamerika und Europa.

Verlust der Geborgenheit in der Großfamilie ihres Herkunftslandes bedeuten kann.

Die Schwierigkeiten von jungen Frauen, sich in einer von Männern dominierten Familienwelt zu orientieren, während die amerikanische Gesellschaft eher die Möglichkeit von Gleichberechtigung suggeriert, wird im nächsten Text dieser Reihe weiter beleuchtet. Auch haben junge Frauen verschiedene kulturelle und gesellschaftliche Möglichkeiten, die sie motivieren, aus ihrer Umgebung auszubrechen.

6 Sandra Cisneros: *The House on Mango Street*

Während die vorhergehenden Texte der Migrantenliteratur zugeordnet werden können, weil die Autorinnen selbst eingewandert sind und sich in ihrer Literatur mit den Folgen von Immigration befassen, trifft dies in den nachfolgenden Texten nur noch bedingt oder gar nicht zu. Daher ist es angemessener, die folgende Literatur, die sich in Themen und Formen von der amerikanischen *mainstream* Literatur unterscheidet, als Minderheitenliteratur zu bezeichnen.

In diesem Kapitel wird der Roman *The House on Mango Street* von Sandra Cisneros mit einer kurzen Inhaltsangabe und Hinweisen auf formale Besonderheiten vorgestellt. Es wird auf ein interpretatorisches Unterkapitel angesichts der zahlreichen Arbeiten über *Mango Street*, auf die im laufenden Text jedoch verwiesen wird, verzichtet. Eine knappe Einführung in die mexikanisch-amerikanische[103] Literatur mit einer Positionierung der Autorin Sandra Cisneros darin informiert über den kulturspezifischen Hintergrund. Danach folgt eine Diskussion über interkulturelles Verstehen und

---

[103] Das Adjektiv "mexikanisch-amerikanisch" weist auf die mexikanische Herkunft von in den USA lebenden Autoren hin. "Hispanisch-amerikanisch" ist allgemeiner auf einen spanisch-sprachigen kulturellen Hintergrund bezogen. Diese Begriffe werden i.d.R. ohne politische Kontextualisierung verwendet, im Gegensatz zu "Chicano / Chicana". Diese Bezeichnungen sind in der Arbeiterbewegung der hispanisch-amerikanischen Bevölkerung in den 60er Jahren eingeführt worden. Heute aber werden sie gelegentlich synonym mit "Hispanic American" verwendet, d.h. ohne politische Konnotation. "Latino" schließlich ist ein Begriff, der sich auf Lateinamerikaner bezieht, also mit Herkunft aus einem spanisch-, portugiesisch-, oder französisch-sprachigem Land in Mittel- oder Südamerika. (Vgl. Kanellos 1995: 8) Abschließend möchte ich darauf hinweisen, daß zusammengesetzte Adjektive wie *Mexican American* oder *Indian American* im Amerikanischen ohne Bindestrich geschrieben werden, um ihre Gleichberechtigung auszudrücken, und nicht auf eine über- oder untergeordnete Beziehung hinzuweisen. Im Deutschen ist es sehr schwer, wenn nicht unmöglich, diese Haltung auszudrücken. Während wir im Amerikanischen durchaus sagen können "A Mexican American family ..." klingt "Eine deutsche Familie türkischer Herkunft..." wie ein Oxymoron und in einer "deutsch-türkischen Familie" ist ein Elternteil deutsch und der andere türkisch.

Möglichkeiten der Didaktisierung für den fremdsprachlichen Englischunterricht.

6.1 Der Text *The House on Mango Street*

Die Entwicklung einer bilingualen und bikulturellen Identität steht im Zentrum von Cisneros' 1984 veröffentlichtem Roman, *The House on Mango Street*, der mit dem "Bevor Columbus Foundation Prize" ausgezeichnet wurde. Der Text besteht aus vierundvierzig sogenannten Vignetten, die einzeln gelesen werden können und zusammen das Leben in einem hispanischen Wohnviertel in Chicago beschreiben.

6.1.1 Zusammenfassung des Textes

Über einen Zeitraum von etwa einem Jahr wird ein hispanisches Wohnviertel in Chicago aus der Perspektive eines jungen mexikanisch-amerikanischen Mädchens namens Esperanza Cordero, das mit seiner Familie zugezogen ist, beschrieben. Im Laufe dieses Jahres erkennt das Mädchen seine Bestimmung als Schriftstellerin. Die Ich-Erzählerin beschreibt in den Geschichten die Menschen ihrer Umgebung und befaßt sich immer stärker mit den Schicksalen ihrer weiblichen Verwandten, Freundinnen und Nachbarinnen, die der Gewalt von Männern ausgesetzt sind und von einem besseren Leben träumen.[104]

Aus diesen Beobachtungen wächst der Wunsch, ihr mexikanisch-amerikanisches Umfeld zu verlassen, um ein selbstbestimmtes Leben führen zu können. Auch wenn Esperanza sich weigert, sich mit der Rolle der Frau in der mexikanisch-amerikanischen Kultur zu identifizieren und ein Leben außerhalb dieser Gesellschaft sucht, erkennt sie gegen Ende des Textes, wie sehr sie doch damit verbunden ist, und verspricht den Frauen, die sich nicht befreien können, sie nach ihrem Fortgehen nicht zu vergessen.[105]

In dem Roman geht es um drei zentrale Themen: als erstes die Armut der Familie und der Nachbarschaft, mit der sich die Tochter nicht abfinden oder identifizieren möchte, als zweites das sich entwickelnde Bewußtsein,

---

[104] Vgl. Restuccia 1996 zu Gewalt gegen Frauen in literarischen Texten. Vgl. Griffin 1997 zu Gewalt gegen Frauen in Cisneros' Texten. Siehe Spencer 1997 zur Inversion von Märchen in Cisneros Werken.

[105] Vgl. Savin 1996: 357 zur bikulturellen Identität der Esperanza-Figur. Vgl. Herrera (1995) zur Zweisprachigkeit des Textes. Vgl. Marek 1996 zur ambivalenten Identität in Anaya und Cisneros.

zur Frau heranzuwachsen, die dabei entstehende Sexualität und die Erkenntnis der Situation von Frauen in der von Männern dominierten hispanischen Kultur und schließlich die Entdeckung des Schreibens (und der Bildung) als Weg zur Selbstbefreiung.[106] Alle drei Themen werden durch das Motiv des Hauses repräsentiert.[107]

6.1.2 Narrative Struktur

Von der Thematik her ist dies ein Bildungsroman, jedoch in einer postmodernen Form aus weiblicher Sicht abgewandelt.[108] Seine Struktur – eine An-

---

[106] Siehe Olivares 1996 für eine ausführliche Interpretation der 44 einzelnen Kapitel. Ebenfalls Doyle 1994 für eine Interpretation aus feministischer Sicht.

[107] Zur Kontroverse in der Interpretation des Haus-Motivs in *The House on Mango Street* siehe Valdés 1993 und Reuben Sánchez 1995; das Haus als Mutter-Figur, siehe Doyle 1994: 11f.; Fellner 1995: 124 zum Haus als "materialistic desire"; zum Haus eingebettet in (und nicht isoliert von) der Gemeinschaft siehe Herrera 1995. Siehe Kaup 1997 für eine Untersuchung der Haus-Metapher als zentrales Bild für die Konstruktion von Identität in Chicano Literatur.

[108] Vgl. Poey 1996 für eine Untersuchung von *The House on Mango Street* als Bildungsroman im Vergleich zu *Bless Me, Ultima* (Rudolfo Anaya); Vgl. Gonzales-Berry & Rebolledo 1986: 109f zum traditionellen weiblichen Bildungsroman ("tests in submission [and] models of behavior appropriate for success in the marriage market") bzw. dem Chicana weiblichen Bildungsroman ("focuses on general sense of loss, around the realization that innocence is gone, around awareness of death and mortality, of the inability to retreat back into childhood") im Gegensatz zum männlichen Bildungsroman. Siehe auch Spencer 1997 für eine feministische Interpretation der weiblichen Sicht in Cisneros (*revisionist fairy tales*); sowie Ramon Saldívar 1990 für eine Betrachtung der *issues of gender and difference* in Cisneros. Vgl. Herrera (1995) zur fiktionalen Autobiographie als postmoderne Form von *Mango Street*. Karafilis (1998: 63) vom klassischen zum postmodernen Bildungsroman: "how texts negotiate the development/education of their protagonists and how these protagonists negotiate themselves in a larger social context". Vgl. Valdés 1992 und Díaz 1995 zu der postmodernen Literatur von Cisneros.

ordnung von vierundvierzig einzelnen Vignetten zu einem Gesamttext,[109] der häufig als *composite novel*[110] bezeichnet wird – ist zugleich das herausragendste narrative Merkmal. Ferner enthält der Text starke intertextuelle Bezüge u.a. zu Tomás Rivera *". . . Y no se lo tragó la tierra" / And the Earth Did Not Devour Him*,[111] zu europäischen und mexikanischen Märchenelementen[112] und zu Virginia Woolf *A Room of One's Own* und Gaston Bachelard *The Poetics of Space*.[113]

Eine weitere narrative Besonderheit liegt in der Aufteilung von Protagonistin, Erzählerin und Erzählstimme. Während Kritiker sich einig sind, daß die Hauptperson Esperanza die Geschehnisse im Alter von etwa elf Jahren erlebt (vgl. z.B. Reuben Sánchez 1995), gehen die Meinungen darüber auseinander, "wer" die Erzählstimme ist.[114] Für Fellner ist sie ein kleines Mädchen: "The voice of the narrator clearly is that of a child."

---

[109] Valdés schreibt von "a post-modern novel which weaves a tapestry of apparently isolated vignettes into a poetic unity." (1993: 287). Vgl. Reuben Sánchez 1995: 222. Vgl. Olivares 1996.

[110] Vgl. Kelley 1997: 63 zur *composite novel* im Allgemeinen und S. 72f in bezug auf Mango Street als Bildungsroman über Bilingualismus und Bikulturalismus. Vgl. Davis 1997 zum *ethnic short story cycle* als neue literarische From in der amerikanischen Literatur. Siehe auch Agar 1991 zum Bilingualismus und Bikulturalismus.

[111] Vgl. Olivares 1996 zu einer intertextuellen Besprechung in bezug auf den Aspekt des Bildungsromans in beiden Werken.

[112] Vgl. Reuben Sánchez 1995 und Herrera 1995 mit Bezügen zur Kinderliteratur und Märchen; Spencer 1997 mit Bezügen zu Märchen und Opern.

[113] Vgl. Valdés 1992; Fellner 1995. Weitere intertextuelle Bezüge sieht Doyle (1994:24) zu Emily Dickinson, Alice Walker und Audre Lorde. Vgl. Bus 1990 für einen Vergleich von *Mango Street* mit Gary Sotos *Living Up the Street*, als zwei Beispiele für autobiographische Chicano Erzählungen. Siehe ferner Ramón Sánchez (1995) für weitere Hinweise zu intertextuellen Bezügen in der hispanisch-amerikanischen Literatur.

[114] Vgl. Valdés 1992; Satz 1997. Vgl. McCracken 1989, die darauf hinweist, daß der spanische Einfluß auf das Englische in diesem Text hierbei eine wichtige Rolle spielt.

(Fellner 1995: 123) Kelley zitiert jedoch eine andere Interpretation von Shannon Sikes:[115]

> The narrative voice is cunning; although one initially assumes the narrator is a child, Shannon Sikes has pointed out a variety of disruptions in the narrator's tone and knowledge level, which suggests that the narrator is "perhaps fully grown but definitely at least an older Esperanza." (Kelley 1997: 73)

Die Verunsicherung in der Bestimmung der Erzählstimme ist vor allem in den verwendeten Sprachen begründet. So ist das direkte Straßenenglisch stark von der spanischen Familiensprache gefärbt, d.h. Personen wie auch Objekte werden mit Diminutiven verniedlicht.[116]

Bevor diese Erzählung ernsthafte literaturwissenschaftliche Beachtung fand, wurde sie vorwiegend als ethnographischer Text beurteilt. Die Rezeptionsgeschichte dieser Erzählung ist ein gutes Beispiel dafür, wie unterschiedlich ethnisch-amerikanische Literatur gelesen wird.[117] Zunächst wurde sie als eher ethnographisches Bild eines tatsächlich existierenden hispanischen Wohnviertels in Chicago gelesen, und die zentrale Frage an das Werk war, wie authentisch oder treffend diese Darstellung sei.

In einer späteren Phase wurde der Roman als feministisches Werk betrachtet, das die Situation der Frau in der mexikanisch-amerikanischen Gesellschaft anprangert und mexikanisch-amerikanische Männer einseitig

---

[115] Ein unveröffentlichtes Vortragsmanuskript von Shannon Sikes: "Narratorial Slippage and Authorial Self-Construction in Sandra Cisneros' *The House on Mango Street.*" Vortag auf der Women of Color Conference, Ocean City, MD, Juni 1992. Kelley 1997:73 schreibt von "narrative voice disruptions".

[116] Cisneros erklärt ihre zweisprachige Stimme: "My mother's English was learned in the Mexican/Italian neighborhood she grew up in on Chicago's south side, an English learned from from playmates and school, since her own parents spoke Spanish exclusively. My father, on the other hand, spoke to us in a Spanish of grandmothers and children, a language embroidered with the diminutive. [...] These two voices are at odds with each other - my mother's punch-you-in-the-nose English and my father's powdered-sugar Spanish - curiously are the voices that surface in my writing." (Cisneros 1987: 47f.)

[117] Vgl. Valdés 1993 mit einer Darstellung der Rezeptionsgeschichte von 1984 bis 1990.

brutal darstellt.[118] Erst allmählich wird der Roman in Hinblick auf seinen literarischen Wert gelesen (vgl. Valdés 1993: 290). Dieses kreative Potential gilt es bei der Rezeption des Textes aufzudecken und zu vermitteln, wie im Abschnitt zur Didaktisierung besprochen wird.

6.2 Cisneros im Kontext der mexikanisch-amerikanischen Literatur

In der kritischen Rezeption wird zunächst der Begriff der mexikanisch-amerikanischen Literatur im Zusammenhang mit der Entwicklung dieser Bevölkerungsgruppe problematisiert. Dabei stellt Savin die Dynamik in der Entwicklung der mexikanisch-amerikanischen Bevölkerung, die sich nur z.T. als Einwanderer sehen, fest:

> Unlike any other group of immigrants, Mexican Americans "have been here for 450 years and for 45 seconds"; hence, some of them do not consider themselves immigrants, claiming that not they, but rather the border, has migrated. (Savin 1996: 341)

So kann die mexikanisch-amerikanische Literatur weder gänzlich der Einwanderer- noch der Minderheitenliteratur zugeordnet werden, sondern ist viel mehr das eine als auch das andere. Dies liegt an der historischen Entwicklung dieser Bevölkerungsgruppe, denn nur die einen sind wirklich (moderne) Einwanderer, während die anderen Nachfahren der spanischen Eroberer im Gebiet nördlich des Rio Grandes sind und sich nicht als Einwanderer betrachten. [119] Die Situation der (bilingualen) Identität und kulturellen Ambivalenz der mexikanisch-amerikanischen Bevölkerung wird in ihrem literarischen Schaffen immer wieder bearbeitet und ist damit eines der wichtigsten Themen in ihrer Literatur.[120]

---

[118] Siehe Doyle für eine feministische Studie, die in Bezug zu V. Woolf *A Room of One's Own* gesetzt wird: "... Cisneros in *Mango Street* offers a rich reconsideration of the contemporary feminist inheritance as well." (Doyle 1994: 7) Vgl. Gegenkritik zu Juan Rodriguez 1989 und zu Ramon Saldívar 1990 in Valdés 1993 und Reuben Sánchez 1995.

[119] Vgl. Savin 1996: 341f., Rebolledo & Rivero 1993: 9 oder Kanellos 1995: 3 zum historischen Hintergrund.

[120] Vgl. Leal & Barrón 1982 zur Entwicklung der *Chicano* (mexikanisch-amerikanischen) Literatur besonders in Hinblick auf vorherrschende Genres und Themen und die Beziehung der mexikanisch-amerikanischen

Dies trifft sowohl auf ältere Literatur aus dem 18. und 19. Jahrhundert zu als auch auf die modernere und die feministische Literatur, die vor allem seit den 80er Jahren aufblüht. Aber während einige Aspekte der mexikanisch-amerikanischen Literatur nur eine geringe Abwandlung im Laufe der Entwicklung erfahren haben, wie z.B. die Beschäftigung mit der kulturellen Ambivalenz im vorherrschenden Genre der autobiographischen Erzählung (vgl. Savin 196: 346), gibt es in der zeitgenössischen Frauenliteratur nach Tey Diana Rebolledo & Eliane S. Rivero drei wichtige neue Entwicklungen in bezug auf Form und Inhalt (vgl. Rebolledo & Rivero 1993: 25-29). So werden erstens zunehmend Essays geschrieben und zweitens geht es darin immer häufiger um die Versöhnung in Beziehungen zu Männern, besonders in Vater-Tochter-Beziehungen. Den dritten Aspekt bezeichnet der Kritiker Juan Bruce-Novoa als die bedeutsamste Veränderung in der mexikanisch-amerikanischen Literatur:[121]

> The most significant change was not generic, thematic nor stylistic, but much more fundamental and radical: it was sexual. [...] The questions that Zamora, Portillo and other Chicanas raised about the oppression women suffered at the hands of men within traditional Chicano culture brought cries of protest from Chicanos. (Bruce-Novoa 1990: 86)

Daß es zu einer derart radikalen Entwicklung in der Literatur hispanischer Frauen gekommen ist, liegt in den engen Grenzen, innerhalb derer sie in der mexikanisch-amerikanischen Literatur davor beschrieben wurden. So sind die typischen Frauenfiguren auf traditionelle Rollen beschränkt. Wenn sie überhaupt erwähnt werden, erscheinen sie entweder als Heilerin bzw. Heilige oder als Geliebte bzw. Verräterin.[122] In der modernen Frauenlitera-

---

Literatur zum gesellschaftlichen Protest und Revolution sowie kultureller Identität. Vgl. Schein 1993 für eine allgemeine Einführung in und Definition von Chicano Literatur mit einer Bechreibung der hispanischen Bevölkerung in bezug auf gesamtamerikanische Bevölkerung.

[121] Vgl. auch zu dieser Einschätzung Rebolledo & Rivero (1993: 27): "The third area of growth in Chicana literature involves dealing more openly with sexuality."

[122] "The limitations of traditional Mexican representations of women are embodied in the dichomtomy between two of the most influential women in Mexican myth and culture - the Virgin of Guadalupe and Malintzin

tur werden diese Rollen umfassender definiert und neu interpretiert, was den Frauen in der mexikanisch-amerikanischen Gesellschaft eine komplexe und tiefgreifende Stimme verleiht, um ihre multiplen Identitäten auszudrücken (vgl. Savin 1996: 354f).

Eine Vertreterin der Frauenliteratur, deren Schaffen die o.g. Veränderungen reflektiert bzw. mitgestaltet, ist Sandra Cisneros, die zunächst durch ihre Lyrik bekannt wurde und nun in ihrer Prosa ebenfalls Erfolge feiert.[123]

Sandra Cisneros, geboren 1954 als Tochter eines mexikanischen Einwanderers aus einer wohlhabenden Familie und seiner mexikanisch-amerikanischen Frau, wuchs in Chicago als jüngstes und einziges Mädchen mit sechs Brüdern auf. Auch wenn die Familie nicht erst in Sandras Generation in die USA eingewandert ist, so hat sie sich ständig zwischen Mexiko und den USA bewegt:

> [...] we were constantly moving back and forth between Chicago and Mexico City due to my father's compulsive "homesickness." Every couple of years we would have to pack all our things, store the furniture I don't know where, pile into the station wagon, and head south to Mexico. (Cisneros 1987: 46)

Bildung und Schreiben ist für Cisneros ein Ausweg aus dem traditionellen mexikanischen Frauenschicksal als Ehefrau und Mutter und gleichzeitig ein Weg in die Unabhängigkeit. Dies ist ein wichtiges Thema in ihrer Prosa und Lyrik, in der sie den Bilingualismus und die Bikulturalität der mexikanisch-amerikanischen Bevölkerung beschreibt: "Chicanas write with the intention of chronicling their world, a world that is bilingual and bicultural, a world in which the 'I' must continually negotiate the border terrain." (Kelley 1997: 72f.)

Der Roman *The House on Mango Street* ist insofern ein repräsentatives Werk für die feministische mexikanisch-amerikanische Literatur, da es genau die Themen der ambivalenten Identität und weiblichen Sexualität in einer von Männern dominierten Gesellschaft aufgreift.

Temepal, often referred to as Malinche, the translator for and lover of Herman Cortes, the Spanish conqueror of Mexico." Griffin 1997: 85. Vgl. auch Rebolledo & Rivero 1993.

[123] 1995 erhielt sie ein MacArthur Scholarship als Anerkennung ihrer Bedeutung für die amerikanische Literatur, vgl. Satz 1997.

6.3 Zum interkulturellen Verstehen des Textes

Dieser Text ist deshalb von besonderem Interesse, weil darin wichtige Themen der hispanischen bzw. mexikanisch-amerikanischen Literatur behandelt werden. Dazu gehört erstens die Situation von Frauen der Arbeiterklasse, die in einem Umfeld leben, das ihnen nur Armut und männliche Dominanz beschert, aber keinen Ausweg aus diesen Abhängigkeitsstrukturen zeigt. Zweitens geht es um das Aushandeln einer Identität, die sich an zwei sehr unterschiedlichen gesellschaftlichen Systemen orientiert. María Elena Valdés faßt diese Situation zusammen, die sowohl universal ist in Hinblick auf die Anliegen von Heranwachsenden als auch kulturspezifisch in Hinblick auf die Umgebung, die das Mädchen in seinen Wünschen und Entscheidungen prägt:

> The narrative situation is a familiar one: a sensitive young girl's reflections of her struggle between what she is and what she would like to be. The sense of alienation is compounded because ethnically she is Mexican, although culturally she a Mexican American; she is a young girl sourrounded by examples of abused, defeated, worn-out women, but the woman she wants to be must be free. (Valdés 1992: 57)

Das Buch enthält sowohl universale als auch kulturspezifische Aspekte auf drei verschiedenen Ebenen: der inhaltlichen, der erzählerischen und der formalen. Im folgenden soll gezeigt werden, wie diese drei Ebenen jeweils universal als auch kulturspezifisch gelesen werden können.

6.3.1 Die inhaltliche Ebene: universal und kulturspezifisch

Julián Olivares gruppiert die Kapitel in fünf inhaltliche Bereiche, die als universale Themen in ihrer Relevanz für den Leser betrachtet werden können, die aber auch in ihrem kulturspezifischen (d.h. mexikanisch-amerikanischen) Charakter betrachtet werden können. Diese Themen sind: 1. Familie, Kinder und (hier: hispanische) Umgebung; 2. Sexuelles Bewußtsein; 3. Unterdrückung, Mißhandlung und Verlassen von Kindern und Frauen; 4. Identität; 5. Schreiben als Auseinandersetzung mit Identität.[124] Auf der inhaltlichen Ebene des Textes kann z.B. das Thema Familie als universales Thema gelesen werden. Dann sehen wir ein junges Mädchen, das ihre Position innerhalb ihrer Familie erkennt. Die Eltern strahlen Wärme und Ge-

---

[124] Vgl. Olivares 1996: 217 für die Zuordnung der einzelnen Kapitel.

borgenheit[125] aus, aber sie empfinden auch Enttäuschung über ihr eigenes Leben und hegen die Hoffnung auf ein besseres Leben für ihre Kinder.

Doch wenn der Text kulturspezifisch gelesen wird, also im mexikanisch-amerikanischen Kontext, ergibt sich ein tieferes Verständnis. Esperanza sieht sich in einer langen Reihe von Frauen, die ihre Träume aufgaben, und statt dessen die Erwartungen der (mexikanischen) Gesellschaft erfüllten. Obwohl z.B. die Urgroßmutter sich Freiheit wünschte, beugte sie sich der Ehe und ließ sich in ein Haus einsperren (Cisneros 1984: 10f). Die Mutter wiederum wollte Opernsängerin werden, doch gab sie leichtfertig ihre Schulausbildung auf, weil ihre Familie ihr kein Geld für schöne Schulkleider geben konnte (Cisneros 1984: 91). In der mexikanischen (und mexikanisch-amerikanischen) Gesellschaft ist es wichtig, daß Frauen heiraten, die schulische Ausbildung ist nur von sekundärer Bedeutung. Es sind aber gerade die älteren Frauen in Esperanzas Umgebung, die sie ermahnen, ihren Weg zu gehen. Die Mutter schärft ihrer Tochter ein, die Schule zu beenden, und die drei älteren Damen, die zu einer Totenwache erscheinen, sagen Esperanza einen weiten Weg voraus: "Yes, she'll go very far." (Cisneros 1984: 104)

Wenn Esperanza sich gegen die traditionellen Werte der mexikanisch-amerikanischen Familie und Gesellschaft wendet, handelt sie gegen die Erwartungen der männlich-dominierten Welt, aber sie erfüllt die Hoffnungen der Frauen.[126] So erhält das Mädchen Unterstützung von Frauen, wenn sie ihnen ihre Gedichte vorliest. Diese Frauen bestärken Esperanza in ihrem Vorhaben, Schriftstellerin zu werden. Gleichzeitig trägt Esperanza eine Verantwortung für diejenigen, die nicht aus diesen Strukturen ausbrechen können und sie wird ermahnt: "You will remember to come back. For the ones who cannot leave as easily as you." (Cisneros 1984: 105) Diese Verantwortung und die Tragweite einer Entscheidung, aus den gesellschaftlichen Strukturen auszubrechen, indem sich ein Mädchen gegen ein

---

[125] Interessant hier ist, daß Cisneros Männerfiguren nicht durchgängig als gewalttätig darstellt, wie es in der feministischen hispanischen Literatur besonders von den 60er bis Ende der 80er Jahre üblich war, sondern einen versöhnlichen Ton anschlägt in der Beschreibung der Vater-Tochter-Beziehung von Esperanza. Vgl. Rebolledo & Rivero 1993: 27 "The second area of growth [in contemporary Chicana literature] is the redemption of the male relationships in the lives of Chicanas, particularly the father-daughter relationship."

[126] Der Name Esperanza bedeutet "Hoffnung", darauf wird im Text mehrfach hingewiesen.

Leben als Ehefrau und Mutter entscheidet und statt dessen studieren will, ist vor dem Hintergrund der mexikanisch-amerikanischen Umgebung der Erzählung erst nachvollziehbar.[127]

6.3.2 Die erzählerische Ebene: universal und kulturspezifisch

Auf der erzählerischen Ebene spricht die Protagonistin, scheinbar ein junges Mädchen, in einer Reihe von Kapiteln über die Frauengestalten in ihrer Nachbarschaft und deren Schicksale, und über das wachsende Bewußtsein, in einer mexikanisch-amerikanischen Umgebung zu leben. Auch hier sind verschiedene Lesarten möglich. In der kritischen Literatur, die den Text in einem monolingualen englischen Kontext plaziert, wird häufig davon ausgegangen, daß die Sprecherin ein junges Mädchen ist.[128] So gibt es viele Interpretationen, die das Buch als Kinderliteratur betrachten, d.h. eine Geschichte wird aus der Perspektive eines kleinen Mädchens erzählt.

Dieses Phänomen der scheinbar kindlichen Stimme erklärt Margot Kelley mit dem Hinweis, daß die Autorin zweisprachig ist, und obwohl der Roman in englischer Sprache verfaßt ist, ist die spanische Sprache die eigentliche linguistische Grundlage: "If you take *Mango Street* and translate it, it's Spanish. The syntax, the sensibility, the diminutives, the way of looking at inanimate objects - that's not a child's voice as is sometimes said. That's Spanish!" (Cisneros, zitiert in Kelley 1997: 73) Ohne Kenntnis der spanischen Sprache erkennt der Leser nicht die Zärtlichkeit im familiären Umgang der Menschen miteinander, sondern interpretiert diese Familiensprache als kindliche Sichtweise.

6.3.3 Die formale Ebene: universal und kulturspezifisch

Auf einer formalen Ebene überschreitet *House on Mango Street* die traditionellen Strukturen des Bildungsromans, wie sie aus Werken über heranwachsende junge Männer bekannt sind. Die Entwicklungsschritte eines traditionellen männlichen Bildungsromans beschreibt Olivares als einen männlichen Diskurs. Es geht in der Erziehung des jungen Mannes darum, ihn in der Gesellschaft zu integrieren und ein Gefühl von Freiheit, Stärke und Selbstbestimmung entwickeln zu lassen (vgl. Olivares 1996: 211f).

Ganz anders wird der traditionelle weibliche Bildungsroman strukturiert. Nach Erlinda Gonzales-Berry & Tey Diana Rebolledo durchlaufen

---

[127] Zur Bedeutung der Erinnerung in mexikanisch-amerikanischer Literatur siehe A.R. Lee (1996).

[128] Vgl. hierzu den Abschnitt zur narrativen Struktur.

Frauen andere Lernschritte mit dem Ergebnis, daß sie zwar auch in der Gesellschaft ihren Platz einnehmen können, aber in Unterwürfigkeit und Abhängigkeit zum Mann.[129] In *The House on Mango Street* geht es ebenfalls um die zentralen Themen der Identitätsbildung einer Heranwachsenden, jedoch mit einem anderen Ergebnis.

Esperanza beschäftigt sich mit ihrer Identität in Beziehung zu ihrer Schwester, ihrer Mutter und anderen Frauen, und schließlich auch mit der Gesellschaft hinsichtlich der Armut ihrer Familie sowie mit der Situation von Frauen in einem hispanisch (männlich) geprägten Umfeld. Dies geschieht vor dem Hintergrund eines *mexikanisch*-amerikanischen Kontexts, d.h. einer Gesellschaft, die die Frau in erster Linie als Ehefrau und Mutter definiert. Diese Rolle lehnt Esperanza entschieden ab. Sie möchte für sich entscheiden können und nicht "gezähmt" werden, um an eine Kette gelegt zu werden (Cisneros 1984: 88). So sehen wir durch die Augen von Esperanza die Möglichkeiten von Frauen in der amerikanischen Gesellschaft, nämlich das Ziel, Bildung zu erlangen und den Beruf einer Schriftstellerin zu ergreifen, ganz im Gegensatz zur mexikanischen Gesellschaft, mit der sich die Protagonistin zwar verbunden fühlt, deren Weg sie dennoch nicht einschlagen möchte.

Wie kann der fremdkulturelle Leser diesen mexikanisch-amerikanischen kulturellen Kontext erkennen? Um ein erstes Verständnis, einen ersten Zugang zum Text zu finden, ist es wichtig, die eher universalen Aspekte des Textes zu verstehen. In einem zweiten Schritt sollten gerade fremdkulturelle Leser (wobei dies auch auf monolinguale amerikanische Leser zutrifft) den Text vor dem Hintergrund einer katholischen, von Männern dominierten Gesellschaft betrachten. Dann erst erkennt man die Aussagekraft und die Tragweite in der Entwicklung der Erzählerin. Im Gegensatz zu den zwei ersten Texten dieser Reihe (Lakshmi "Mannequins" und Alvarez "A Regular Revolution"), werden in *The House on Mango Street* die kulturellen Einflüsse nicht explizit reflektiert, auch wenn sie als mexikanisch bezeichnet werden. Dadurch ist dieser Text im interkulturellen Kontext etwas schwieriger zu verstehen als die zwei vorherigen. Hier ist der Anteil an kulturspezifischem Wissen, der für das Verstehen des Textes wichtig ist, größer und müßte vom Leser eingebracht werden. Bei den Texten von Lakshmi und Alvarez wird das nötige Wissen im Text größtenteils mitgegeben.

---

[129] Siehe Gonzales-Berry und Rebolledo, zitiert in Olivares 1996: 212.

6.4 Möglichkeiten zur Didaktisierung

Der Roman kann aufgrund seiner Kürze und Überschaubarkeit im fremdsprachlichen Unterricht als Ganzes gelesen werden. Es können auch nur ausgewählte Kapitel als Kurzgeschichten gelesen werden. [130] Die Autorin hat darauf hingewiesen, daß dies durchaus ihrer Intention beim Schreiben entsprach, da sie jedes einzelne Kapitel als selbständigen Text konzipiert hat (vgl. Kelley 1997: 74).

Dieser Text hat seit seiner Veröffentlichung aus verschiedenen Gründen Kontroversen ausgelöst, nicht zuletzt über seine Angemessenheit für die Rezeption in der Schule. Im Vorwort einer Textsammlung wird auf die didaktische Begründung dieser Textwahl hingewiesen:

> A personal voice comes through in the readings that honestly and authentically convey individual perceptions and experiences. One consequence of this orientation is that some of the selections may be considered controversial. [...] Cisneros's short stories, "What Sally Said" and "Linoleum Roses," look at child abuse and wife abuse. "The First Job" touches upon the issue of sexual harassment. We believe these issues to be relevant and important to students and to their survival in the world today. (Jorgensen & Whiteson 1993: v)[131]

Nicht nur die im Zitat genannten Kapitel berühren sexuelle Diskriminierung, Vergewaltigung und Inzest sowie Gewalt gegen Mädchen und Frauen. Andere Themen, wie Xenophobie oder der Tod, werden ebenfalls aufgenommen, und zwar in einer Weise, die diese schwierigen Themen als Bestandteil des Lebens verdeutlichen.

---

[130] Dies wird in einer didaktisierten Antholgie vorgeschlagen. Vgl. Jorgensen & Whiteson 1993.

[131] Jorgensen & Whiteson bezeichnen die in ihre Textsammlung aufgenommen Kapitel aus *The House on Mango Street* als Kurzgeschichten. Neben den genannten Kapiteln sind außerdem "My Name", "Boys and Girls" und "A House of My Own" enthalten. Sie entwickeln *reading comprehension exercises* und Aufgaben für "discussion and writing, which shift focus to more subjective, reader-centered responses." (1993:vi)

Wie zu Anfang des Kapitels gezeigt wurde, bietet der Text viele Anknüpfungspunkte für interpretatorische Aufgaben.[132] Eine andere Methode, die bei diesem Text gut angewendet werden könnte, wäre die von Yamada beschriebene *experiential method* (vgl. Yamada 1996). In ihrer Begründung für ihre *experiential method* bei der Didaktisierung von Joy Kogawas *Obasan* unterscheidet Yamada zwischen "serious students of literature" und Lernenden, die nicht in erster Linie Literatur studieren. In ihrem Literaturunterricht konnte Yamada letztere nur schwer für multi-ethnische Literatur interessieren:

> I was not able to communicate to my [predominantly white] students that these works by ethnic Americans are part of their own American culture. My students persisted in speaking about "those people" as if the experiences they were reading about were in no way related to them. [...] The experiential approach is particularly important in studying works by ethnic writers, for it forces students to experience the work by tapping into their own personal encounters. (Yamada 1996: 293)

Die anfängliche Sichtweise der amerikanischen Studenten ist sicher eine Haltung, die mit der des fremdkulturellen und fremdsprachlichen Lernenden vergleichbar sein kann. Daher wird hier vorgeschlagen, diese Methode auf den fremdsprachlichen Literaturunterricht zu übertragen. Bei dieser Methode wird das Augenmerk auf die Erfahrungen der Leser gelenkt, soweit diese mit jenen im Text vergleichbar sind. Um das Universale im Text neben dem Besonderen, Kulturspezifischen verstehen zu lernen, ist die Methode, wie sie von Yamada beschrieben wird, sehr hilfreich beim Lesen und Verstehen von *The House on Mango Street*.

In Anlehnung an die *experiential method* nach Yamada wäre ein Anknüpfen an die eigenen Erfahrungen der Leser eine gute Möglichkeit, sich von einer einseitigen Betrachtungsweise (mexikanisch-amerikanischen Kontext) des Romans *The House on Mango Street* zu lösen.

Zum Einstieg können Lernende in mehrere Gruppen aufgeteilt werden, und jede Gruppe befaßt sich in Gruppendiskussion mit einem Schwerpunktthema: das Haus / die Wohnung der Familie; Name, persönliche Identität, Gruppenidentität; das Wohnviertel, in dem man lebt gegenüber fremden Stadtteilen; Schule und Bildung; das Verhältnis von Frauen und Männern; mexikanisch-amerikanische Gesellschaft. Bei den ersten fünf Themen sollte darauf geachtet werden, daß die Lernenden diese Bereiche in

---

[132] Vgl. Olivares 1996 mit entsprechenden Aufgabenvorschlägen.

bezug auf ihre persönliche Erfahrungen oder Meinungen bearbeiten. Das letzte Thema ist für die Lerngruppe als Hintergrundinformation gedacht.

Nach der Diskussion und Darstellung der Gruppenergebnisse kann die Lernergruppe entweder das ganze Buch oder nur einige Kapitel behandeln. Ich halte es jedoch für sinnvoll, das ganze Werk zu lesen, zumal es relativ kurz ist, aus sehr kurzen Abschnitten besteht und vielfältige Themen anspricht, die in Unterrichtsgesprächen oder in weiterführenden schriftlichen Aufgaben vertieft werden können.

Das Buch könnte in kleineren Abschnitten gelesen werden. Dabei bleibt Zeit für die Klärung von Verständnisfragen und die Bearbeitung kleinerer Textaufgaben, um über das Gelesene bezüglich der vorangegangenen Gruppenarbeiten zu reflektieren. [133] Eine andere Möglichkeit besteht bei diesem Werk, Übungen zur Vermittlung von Differenz, Übernahme und Koordinierung von verschiedenen Perspektiven durchzuführen, da es relativ viele Figuren gibt, die offensichtlich verschiedene Sichtweisen haben.[134]

Nach der Lektüre sollten die Lernenden sich wieder den Gruppenarbeitsthemen widmen und heraussuchen, welche Haltung der Text zu diesen Bereichen vermittelt. Diese Positionen – die der Lernenden und die des Textes – können dann miteinander verglichen werden und es sollte diskutiert werden, inwiefern sich die Positionen decken oder voneinander abweichen. Die Lernenden können anhand dieses Materials versuchen zu beschreiben, welche universalen Themen der Text anspricht und welche Aspekte kulturspezifisch sind. Durch diese letzte Aufgabe soll das Gelesene resümiert und in Beziehung zu den Aufgaben vor Beginn der Lektüre gesetzt werden. Hier haben Lernende die Möglichkeit zu erleben, wie sich unsere Sichtweise eines Themas durch die Lektüre eines Romans verändern kann. Ferner könnten die Lernenden üben, zwischen ihren eigenen und anderen, kulturspezifischen Erfahrungen zu unterscheiden. Eine wesentliche Strategie im Fremdverstehen besteht darin, die universalen und die kulturspezifischen Aspekte des menschlichen Daseins in einer gegebenen Situation erkennen zu können.

Schließlich bietet der Text von Cisneros und der Text von Alvarez interessante intertextuelle Bezüge, vor allem, wenn beide Texte als Ganzschriften gelesen wurden. Es besteht die Möglichkeit, einige inhaltliche Aspekte zu vergleichen, so z.B. wie Yolanda und Esperanza sich dem Schreiben zuwenden als Befreiung von ihrem Status als Frau in einer patri-

---

[133] Vorschläge zur Einteilung der Abschnitte mit begleitenden Aufgaben sind im Anhang.

[134] Hierzu gibt es ebenfalls im Anhang einige Vorschläge.

archaischen Umgebung, aber auch als Mittel, Sprache zu lernen. Es kann aber auch die Erzähltechnik näher betrachtet werden, da beide Werke aus mehren Kapiteln bestehen, die zunächst wenig miteinander verknüpft sind. Aus diesen einzelnen Fragmenten entsteht langsam ein mosaikartiges Bild der Leben von Immigranten. Lernende können sich mit der Wirkung von *composite novels* im Vergleich zu traditionellen Romanformen näher beschäftigen.

6.5 Fazit

Aufgrund seiner sprachlichen Dichte und der verarbeiteten Thematik des Heranwachsens und des Aushandelns von Identität und Gruppenzugehörigkeit bzw. Abgrenzung ist *The House On Mango Street* ein sehr reichhaltiger Text und regt zum Nachdenken und Diskutieren an.

In diesem Roman wird deutlich, daß nach der Immigration ein spannungsreicher Prozeß von Integration und Absonderung erfolgen kann und daß dieser Prozeß sehr lange, ja über mehrere Generationen dauern kann. Aufgrund ihrer schlechten wirtschaftlichen Situation muß Esperanzas Familie mehrmals umziehen, ohne daß ihre Situation sich dadurch bessert. Trotzdem bleiben die Träume der Eltern, eines Tages genug Geld zu verdienen und den amerikanischen Traum leben zu können, bestehen.

Die Tochter hat jedoch ihren eigenen amerikanischen Traum: die Emanzipation von der Männergesellschaft der mexikanisch-amerikanisch geprägten Umgebung. Sie möchte ihre eigene Identität und Freiheit entfalten.

Das Thema der Integration und Assimilation wird im nächsten Text wieder aufgegriffen, in dem ein Mädchen japanisch-amerikanischer Herkunft sich um Integration in der angloamerikanischen Gesellschaft bemüht. In ihrer Freundschaft zu einer Angloamerikanerin aus Boston lernt das Mädchen, seine eigene (japanische) Herkunft zu schätzen und erkennt, daß Andersartigkeit nicht mit Höherwertigkeit gleichzusetzen ist.

7 Jeanne Wakatsuki Houston: "After the War"

Die bisher behandelten Texte beschäftigen sich im wesentlichen mit Migration und den sich anschließenden Fragen der Identität in einer Umgebung, in der die eingewanderten "Eigenen" (d.h. die eigene ethnische Gruppe) den einheimischen "Fremden" (d.h. der *mainstream* angloamerikanischen Gesellschaft) begegnen.[135] Dagegen geht es in der japanisch-amerikanischen Literatur zunehmend um die Verarbeitung des historisch belasteten Verhältnisses der USA zu den Bürgern japanischer Herkunft.[136] Die Praxis der Internierungslager in den USA und Kanada während des Zweiten Weltkriegs ist ein wenig bekannter Abschnitt der Geschichte, sowohl in Nordamerika als auch in Europa. Hinzu kommt, daß es Japanern, die in die USA selbst ausgewandert sind, sehr schwer fällt, über dieses Thema zu sprechen oder zu schreiben. Erst die späteren Generationen können dieses Schweigen brechen und befassen sich in ihrem literarischen Schaffen mit diesem schwierigen Kapitel der Geschichte.[137]

In diesem Kapitel soll die Kurzgeschichte "After the War" von Jeanne Wakatsuki Houston mit einer kurzen Inhaltsangabe und Hinweisen auf ihre narrative Struktur vorgestellt werden. Nach der Interpretation der Kurzgeschichte folgt eine knappe Einführung in die japanisch-amerikanische Literatur mit einer Plazierung der Autorin darin, um auf diese Weise den eth-

---

[135] Zu der Thematik von Eigenem und Fremden vgl. Bielefeld, Hrsg., 1991; Erdheim 1992; Majetschak 1993; Taylor 1994; Taylor 1996; Bredella 1995a; Söllner 1995; Hu 1997.

[136] Zur Bedeutung des Zweiten Weltkriegs in chinesisch-amerikanischer und japanisch-amerikanischer Literatur siehe Chan, Chin, Inada & Wong 1982.

[137] Schweigen wird von Kritikern wie Streamas (1997: 126) nicht nur mit der japanischen Kultur und der Internierungserfahrung erklärt, sondern auch als Teil des Minderheitendiskurses der Nichtidentität gesehen (nach JanMohammed & Lloyd 1990). Siehe Rayson 1987 für die Überwindung des Schweigens in Autobiographien japanisch-amerikanischer Frauen, darunter Houston. Siehe Clayton 1990 zu "narration as empowerment" auch für Minderheitenautoren. Schweigen als Handlung in japanischer Literatur am Beispiel von Ishiguru, siehe Röhrig 1999, und in japanisch-amerikanischer Literatur am Beispiel von Yamamoto, siehe Freese 1999a.

nisch-kulturellen Hintergrund berücksichtigen zu können. Die Überlegungen zu Aspekten des interkulturellen Verstehens bilden eine wichtige Grundlage für die Möglichkeiten der Didaktisierung im fremdsprachlichen Literaturunterricht.

7.1 Die Kurzgeschichte "After the War"

Die Zeit der Handlung liegt kurz nach dem Zweiten Weltkrieg, als die Familie (japanischer Herkunft) der etwa elfjährigen Protagonistin Reiko aus einem Internierungslager entlassen wird.[138] Die Familie, bestehend aus einer Großmutter, die nur Japanisch spricht, den Eltern, die in einer Dosenfabrik arbeiten, und den Kindern Reiko und ihren Bruder, bekommt in Südkalifornien eine Sozialwohnung zugewiesen.

7.1.1 Zusammenfassung

Zu Beginn der Erzählung wohnt Reiko mit ihrer Familie seit etwa einem Monat in einer Sozialwohnung und hat noch keine Freunde in der neuen Schule gefunden. Eines Tages stößt sie mit einem anderen Mädchen, Sara Bowen, zusammen, als beide vor den sich prügelnden Schuljungen Willie, ein Afro-Amerikaner, und Pete, der polnischer Abstammung ist, weglaufen wollen. Die beiden Mädchen werden Freundinnen, und Sara lädt Reiko zu Ausflügen am Wochenende mit ihrem Vater und Bruder ein.

Bei diesen Ausflügen ist Reiko von der Herzlichkeit Saras Vaters begeistert und stellt sich Saras Mutter als liebevolle Hausfrau vor. Als die Ausflügler eines Abends zurückkommen, bittet Sara ihre Freundin Reiko um Beistand, denn sie fürchtet sich vor ihrer Mutter, die zu den Ausflügen nie mitkommt. Reiko wird in das Geheimnis von Saras Familie eingeweiht: Saras Mutter ist Alkoholikerin. Wenig später zieht die Familie Bowen plötzlich weg, ohne daß sich Sara von ihrer Freundin verabschieden kann.

Bisher hatte Reiko gegenüber ihrer japanischen Herkunft ambivalente Gefühle und schämte sich fast für ihre Familie, aber nun wird ihr klar, daß sie sich illusorische Vorstellungen über diese scheinbar glückliche und perfekte angloamerikanische Familie gemacht hat. Am Ende der Geschichte überwindet Reiko ihre eigene Unsicherheit und gewinnt Selbstvertrauen.

---

[138] Für weitere Informationen zum historischen Hintergrund der japanisch-amerikanischen Bevölkerung (Einwanderungsgeschichte, Internierung, japanisch-amerikanische Gesellschaft heute) siehe Fugita & O'Brian 1991; Cheung 1996; Yamada 1996; Zhang 1996.

7.1.2 Narrative Struktur

Die Handlung der Kurzgeschichte wird durch eine Rahmenhandlung umspannt: Zu Beginn und am Ende der Geschichte prügeln sich zwei rivalisierende Schuljungen.

Dazwischen entsteht und endet eine Freundschaft. Erzähltechnisch betrachtet stellt dieser Teil der Erzählung keine hohen Anforderungen für Zielgruppenleser (in der Sekundarstufe II), da die Ereignisse in chronologischer Reihenfolge erzählt werden, also mit geringen Zeitsprüngen in die gleiche Richtung, nach vorne und ohne Rückblenden. Die Kurzgeschichte läßt sich gut in einzelne Abschnitte unterteilen, in denen es um die Entwicklung der Freundschaft zwischen zwei Mädchen geht: Kennenlernen, jeweils falsche Vorstellungen über die andere, gemeinsame Wochenenden, Hilflosigkeit angesichts einer Alkoholikerin, abruptes Ende der Freundschaft.[139]

7.2 Interpretation der Kurzgeschichte

In dieser Interpretation möchte ich den Aspekt des Bekenntnis zur eigenen ethnischen Identität und die Orientierung in einer multikulturellen Gesellschaft näher betrachten.

Das japanisch-amerikanische Mädchen Reiko befindet sich in einer ungewöhnlichen Situation. Obwohl sie in Amerika geboren ist und nur Englisch spricht, hatte sie bisher noch keinen Kontakt zur angloamerikanischen Gesellschaft, da sie in einem japanisch-amerikanischen Internierungslager aufgewachsen ist.

Reiko verspürt etwas Angst, als ihre Familie nach der Entlassung aus dem Internierungslager in eine südkalifornische Stadt zieht: "During the last few months in the Arizona internment camp, she had dreaded reentering 'American' life." (Houston 1990: 161.) Diese Angst wird noch durch die Gewalt an der Schule verstärkt, so daß Reiko vor einem Kampf zwischen zwei Jungen wegläuft und nicht dableibt, um mit den anderen Kindern zuzusehen. Aber dann lernt Reiko eine angloamerikanische Familie kennen und beginnt, diese mit ihrer eigenen Familie zu vergleichen. Reiko

[139] Das abrupte Ende einer Freundschaft ist ein typisches Mittel in der japanisch-amerikanischen Literatur in der Auseinandersetzung mit Internierung und Rassismus: "Some internment literature for children gently explores racial politics in scenes wrenching Japanese American children away from white friends." (Streamas 1997: 127)

lädt ihre neue Freundin nicht zu sich nach Hause ein, denn sie schämt sich für das scharf riechende japanische Essen und für die enge Wohnung, in der die fünfköpfige Familie lebt. Als sie die Mutter und den Vater von Sara kennenlernt, ist sie von deren freundlicher und lustiger Art begeistert und wünscht sich, daß ihre Eltern auch so wären.

Im Laufe der Erzählung erkennt Reiko die Schwächen der anderen: Die angloamerikanische Familie kämpft mit den Alkoholproblemen der Mutter, und die kämpfenden Jungen auf dem Schulhof haben Angst vor ihren eigenen Eltern. Diese Einsichten in die Probleme anderer relativieren für Reiko die eigenen Probleme, zu denen sie sich am Ende der Erzählung bekennen kann.

Neben dem Verhältnis des Mädchens zur angloamerikanischen Gesellschaft thematisiert die Kurzgeschichte auch ihr Verhältnis zur Herkunftskultur ihrer Familie. Da Reiko selber in Amerika geboren ist, kennt sie die japanische Kultur nur vermittelt durch ihre Familie. Hierbei ist insbesondere die Großmutter eine wichtige Bezugsperson, da Reiko sich an sie wendet, wenn sie Fragen hat. Obwohl Reiko kein Japanisch spricht und nur wenige Wörter versteht, hat sie von ihrer Großmutter viele japanische Ansichten und Erklärungen gelernt, so z.B. über Dämonen, Glücksgötter, und Origamifiguren.[140] Obwohl Reiko sich manchmal wünscht, daß ihre Familie sich amerikanisiert, orientiert sie sich an japanischen Werten, um die Welt zu verstehen. Zum Beispiel findet sie beim Origamifalten Trost in einsamen Stunden und macht daraus Geschenke der Freundschaft für Sara.

In diesem Text sind Lebensmittel bzw. das Essen ein weiterer interessanter kultureller Aspekt. In ihren Studien über asiatisch-amerikanische Literatur verweist Sau-ling Cynthia Wong (1993) auf die Bedeutung des Essens: "[...] some images, such as those as food and eating, recur from work to work, so that they also form a 'vertical' pattern." (S.C. Wong 1993: 20.) Dieses Bild tritt in "After the War" ebenfalls zum Vorschein, und Houston verwendet es, um kulturelle Unterschiede und Identifikation zu markieren. So schämt sich Reiko zu Beginn der Geschichte für die japani-

[140] Vielleicht ist die Großmutter sogar als *picture bride* immigriert. Vgl. Zhang 1996: 133f. Zur Situation von Bilderbräuten, d.h. immigrierte heiratswillige japanische Männer in den USA suchten sich eine Braut anhand eines Photos aus Japan aus. Oft endeten diese Ehen unglücklich. Ein Roman mit diesem Thema ist *Picture Bride* (1987) von Yoshiko Uchida.

sche Küche ihrer Familie, mit den starken Gerüchen und ungewohnten Lebensmitteln (Houston 1990: 158).[141]

Trotz der engen Freundschaft, die sich zwischen den Mädchen entwickelt, lädt keines das andere zu sich nach Hause ein. Obwohl Reiko glaubt, Saras Familie sei "privat" und möchte deshalb keine fremden Mädchen bei sich zu Hause haben, liegen die Gründe der Ausgrenzung von Sara bei Reiko ganz anders:

> Though Reiko began to feel as close to Sara as she did to her own sister, she never invited her into the house. And she was afraid Sara would find the meagre furnishings and food smells strange, even distasteful. [...] And pervading everthing were the salty smells of of *tsukemono* – fermented vegetables – and pungent fish, drying in one of the bedrooms. (Houston 1990: 164.)

Die Familie bleibt bei ihren japanischen Eßgewohnheiten in der Privatsphäre, aber nach außen zeigt sie sich angepaßt. Und obwohl es die Großmutter von Reiko ist, die ihr viel über die japanische Kultur vermittelt, ist sie es auch, die für Reiko und ihre neuen Freunde einen amerikanischen Picknickkorb bereitet – mit amerikanischem und nicht japanischem Essen:

> When Grandma offered to to make lunch, Reiko wanted to decline, worrying she would make rice balls and *tsukemono*. Bachan probably guessed this because she said, "No worry. I make sando-witchie . . . *hakujin* [Caucasian] kind. Okay? No *kussai* [smelly] things." (Houston 1990: 166)

Die Großmutter bereitet ein typisch amerikanisches Picknickessen vor, womit Reiko bei ihren Freunden Anerkennung findet (Houston 1990: 167).

Reiko wird anfangs als ein Mädchen dargestellt, das sich seiner japanischen Herkunft sehr bewußt ist. Auch wenn sie damit sowohl positive als auch negative Gefühle verbindet, versucht sie ihre Herkunft nach außen zu negieren. Am Ende der Erzählung scheint sie jedoch eine Stärke in ihrem kulturellen Erbe zu sehen und sich positiv damit identifizieren zu können.

---

[141] Vgl. auch Waller 1995 zur Bedeutung von Nahrungsmitteln in asiatisch-amerikanischer Literatur.

7.3 Houston im Kontext der japanisch-amerikanischen Literatur

Die ersten japanisch-amerikanischen Texte wurden Ende des 19. Jahrhunderts verfaßt und fast ausschließlich in Einwandererkreisen veröffentlicht und gelesen.[142] Heute, im ausgehenden 20. Jahrhundert, erfreut sich die japanisch-amerikanische Literatur eines wachsenden Interesses (vgl. Farley 1998).

In den USA blieben diese Einwanderer größtenteils unter sich und bewahrten ihre japanische Sprache, Kultur und Traditionen.[143] Das wichtigste Publikationsmedium für die Anfänge der japanisch-amerikanischen Literatur waren die Magazine und Zeitschriften der japanisch-amerikanischen Gemeinden. Die darin veröffentlichten Artikel zeigten zwei gegenüberstehenden Auffassungen zur Zukunft von japanischen Einwanderern in den USA: Während die einen dafür plädierten, Japaner sollten für sich bleiben und ihre Traditionen pflegen, also sich separat von der angloamerikanischen Gesellschaft halten, sprachen sich andere dafür aus, sich möglichst an die amerikanische Gesellschaft anzupassen und zu integrieren, also sich weitgehend zu assimilieren.

> Despite their shared immigrant heritage, Japanese-American writers exhibit differing attitudes toward their immigrant experience: some favor mutual assimilation and acculturation, while others advocate cultural distinction and separateness. (Zhang 1996: 125)

Während sich japanisch-amerikanische Autoren in der Vergangenheit bemühten, ihre spezifische Kultur in Nordamerika aufrechtzuerhalten und dies literarisch ausdrückten oder sich mit Nostalgie an die alte Heimat erinnerten, befassen sich zeitgenössische Autoren mit der (Re)Konstruktion ihrer japanisch-amerikanischen Identität (vgl. A.R. Lee 1993). Bemerkenswert ist hier, daß diese zeitgenössischen Autoren sowohl ihre Individualität innerhalb ihrer japanisch-amerikanischen Gemeinde als auch in-

---

[142] Zum historischen Hintergrund japanischer Einwandererliteratur im 19. Jahrhundert siehe Cheung 1996; Zhang 1996.

[143] Diese "persistence of community" ist heute noch bei japanisch-amerikanischen Gemeinden sehr stark; vgl. Fugita & O'Brian 1991; O'Brian 1991.

nerhalb der gesamten amerikanischen Gesellschaft manifestieren möchten (vgl. Zhang 1996:126).

Ein wichtiges Thema bleibt die immer größer werdende Spannung zwischen Separatismus und Assimilierung der Amerikaner japanischer Herkunft, zumal die Erfahrung der Internierungslager gezeigt hatte, wie schwer sich die angloamerikanische Gesellschaft mit der Akzeptanz japanischer Einwanderer und deren Nachkommen als Amerikaner tut. So versucht Monica Sone in *Nisei Daughter* (1953) eine eher hoffnungsvolle Vision der Assimilierung einer japanisch-amerikanischen Frau zu zeichnen, die jedoch am Rassismus der Amerikaner scheitert: "In spite of the author's painstaking efforts to create a hopeful tone, the book does not really offer a hopeful picture for an assimilationist." (Zhang 1996: 131)

Einen anderen Ansatz verfolgt John Okada in seinem Roman *No-No Boy* (1957). Okada gestaltet die Identität des japanisch-amerikanischen Protagonisten weder japanisch noch amerikanisch, sondern möchte Identität in der besonderen Erfahrung des Migranten sehen: "As a gesture of independence, *No-No Boy* demands and activates a decentered transnationalist experience that is neither Japanese nor American – nisei identity is not simply a mixture of two incompatible elements." (Zhang 1996: 132)

Aber *No-No Boy* setzt sich nicht nur mit dem wichtigen Thema der Identität auseinander, die auf einer neuen Kultur basiert, nämlich der japanisch-amerikanischen Kultur (die nicht aus der Summe der japanischen Kultur und der amerikanischen Kultur besteht), vielmehr sucht Okada wie viele japanisch-amerikanische Autoren nach einer Selbstdefinition, die die Erfahrung der Internierung verarbeiten läßt.[144] Er ist auf der Suche nach einem Ort der Zugehörigkeit und der Verarbeitung von geographischer und gesellschaftlicher Umsiedlung (*displacement*) (vgl. Zhang 1996: 139).

In dieser oben dargestellten Tradition steht auch die Literatur von Jeanne Wakatsuki Houston. In der mit ihrem Schriftstellerehemann gemeinsam verfaßten Autobiographie *Farewell to Manzanar* (1973) befaßt sich Houston mit ihren Erlebnissen in dem Internierungslager von Manzanar. Auch ihre Kurzgeschichte "After the War" ist ein Beispiel für die Beschäftigung mit der Erfahrung der Internierung und der Frage, wie das Leben nach Entlassung aus dem Lager in der angloamerikanischen Gesellschaft gestaltet werden kann. Demnach kann Houston als exemplarische

[144] Texte zur Erfahrung des Internierungslagers sind z.B. Lonny Kaneko "Nobody's Hero" (1994), Joy Kogawa *Obasan* (1981), Hisaye Yamamoto (1988) "The Legend of Miss Sasagawara" aus *Seventeen Syllables and Other Stories*.

Autorin der japanisch-amerikanischen Literatur gesehen werden, auch wenn ihr in der kritischen Würdigung ihrer Literatur nicht die gleiche Aufmerksamkeit zuteil wird wie z.B. den Autoren Joy Kogawa (*Obasan*)[145] oder John Okada (*No-No Boy*).[146]

7.4 Zum interkulturellen Verstehen des Textes

Im Wesentlichen bedarf diese Erzählung keines besonderen Hintergrundwissens über die *japanische* Kultur, da die wenigen Begriffe aus der japanischen Sprache ins Englische übersetzt und im Kontext erklärt werden. Wie jedoch bereits angedeutet, ist die Praxis der Internierungslager in den USA für das Verstehen des Textes wichtig.

Man muß davon ausgehen, daß viele, sowohl amerikanische als auch fremdkulturelle Leser, nicht wissen, daß es während des Zweiten Weltkriegs in den USA und Kanada sogenannte *internment camps* (Internierungslager) gab, in denen japanische Einwanderer bzw. Amerikaner (und Kanadier) japanischer Herkunft inhaftiert wurden. Nach dem Angriff auf Pearl Habor (Hawaii) befürchtete die amerikanische bzw. die kanadische Regierung, daß diese Bürger sich unloyal gegenüber Amerika bzw. Kanada verhalten würden und mögliche Spione seien (vgl. Yamada 1996: 295f). Yamada faßt die Politik (mit starkem Bezug auf Kanada) zusammen:

> In the United States, the government forcibly removed 120,000 Japanese Americans living on the West Coast and placed them into nine concentration camps [sic] during the spring of 1942. Canada preceded the U.S. in declaring the Pacific Coast as a military zone and removed twenty-three thousand Canadians of Japanese ancestry to what they called "interior settlements" in British Columbia. Similar to the action taken by the U.S. Federal Bureau of Investigation, which placed male leaders in Japanese American communities under arrest and interned their families in separate camps, the Canadian government split up families by sending able-bodied men to labor camps and their families to ghost towns and abandoned mining communities. However, the Canadian government's actions were more cruel and drastic. It confiscated and sold the evacuees' properties to defray the cost of

---

[145] Siehe Yamada 1996 mit einer Didaktisierung und weiterführenden Literaturangaben.

[146] Siehe Sato 1992 mit weiterführenden Literaturangaben.

> their removal. [...] three years later, toward the end of the war in 1945 [a "reconstruction policy" was announced:] the Japanese [stripped of their nationality as well as of their property and freedom] must agree to repatriate to Japan or disperse themselves to somewhere "east of the Rockies" to self-supporting jobs. (Yamada 1996: 296)

Für ein angemessenes Verstehen des Textes ist ein historisches Wissen über diesen Abschnitt der amerikanischen (und kanadischen) Geschichte wichtig. Dazu gehört ein Verständnis des historischen Kontextes des Zweiten Weltkriegs und des Kriegs gegen Japan, und Kenntnisse darüber, wie dies die gesellschaftliche Situation japanisch-amerikanischer Bürger (und anderer Bürger asiatischer Herkunft) beeinflußt hat.[147] Die Bedeutung des historischen Kontextes, der nicht wie in den vorangegangenen Texten textinhärent erklärt wird, macht diese Kurzgeschichte im interkulturellen Bereich etwas schwieriger. Anders ist dies bei den vorherigen Texten (von Lakshmi, Alvarez und Cisneros), die entweder den historischen Bezug (siehe Alvarez) nicht als sinnstiftenden Referenzrahmen verwenden oder die kulturellen Bezüge (siehe Lakshmi, Alvarez und Cisneros) textinhärent erklären.

Die Hauptfigur Reiko schwankt zwischen Negierung und Affirmation der japanischen Herkunft ihrer Familie. Doch am Ende der Geschichte sieht Reiko, daß Saras angloamerikanische (weiße) "Idealfamilie" keine ideale Familie ist und daß hinter der Fassade der gewalttätigen Jungen nur verängstigte Kinder stehen: Reiko lernt, daß die anderen nicht besser, stärker, glücklicher sind als sie selber. Die Kurzgeschichte schließt mit dem Ausblick, daß Reiko auf sich selbst und ihre Herkunft vertrauen kann. Das Interesse des Textes besteht in der Frage, warum Menschen, die bereits (nach deutschem Sprachgebrauch) in zweiter Generation[148] in einem Land leben, sich nicht integriert fühlen bzw. Grenzen der Integration erleben müssen. Diese Schwierigkeiten der Integration hängen vor allem von dem Verständnis der Einheimischen ab, wer sich ihrer Ansicht nach integrieren darf

---

[147] Eine spannende Nachzeichnung des gesellschaftlichen Klimas kurze Zeit nach dem Krieg verarbeitet Guterson in seinem Roman *Snow Falling on Cedars* (1994), der unter dem gleichnamigen Titel 1999 verfilmt wurde.

[148] Nach amerikanischem Sprachgebrauch *third generation immigrants*.

oder kann (und dadurch seine kulturelle Identität verändert). Solche Integrationsprobleme von Migranten sind auch in Deutschland anzutreffen.[149]

7.5 Möglichkeiten zur Didaktisierung

Bei der Behandlung des Textes "After the War" von J.W. Houston im Englischunterricht kann ein Lernziel darin liegen, daß fremdkulturelle Lernende einen Einblick in die Entwicklung einer bikulturellen Identität zwischen Negierung und Affirmation der kulturellen Herkunft der Eltern bekommen. Dieses Thema könnte in Kursen mit Schülern der zweiten oder dritten Einwanderergeneration besonders hervorgehoben werden, wenn dies für die Lernenden angemessen ist.[150] Außerdem erfahren Lernende etwas über den historischen Hintergrund der japanisch-amerikanischen Geschichte in bezug auf den Zweiten Weltkrieg.

Beide Themen haben eine hohe Relevanz für in Deutschland lebende Schüler. Erstens gibt es hier viele Kinder und Jugendliche, die sich als Folge der Migration selbst mit ihrer nicht-deutschen Herkunft befassen und dabei eine bikulturelle Identität entwickeln, und zweitens ist der Bereich des Zweiten Weltkriegs nach wie vor ein wichtiger Abschnitt der Geschichte, der nicht nur im deutschsprachigen Unterricht (Geschichte und Gesellschaftskunde) isoliert behandelt werden muß, sondern mit Bezug auf die USA einige neue Horizonte eröffnen könnte.[151] Vor dem Lesen der Kurzgeschichte sollten die Lernende ihr Wissen über die japanisch-amerikanische Bevölkerung zusammentragen und in bezug auf den Zweiten Weltkrieg erweitern.

Bei diesem Text können Aufgaben gestellt werden, die den Schwerpunkt auf die weitere Entwicklung der Hauptfigur Reiko legen.[152] Bei sol-

---

[149] Zur deutschsprachigen Migrantenliteratur vgl. Cavelis & Hemm 1984; Fischer & McGowan 1997; Gross 1995; Khalil 1995; Picardi-Montesardo 1985.

[150] Vgl. Hu 1999, die davor warnt, vorschnell SchülerInnen nicht-deutscher Herkunft als Experten der Herkunftskultur ihrer Eltern zu behandeln. Siehe auch Taylor 1994.

[151] Vgl. hierzu den Ansatz von Volk (2001), der vorschlägt, amerikanische bzw. britische Texte zum Holocaust im Englischkurs zu lesen.

[152] Detaillierte Aufgabenvorschläge sowie Vokabelangaben können im Anhang eingesehen werden. Siehe Caspari, 1994: 223: "Text umschreiben (z.B. Handlung an anderen Ort oder in andere Zeit

chen Aufgaben werden die kognitiv-analytischen sowie intuitiv-emotionalen Prozesse der Lernenden unterstützt. Diese Prozesse fördern nach Caspari (vgl. 1994: 230) neben dem Erwerb und der Anwendung von sprachlichem, literarischem und methodischem Wissen auch das Fremdverstehen.

Diese Kurzgeschichte eignet sich aufgrund ihrer relativ leichten Erschließbarkeit für Aufgaben, die eine größere Transferleistung erfordern. So kann die Geschichte von Lernenden aus der Perspektive Saras geschrieben werden, z.B. in Form von Tagebucheintragungen, bei denen die Leerstellen im Text (Warum kommt Sara manchmal nicht zur Schule? Warum reist ihre Familie plötzlich ab? Wo fährt sie hin?) von den Lernenden ergänzt werden können.

Nach einer solchen Annäherung können die Lernenden darüber diskutieren, inwiefern einige Charaktere falsche Vorstellungen über andere haben (z.B. ist die Familie von Reiko Weißen gegenüber sehr zurückhaltend, Saras Familie glaubt, alle Amerikaner japanischer Abstammung könnten kein Englisch sprechen, usw.), und wer relativ unvoreingenommen an den anderen herantritt. Da sich dieser Text mit der Zeit nach dem Zweiten Weltkrieg befaßt, können abschließend noch Fragen behandelt werden, die die Situation von Amerikanern japanischer Abstammung in den USA in den neunziger Jahren betreffen. Dies kann mit aktuellen Zusatztexten oder anderen Methoden geschehen, wie durch Fernsehberichte oder Internet.[153]

Eine Möglichkeit, einen Bezug zwischen den Texten von Houston und Cisneros herzustellen, wäre, den Lernenden die Aufgabe zu geben, ausgewählte Aspekte aus Houstons Kurzgeschichte im Stil von Cisneros nachzuschreiben. Als Überschriften (und damit Themen) eignen sich z.B. "My Name", "The Picnic", "My Mother", "Fighting Dragons", "Mrs. Bowen", "A House of My Own". Durch die bewußte Auswahl von Themen in Anlehnung an Cisneros Werk können Lernende die Situation von Reiko und ihrer Familie mit der von Esperanza Cordero vergleichen, aber auch Unterschiede herausarbeiten. Eine weitere kann einen Bezug zwischen den vier bisher gelesenen Texten herstellen, indem die Lernende untersuchen, wie die Autorinnen auf die Zweisprachigkeit der Figuren hinweisen. So verwendet Lakshmi kaum indische Begriffe (sari), während Alvarez die

---

versetzen, Geschlecht oder Alter der Personen verändern [...]." Die Unterrichtsprobe ergab, daß erstaunlich viele Schülerinnen und Schüler Sarah die Rolle der Kellnerin zuteilten und Reiho studierte Informatik. An dieser Stelle könnte das Thema Stereotypisierung aufgegriffen werden, gute Zeitungstexte hierzu sind z.B. T. Lee (1990); Walsh 1993.

[153] Vgl. T. Lee 1990; Butterfield 1990; Walsh 1993; Ghymn 1992.

Schwierigkeiten beim Spracherwerb reflektiert, aber sonst wenig spanisch im Text selber einfliessen läßt. Cisneros verwendet gelegentlich spanische Wörter, ohne diese zu übersetzen. Houston, schließlich übersetzt das Japanische in ihrem Text, in dem sie in eckigen Klammern die englische Entsprechung anfügt. Die Lernenden können analysieren, welchen Effekt die Autorinen mit der Einflechtung von Zweisprachigkeit erzielen.

7.6 Fazit

Wie andere Texte in dieser Reihe thematisiert auch diese Kurzgeschichte die Probleme, die mit der Integration verbunden sind. Dazu gehören falsche Vorstellungen über andere und die Einsicht, wie oberflächlich diese manchmal sein können. Doch der Anteil an kulturspezifischen Elementen (historischer Hintergrund der Internierungslager), die zum Verständnis der Kurzgeschichte wesentlich beitragen, ist in diesem Text deutlich höher als in den bisher behandelten Geschichten von Lakshmi, Alvarez und Cisneros. Auch gibt es viele Aspekte, an die fremdkulturelle Lernende Anknüpfungspunkte finden können, besonders in Hinblick auf Neusein in einer Klasse, Freundschaften schließen, Imagepflege gegenüber Schulkameraden, usw. Die beschriebenen Unterrichtsmethoden sollen Lernende einerseits auf den spezifischen Kontext von Amerikanern japanischer Abstammung aufmerksam machen und gleichzeitig eine Beschäftigung mit den allgemeinen Themen des Textes ermöglichen.

In der nun folgenden Kurzgeschichte "Borders" von Thomas King wird das Thema Vorurteile aufgegriffen. Beim Überschreiten der Grenze zwischen Kanada und den USA soll eine *Blackfoot* Indianerin ihre Staatsangehörigkeit deklarieren. Doch für sie als Blackfoot existiert diese Grenze nicht. Schließlich schafft sie es, sich mit ihrem Verständnis von Identität durchzusetzen.

8 Thomas King: "Borders"

Sowohl die hier ausgewählte Kurzgeschichte von Thomas King als auch die im anschließenden Kapitel zu besprechende Geschichte von John A. Williams erfordert eine gedankliche Zäsur, wie in Kapitel 3 "Eine Textreihe mit multi-ethnischer Literatur" erörtert worden ist. In der *Native American Indian* und afro-amerikanischen Literatur kommt es häufiger vor, daß eine deutlich andere Haltung in der Auseinandersetzung einer Minderheit mit der angloamerikanischen Gesellschaft eingenommen wird als in der Literatur, die sich mit Themenbereichen der Einwanderer beschäftigt.

Die ersten Texte diese Textreihe wurden von Einwanderern oder deren im Herkunftsland geborenen Kindern verfaßt (Lakshmi und Alvarez) und die nächsten zwei Texte stammen aus der Feder von Autorinnen der zweiten bzw. dritten Einwanderergeneration (Cisneros und Houston). Während die Vorfahren der letzten beiden Autoren, King und Williams, nicht Immigranten sind, sind sie dennoch Beispiele für ethnisch bewußte, nicht-angloamerikanische Autoren, die sich in ihrer Literatur mit der Situation von ethnischen Minderheiten befassen.[154]

In diesem Kapitel wird die Kurzgeschichte "Borders" von Thomas King mit einer kurzen Inhaltsangabe und Hinweisen auf ihre narrative Besonderheiten vorgestellt. Daran schließt sich eine Interpretation der Kurzgeschichte an. Da die Literatur der sogenannten *Native Americans* eine sehr große Breite umfaßt, soll hier die Darstellung auf den Kontext der *Native American*[155] Literatur in bezug auf die Position, die der Autor Thomas King darin einnimmt, beschränkt bleiben. Bevor Möglichkeiten zur Didaktisierung betrachtet werden, gibt es einige Überlegungen zu den besonderen Herausforderungen im interkulturellen Verstehen dieses Textes.

---

[154] Vgl. Au 1993: 176 zum Begriff "multiethnic literature": "Culturally conscious literature accurately reflects a group's culture, language, history, and values."

[155] Vgl. Vizenor 1995a: 1f. zu den Konnotationen der Begriffe "Native American" und "Indian" , sowie Ong 1982, King 1987 und Hochbruck 1996. Tapping 1992 bezeichnet (im Kontext indisch-amerikanischer und indisch-kanadischer) Literatur das Bemühen um eine deutliche begriffliche Unterscheidung als "pedantry " in der Terminologie. Siehe Vizenor 1996 zur Appropriation indianischer Namen durch Angloamerikaner, die durch eine scheinbar notwendige Glaubwürdigkeit erreichen wollten.

8.1 Die Kurzgeschichte "Borders"

In der vorliegenden Kurzgeschichte macht King deutlich, daß Menschen von der anglo-kanadischen (bzw. anglo-amerikanischen) Gesellschaft ausgegrenzt werden, wenn eine Assimilierung nicht möglich ist, besonders aufgrund von rassistischen Wahrnehmungsweisen[156] oder aufgrund eines unterschiedlichen sozio-politischen Verständnisses von Staatsbürgerschaft bzw. Nation, wie dies in "Borders" zutrifft. King thematisiert in dieser Kurzgeschichte, wie ethnozentrische Denkweisen sich auswirken, indem er das anglo-kanadische Verständnis von Staatsangehörigkeit und das indianische Konzept von *nation* (im Sinne von Volk) aufeinander prallen läßt und die Wahrnehmung des anderen mit Humor und Selbstironie beschreibt.[157]

8.1.1 Zusammenfassung

In der humorvollen Kurzgeschichte "Borders" erinnert sich rückblickend der Erzähler an eine Reise, die er als etwa elfjähriger Junge mit seiner Mutter von Standoff [158] (Kanada) nach Salt Lake City (USA) unternommen hat, um seine dort lebende Schwester Laetitia zu besuchen. Als sie die Grenze von Kanada nach USA passieren wollen, halten Grenzbeamte sie auf, da die Mutter bei der Frage nach der Staatsangehörigkeit sich wiederholt als "Blackfoot" (Indianerin) ausgibt, und sich weigert, sich als Kanadierin oder Amerikanerin auszuweisen. Diese Haltung stößt auf Unverständnis bei den Grenzbeamten, die sie im "Niemandsland" zwischen den kanadischen und amerikanischen Kontrollposten hin- und herschicken. Es scheint, als ob Mutter und Sohn in einem Teufelskreis gefangen sind und dort nicht mehr heraus kommen werden.

Schließlich wird das Fernsehen informiert und durch den Medienrummel werden die amerikanischen Grenzbeamten unter Druck gesetzt, Mutter und Sohn als Blackfoot passieren zu lassen, und sie fahren unbehelligt nach Salt Lake City weiter. Nach einem zweiwöchigen Besuch treten die

---

[156] Wie in der Kurzgeschichte von Williams im letzten Kapitel dieser Reihe dargestellt wird.

[157] Für literaturdidaktische Vorschläge zu einer Reihe mit 6 kanadischen Texten, die sich übergreifend mit wichtigen Themen in der kanadischen Literatur befassen, siehe Erdmenger 1995.

[158] *standoff* als Situation, in der keine Seite in einem Streit oder in einem Kampf einen Vorteil erringen kann. Vgl. *Longmann Dictionary of Contemporary English* 1995: 1399.

beiden die Rückreise an und passieren die Grenze dieses Mal ohne Probleme. Sie halten bei Mel in dem kanadischen Grenzstädtchen kurz an, um ein Mitbringsel aus Salt Lake City abzugeben. Mel zeigt sich von dieser Geste gerührt und er sagt der Mutter, sie sei eine Inspiration für sie alle.

8.1.2 Narrative Struktur

Nach Marta Dvorak setzt King eine Technik der alternierenden Fragmente auf verschiedenen Ebenen des Erzählens ein – sowohl auf der Makroebene (Erzählfolge) als auch auf der Mikroebene (Dialoggestaltung). In bezug auf *Green Grass, Running Water* schreibt Dvorak über diese Struktur, die dennoch für "Borders" in ähnlicher Weise gilt:

> The first chapter lays the groundwork for the macro strucutral counterpoint underlying the whole novel, that involves alternating fragments of different layers of story-telling. The author subsequently inserts into this larger contrapuntal framework a series of micro contrapuntal sequences in an embedding technique that suspends time and causes disjunctive fragments to converge. In these fragments, T. King blends North American Indian mythology with Western society's Judeo-Christian Biblical heritage." (Dvorak 1996: 87)

In der Erzählung "Borders" bestehen auf der Makroebene die Fragmente aus den Abschnitten über die Reise und aus Erinnerungen an die Schwester Laetitia. Die Fragmente der Mikroebene setzen sich aus den kontrapunktiven Dialogen zusammen.

8.1.2.1 Fragmentierung der Erzählfolge

Die Schilderung der Hin- und Herfahrten zwischen den Kontrollpunkten wird unterbrochen durch Erinnerungen an frühere Zeiten, als die Schwester des Erzählers noch zu Hause lebte und davon träumte, den kleinen Ort zu verlassen und nach Salt Lake City zu ziehen. Dvorak beschreibt diese Technik als Fragmentierung und Gegenüberstellung von Erzählabschnitten:

> T. King's writing is grounded in a dialectic that fragments then juxtaposes bits of narrative that project the reader back and forth in time and space and from one set of characters to another. (Dvorak 1997: 67)

Während speziell in "Borders" die Blackfoot Familie örtlich zwischen den Grenzstationen pendelt, gibt es eine parallele zeitliche Pendelbewegung zwischen Vergangenheit und Gegenwart. Durch diese Technik kann King das Empfinden der *Native American Indians* für die Verbindung der Vergangenheit mit dem heutigen Handeln ausdrücken.

In der Erzählung werden mehrere Zeitebenen verarbeitet. Auf der einen Ebene steht die eigentliche Reise. Dazwischen gelagert treten verschiedene Rückblenden in die Zeit vor der Reise. Diese Rückblenden werden nicht durch zeitliche Markierungen eingeleitet,[159] aber sie sind durch inhaltliche Hinweise charakterisiert. Bei den Rückblenden geht es immer um die Schwester des Erzählers, Laetitia, die gleichzeitig das Ziel der Reise ist. Der Bruder erinnert sich während der Reise an verschiedene Episoden, die das Bild des Jungen von seiner Schwester geprägt haben. Es werden Situationen geschildert, die zeigen, wie allmählich die Entscheidung, nach Salt Lake City zu gehen, in Laetitia gereift ist, und zwar bei Diskussionen mit ihrer Mutter, dem Bruder, ihrem Freund und einer Freundin. Bei diesen Diskussionen geht es immer wieder um die Frage, ob Standoff, wo die Familie lebt, tatsächlich so langweilig und häßlich ist und ob Salt Lake City wirklich so viel aufregender und schöner ist (vgl. King 1992: 269, 271).

8.1.2.2 Fragmentierung der Dialoge

Kontrapunktive Dialoge sind Dialoge, in denen die Teilnehmer aneinander vorbeireden, weil sie sich auf verschiedenen Gesprächsebenen befinden. Im folgenden Beispiel philosophiert der Anglokanadier Mel, der Besitzer des zollfreien Ladens, über die Lage der *Blackfoot* Familie, während der Junge zwar auch über die Lage redet, in der er und seine Mutter sich befinden, aber auf einer anderen Ebene, nämlich in bezug auf seinen Hunger:

> "You're kidding," said Mel. "You'd think they could handle the simple things."
> "We got some apples and a banana," I said, "but we're all out of ham sandwiches."
> "You know, you read about these things, but you just don't believe it. You just don't believe it."
> "Hamburgers would be even better because they got more stuff for energy."
>
> (King 1992: 272)

[159] Diese fehlenden Markierungen können besonders bei fremdsprachlichen Lesern zu Verwirrung führen. Siehe das Kapitel zu Möglichkeiten der Didaktisierung.

In der kritischen Rezeption Kings Literatur wird diese Art von Dialogstruktur als Hinweis auf eine fragmentierte Gesellschaft interpretiert. Dabei besteht diese Fragmentierung nicht nur zwischen den Anglokanadiern und *Blackfoot* Indianern, sondern auch zwischen den Generationen der *Blackfoot* Gesellschaft. In einem anderen Dialog fällt es dem Jungen schwer, sich auf ein Gespräch mit seiner Mutter einzulassen, die ihm eine traditionelle Geschichte über die Sterne erzählen will, weil er zu sehr mit sich selbst beschäftigt ist (vgl. King 1992: 272).

8.2 Interpretation der Kurzgeschichte

Bei der Interpretation werden insbesondere folgende Aspekte berücksichtigt: das Motiv der Grenzen, die Symbolik der Revolver, Reise als Initiation und die Coyote-Figur Mel.

8.2.1 Das Motiv von Grenzen

In der Kurzgeschichte wird die Konstituierung von Identität anhand von Grenzen in Frage gestellt. Während die aus Europa eingewanderten Menschen die kanadische und amerikanische Grenze definiert haben und ihre eigene Identität daran festmachen können, ist diese Grenze für *Native Americans* ein Ausdruck der Dominanz der angloamerikanischen und anglokanadischen Gesellschaften.

In einem Gespräch äußert sich King darüber, daß die amerikanisch-kanadische Grenze *nationalism*[160] fördere, weil dadurch Differenzen geschaffen werden, wo es eigentlich keine gibt. King glaubt, wo es Gefühle des *nationalism* gibt, entstünden sehr rasch Minder- und Höherwertigkeitsgefühle (vgl. Rooke 1990). Dieses Thema wird in "Borders" verarbeitet, indem gezeigt wird, daß die amerikanischen und kanadischen Grenzbeamten sich anderen gegenüber überlegen fühlen, insbesondere weil sie glauben, der *Blackfoot* Indianerin ihr Verständnis von Staatsgrenzen aufzwingen zu können. Doch dies betrifft nicht nur die Beziehung zwischen Kanadiern und kanadischen Indianern, sondern auch die zwischen Kanadiern und Amerikanern. In der Kurzgeschichte gibt es Begegnungen mit verschiedenen Grenzen: den geographischen Grenzen zwischen Kanada und USA und

---

[160] *nationalism*: hier im angelsächsischen Sinne zu verstehen, d.h. wie im nordamerikanischen Sprachgebrauch ohne besondere negative Konnotation, im Gegensatz zum deutschen Begriff 'Nationalismus'. Vgl. Webster 1986, Bd. 2: 1505 und Wahrig, Hrsg., 1991.

dem geographischen grenzüberschreitendem Gebiet der *Blackfeet* und der symbolischen Macht der Grenze.

8.2.2 Die Symbolik der Revolver

Ein weiteres Motiv, das in dieser Erzählung in Zusammenhang mit den Grenzbeamten wiederholt erwähnt wird, ist der Revolver als Symbol von Macht. Die Revolver verleihen den Grenzbeamten ein Gefühl der Stärke und Macht, doch auf den Erzähler wirkt die Zurschaustellung ihrer Machtposition als übertrieben. Bei der Beschreibung der amerikanischen Grenzbeamten fallen dem Erzähler immer wieder die Feuerwaffen auf, die sie tragen: "The border guard was an old guy. As he walked to the car, he swayed from side to side, his feet set wide apart, the holster on his hip pitching up and down." Dieser kommt wenig später mit einem Kollegen zurück, wobei sie den Erzähler an Cowboys im Film erinnern und nicht wie Grenzbeamte wirken: "They were talking as they came, both men swaying back and forth like two cowboys headed for a bar or a gunfight." Die Familie wird ins Büro der Grenzpolizei gebeten, und dort treffen sie auf eine dritte Grenzbeamtin: "She had a gun, too." (Alle Zitate King 1992: 271) Aber letztlich stehen die Beamten trotz ihrer Revolver dem Druck des Fernsehens hilflos gegenüber, und als sie kapitulieren müssen, läßt ein Grenzbeamte wiederum die Hand über seinen (nutzlosen) Revolver streichen (King 1992: 272).

Die Revolver stehen hier für die Staatsmacht, die die Interessen der (anglo-) amerikanischen und (anglo-) kanadischen Regierungen vertreten soll. Ironischerweise kapitulieren die Träger dieser Macht vor der Stärke des Fernsehens. Die Grenzbeamten weichen als Vertreter der Staatsmacht dem Druck des Fernsehens, das die Interessen der indianischen Minderheiten vertritt.

8.2.3 Reise als Initiation

Der nächste Aspekt dieser Analyse betrifft die Reise als Initiation in die Welt der Erwachsenen als klassisches Motiv in der christlich-europäischen Literatur.[161] Der Erzähler erlebte diese Reise zunächst als Mitreisender, ohne die Möglichkeit, Einfluß auf den Reiseverlauf zu nehmen. Dennoch ist die Reise für ihn aus drei Gründen ein wichtiges Ereignis in seinem Le-

---

[161] Zur spezifisch indianischen Verarbeitung dieses Themas in der Wechselwirkung von 'plot' und 'nature', genannt 'homing in', siehe Bevis 1987.

ben. Erstens verarbeitet er den Auszug seiner Schwester, für den er sich bisher verantwortlich gefühlt hat (siehe King 1992: 272). Zweitens kommt er durch die Erinnerung an seine Schwester und durch die Beobachtung seiner Mutter während der Reise zu der Erkenntnis, daß seine Mutter und seine Schwester einen besonderen Stolz haben. Dies wird für den Jungen zum Merkmal des Erwachsenseins, und er äußert die Hoffnung, selbst einmal auch diesen Stolz zu haben (siehe King 1992: 271). Ein dritter Ausdruck des Reifeprozesses ist seine sich verändernde Einstellung zum Geschichtenerzählen seiner Mutter. Während der Nacht, die sie im Niemandsland zwischen den beiden Grenzkontrollen im Auto verbringen, setzt sich seine Mutter unter die Sterne und beginnt, die alten Geschichten über die Sterne zu erzählen. Zunächst ist der Junge mit seinen eigenen Gedanken beschäftigt. Doch allmählich hört er seiner Mutter zu. Er empfindet ihr Erzählen als eine Übergabe ihres Wissens um die traditionellen Geschichten ihres Volkes, denn sie erzählt besonders langsam und wiederholt wichtige Stellen, als ob sie von ihrem Sohn erwarte, daß er sich die Geschichten genau merke (King 1992: 272).

8.2.4 Die Coyote-Figur Mel

Während der zweiten Nacht zwischen den Grenzposten setzt sich die Mutter unter den Sternenhimmel und erzählt ihm viele alte Geschichten, die sie von ihrer Großmutter gelernt hat. Sie beginnt mit dem Satz "'Coyote went fishing one day.'" (King 1992: 272), und Leser mit Kenntnissen über indianische Erzähltradition werden in diesen Worten bereits viele Assoziationen haben. Dabei ist es wichtig, die Rolle des Coyoten als *Trickster*[162] zu kennen, der ständig versucht, die Welt in Ordnung zu bringen, und dabei häufig einen anderen Schaden anrichtet.[163] Der Coyote wird in einem kontrapunktiven Dialog (vgl. Dvorak 1996: 87) zwischen Mutter und Sohn erwähnt: Der Junge erzählt von seiner Hoffnung, daß Mel ihnen etwas zu

---

[162] Zur Trickster-Figur vgl. Smith 1997; Ammons & White-Parks, Hrsg., 1994.

[163] Zur Coyote Figur bei King vgl. Matchie & Larson 1996; zur Coyote Figur in indianischer Literatur vgl. z.B. Ammons & White-Parks, Hrsg., 1994; Wiget, Hrsg., 1994; Lincoln 1982. Trickster-Figuren erscheinen in der (multi-ethnischen) amerikanischen Literatur in vielfaltigen Formen und Funktionen. Hier kann nur auf die Coyote-Trickster Figur verwiesen werden. Weitere Arbeiten zu verschiedenen Trickster-Figuren in Ammons & White-Parks, Hrsg., 1994.

Essen mitbringt (und damit wäre die Welt für den Jungen wieder in Ordnung), während die Mutter eine indianische Geschichte mit Coyote einleitet, in der es um die Entstehung eines Gestirns als Teil der Weltordnung gehen wird.

Es liegt nahe, in Mel eine Coyote-Figur zu sehen, die in "Borders" versucht, die Welt zu reparieren, indem er das Fernsehen informiert, ähnlich wie die Figur Harlen in Kings Roman *Medicine River*. Dieses Eingreifen Mels hat in typischer Coyote-Weise zwei Folgen: Während die Welt der *Blackfoot* Familie wieder geordnet ist und sie als *Blackfoot* tatsächlich die Grenze passieren können, gerät die Welt der Grenzbeamten aus den Fugen, da ihr Weltbild und ihre Autorität in Frage gestellt werden. Doch ohne dieses kulturspezifische Wissen kann der Leser diese Verbindung zwischen Mel und Coyote nicht herstellen und auch nicht die Rolle Mels in der Geschichte verstehen.

8.3 Thomas King im Kontext der *Native American Indian* Literatur

Literatur, die zur Einführung in *Native American* Literatur dienen soll, beginnt oft mit der Feststellung, daß der Begriff *Native American literature* als umfassender Terminus ein sehr unbefriedigender Begriff ist.[164] Diese scheinbare Unzulänglichkeit des Begriffs wird mit dem Hinweis auf die große Vielfalt indianischer Sprachen, Kulturen und damit Literaturen begründet, aber auch mit der grundsätzlichen Frage, was indianische Literatur ausmache. Ist sie ausschließlich von Indianern verfaßte Literatur, und zwar nur über indianische Themen? Oder kann indianische Literatur auch von Nicht-Indianern verfaßt werden, in der Wiedergabe oder Nacherzählung indianischer Geschichten und Mythen?[165] Kann Literatur von Indianern über nicht-indianische Themen noch zur indianischen Literatur gezählt werden? Nach Katherine Newman ist letztlich wichtig, inwieweit die betroffene *ethnic community* den Text als repräsentativ erachtet (vgl. Newman 1990: 104). Kathryn Au weist in diesem Zusammenhang auf den wichtigen Aspekt hin, daß diese Literatur kulturell bewußte Literatur sein sollte, d.h.

---

[164] Vgl. Ong 1982; Standiford 1982; Lincoln 1982; King 1992; Hochbruck 1996; Georgi-Findlay 1997.

[165] Kritische Anmerkungen über die Praxis von Angloamerikanern, die sich als "adoptierte Indianer" ausgeben und sich eine indianische Identität aneignen, um als indiansiche Autoren zu gelten, in Vizenor 1995b.

die Kultur, Sprache, Geschichte und Werte einer Gruppe korrekt und genau (*accurately*) widerspiegelt (vgl. Au 1993: 176). Schließlich resümiert Wolfgang Hochbruck:

> [...] which texts belong with the body of Native American literature and which do not, [is] based on an admitted bloodline scheme and an unadmitted thematic approach. (Hochbruck 1996: 20)

Auch ist die Frage nach dem Begriff "Literatur" nicht einheitlich in wissenschaftlichen Arbeiten geklärt. Wie in anderen Bereichen der Literaturwissenschaft gibt es einen engeren (d.h. nur schriftliche fiktionale oder imaginative, in englischer Sprache verfaßte, Texte umfassenden) Begriff,[166] und es gibt einen weiteren (d.h. sowohl schriftlich als auch mündlich überlieferte Texte, sowohl in indianischen Sprachen als auch in Englisch verfaßte Texte).[167] Diese und viele weitere Fragen zur Definition der sogenannten indianischen Literatur stehen offen, dennoch kommentiert King ihre Entwicklung und Verbreitung sowohl im publizistischen als auch im wissenschaftlichen Diskurs optimistisch:

> For Native audiences, the twentieth-century phenomenon of Native story-telling from different tribes sharing the stories in a common language – through the contemporary and non-traditional forms of written poetry, prose, and drama – has helped to reinforce many of the beliefs that tribes have held individually, beliefs that tribes are now discovering they share mutually. While this has not, as yet, created what might be called a pan-Native literature, the advent of written Native literature has provided Native writers with common structures, themes, and characters which can effectively express traditional and contemporary concerns about the world and the condition of living things. (King 1992: ix f.)

Arbeiten, die von schriftlichen Texten als Kern der *Native American* Literatur ausgehen, benennen meist die von John Neihardt 1930 veröffentlichte Übermittlung *Black Elk Speaks* als erstes wichtiges Werk und setzen eine

[166] Vgl. Lincoln 1982: 81, der implizit von dieser Definition ausgeht.

[167] Vgl. Wiget Hrsg. 1994. Das von ihm herausgegebene "Dictionary" beginnt mit einer ausführlichen Darstellung von "Oral Literatures".

Zäsur bei N. Scott Momaday's *Way to Rainy Mountain* (1969), um damit die Moderne dieser Literatur zu markieren.

Margret Atwood weist auf ein interessantes Charakteristikum in der Literatur über *Native Americans* fest, nämlich daß *Native American Indians* aus Sicht der Weißen ohne Humor dargestellt wurden:

> [...] on the whole Natives were treated by almost everyone with the utmost gravity, as if they were either too awe-inspiring as blood-curdling savages or too sacrosanct in their status of holy victim to allow of any comic reactions either to them or by them. The Native as presented in non-Native writing was singularly lacking in a sense of humour [...] (Atwood 1990: 244)

Atwood sieht diese Tradition in der literarischen Repräsentierung von *Native Americans* im Wandel, vor allem deshalb, weil sich *Native American* Autoren verstärkt zu Worte melden (vgl. Atwood 1990: 244). Einige *Native American* Autoren wenden Humor als narrative Technik, z.B. Gerald Vizenor, Tomson Highway oder Thomas King (vgl. Hochbruck 1996: 23). Nach Atwood verwendet King Humor als "Waffe":

> They [the short stories] ambush the reader. They get the knife in, not by whacking you over the head with their own moral righteousness, but by being funny. Humour can be aggressive and oppressive, as in keep-'em-in-their-place sexist and racist jokes. But it can also be a subversive weapon, as it has often been for people who find themselves in a fairly tight spot without other, more physical, weapons. (Atwood 1990: 244)[168]

Dieser Humor ist für den Leser – ob *non-Native* oder *Native American* – nur dann erschließbar, wenn er die Anspielungen erkennen und interpretieren kann.[169] King integriert in seinen Stücken u.a. Geschichten des christlichen Glaubens (z.B. die Schöpfungsgeschichte) in abgewandelter Form aus Sicht der Indianer, oder er webt Figuren der indianischen Mythologie in seine Texte ein (z.B. der Coyote als *Trickster*). Häufig verhalten sich *Na-*

[168] Atwood nimmt Bezug auf die von ihr in diesem Artikel besprochenen Kurzgeschichten, die später in King (1993) veröffentlicht wurden.

[169] Für ein weiteres Beispiel einer Kurzgeschichte, deren Humor und Ironie sich durch kulturelles Wissen über die *Native American* und angloamerikanische Kultur erschließen läßt, siehe Althof 1995 zu Drew Hayden Taylors "Strawberries".

tive American Charaktere im Widerspruch zu weißen Erwartungen: "These stories are about Indians who are expected to 'play Indian,' to enact some white man's version of themselves, to serve a symbolic agenda other than their own." (Atwood 1990: 250) Brigitte Georgi-Findlay betont die kulturelle Mehrsprachigkeit, die zum Verständnis von Kings Texten (nicht nur des Romans *Green Grass, Running Water*) nötig ist:

> *Green Grass, Running Water* ist ein literatur- und kulturwissenschaftlicher Schlüsselroman, dessen Humor sich insbesondere den Lesern erschließt, die die Anspielungen sowohl auf die euroamerikanische Literatur als auch auf eine indianische Tradition erkennen. Mit Owens' und Kings Romanen hat die indianische Literatur eine Ebene erreicht, die ihre Leser in einer Weise intellektuell fordert und belohnt, daß kulturelle Mehrsprachigkeit zu einer selbstverständlichen Voraussetzung des Lektüreprozesses wird. (Georgi-Findlay 1997: 397)

Dies trifft sowohl auf die Themen in einer Geschichte als auf die eingesetzte Erzählstruktur zu. Diese kulturelle Mehrsprachigkeit setzt King dazu ein, sich der komplexen Situation von *Native Americans* zu nähern. Er selber beschreibt sein literarisches Werk mit den Worten: "Tragedy is my topic. Comedy is my strategy."[170] Mit Hilfe der humorvollen Elemente beschäftigt sich King mit den tieferliegenden Themen des *Native American* in einer europäisch-christlich dominierten Gesellschaft:

> Prejudice, violence and militancy, assimilation, acculturation, appropriation, and ghettoization: all these are issues that native writer Thomas King tackles in the imaginative and playful works that are nonetheless grounded in contemporary reality, and that center round the world of status and of non-status Indians on and off the reserve, interacting with white society yet relegated in a thousand ways to the periphery. (Dvorak 1997: 67)

Der Autor Thomas King, geboren 1943 in Kalifornien, ist gemischter Abstammung (Cherokee, Griechisch und Deutsch, vgl. Vizenor 1995c: 175). Vor einigen Jahren ist er nach Kanada gezogen, erhielt eine Professur in *American Studies* an der University of Minnesota und arbeitet nun in *Native Studies* an der Universität Lethbridge (Kanada). Neben seinen litera-

---

[170] Zitiert von Malcolm Jones, Jr., Newsweek, o.A. in Bruchac & Witalec 1995: 279.

turwissenschaftlichen Tätigkeiten, u.a. die Herausgabe von einem Band mit kritischen Aufsätzen und einer Anthologie mit *Native* Literatur, schreibt er Kurzgeschichten und Romane, sowohl zu *Native* als auch *non-Native* Themen. Als Autor befaßt er sich in seinem literarischen Werk mit dem Leben von *Native Americans* vor allem auf dem Reservat und hat für seine realistischen Darstellungen in literarischen Kreisen viel Anerkennung geerntet (vgl. Vizenor 1995c: 175).

Mit seinen literarischen Texten läßt King sich nicht von etablierten Erwartungen der weißen Leserschaft über indianische Texte leiten, sondern stellt diese sozialen Konventionen, die zu einer gesellschaftlichen Zersplitterung führen, mit feinem Humor in Frage. Dvorak sieht z.B. in der Fragmentierung der Erzählstruktur Kings die Auseinandersetzung mit einer fragmentierten Gesellschaft:

> Although T. King's work is politicized and explores a fractured and disfunctioning society, his literary production grounded in the oral idom and cultural contradictions of a people struggling to reconcile the heritage of the past with the prospects of the future, is ultimately conjunctive and synergetic. [...] he ultimately creates a network of convergence that challenges social conventions and preconceived notions responsible for social fracture. He does so with a dialectic, contrapuntal yet syncretic technique grounded in the strategies of defamiliarization and recontextualization, and relying on fragmentation, fusion, and semiotic reversal for purposes of subversion. (Dvorak 1996: 86)

Wenn er über *Native* Themen schreibt, empfindet er eine besondere Verantwortung gegenüber der indianischen Bevölkerung, auch wenn es eine eher allgemeine Vorstellung von der gesamten *Native community* ist, die nicht beschränkt ist auf die Cherokee (von denen er abstammt) oder die *Blackfoot* (über die er hauptsächlich schreibt):

> When I do my Native material, I'm writing particularly for a Native community. That doesn't mean that I've got a specific community in mind. It's just that as a Native writer I think you take on responsibilities and obligations. And those are different from the obligations and responsibilities that I might take on when I'm doing non-Native stuff. (Rooke 1990: 72)

So ist es für ihn wichtig, nichts Beleidigendes oder Herabsetzendes über Indianer zu schreiben oder sie in seinen Darstellungen auf ihre sozialen

Probleme zu reduzieren.[171] In "Borders" geht er z.B. auf die Einstellung der Indianer zur kanadisch-amerikanischen Grenze ein: sie existiert für sie nicht.

> From the vantage point of Native experience, such things as national boundaries are artificial at best, and, within the collective mind of contemporary tribes such as the Iroquois confederacy in the east and the Blackfoot confederacy in the west, the forty-ninth parallel is a figment of someone else's imagination. (King 1987:10)

In einem Interview spricht er dieses Thema an, als die Gesprächsleiterin ihn fragt, inwiefern seine Staatsangehörigkeit[172] ihn in seiner Arbeit als indianischer Autor beeinflußt:

> Well, I guess I'm supposed to say that I believe in the line that exists between the US and Canada, but for me it's an imaginary line. It's a line from somebody else's imagination; it's not my imagination. It divides people like the Mohawk into Canadian Mohawks and US Mohawks. They're the same people. It divides the Blackfoot who live in Browning from the Blackfoot who live at Standoff, for example. [...] that kind of border and that kind of nationalism create centres that I don't think do Indian people any good. (Rooke 1990: 72)

Genau diese Thematik steht im Zentrum der Kurzgeschichte "Borders", in der die Hauptfigur die künstliche Trennung eines Volkes nicht akzeptiert. Gleichzeitig ist dies ein Thema, das durch die Situation der deutschen Wiedervereinigung nach 40 Jahren Trennung eines Volkes besondere Aktualität erhält und einen interessanten kulturellen Bezug herstellen läßt.

---

[171] Offenbar machte der Kritiker Robin Mathews auf einer Tagung King den Vorwurf, er würde das armselige und traurige Schicksal der Indianer in seiner Literatur außer Acht lassen. Hochbruck verteidigt King mit dem Hinweis, er negiere oder verniedliche nicht die bestehenden Probleme, schreibe aber über die unglaubliche Schönheit und den unglaublichen Schmerz der Indianer; siehe Hochbruck 1996: 24. King erklärt seine Position in einem Interview, daß er bestehende Stereotypen und Klischees nicht bestärken will; vgl. Rooke 1992: 72.

[172] King wurde in Kalifornien geboren und hat heute die kanadische Staatsbürgerschaft. Vgl. Rooke 1990: 73; Vizenor 1995c: 175.

8.4 Zum interkulturellen Verstehen des Textes

Thomas King ist einer der wenigen *Native American* Autoren, die Humor in ihren Texten einsetzen. Da Humor etwas kulturspezifisches ist und daher für fremdkulturelle Leser immer eine besondere Herausforderung darstellt, wurde u.a. deshalb diese Erzählung in der Progression meiner Textauswahl als vorletzter Text an das Ende der schwierigen Texte positioniert.

Dabei liegt der Unterschied zu den bisher behandelten Texten darin, daß ähnlich wie in Cisneros *The House on Mango Street* der Text zwar auf einer oberflächlichen Lesart durchaus zugänglich erscheint, aber kulturspezifisches Wissen zu den *Native American* und europäischen Erzähltraditionen den interkulturellen Dialog *im Text* erst wahrnehmen läßt. Wie im nächsten Kapitel zu zeigen sein wird, ist die Kurzgeschichte von King jedoch nicht so problematisch wie die von Williams, der uns im Zweifel darüber läßt, wie wir uns dem Protagonisten gegenüber verhalten sollen.

Vor ein solches Dilemma werden wir als Leser von Kings Kurzgeschichte nicht gestellt. Statt dessen präsentiert King eine Erzählung, die beim ersten Lesen lustig und ein wenig verwirrend erscheinen kann. King gibt keine direkten Hinweise darauf, daß der Text interkulturelles Verstehen erfordert, so daß der Leser dazu verleitet wird, den Text so zu lesen, wie er ihm unmittelbar zugänglich erscheint. Die Besonderheiten der indianischen Coyote-Figur und andere narrative Strukturen[173] werden dann leicht überlesen. Dies führt zwar zu einem direkten (oberflächlichen) Zugang zum Text, aber die Kurzgeschichte läßt sich mit einer "kulturellen Mehrsprachigkeit" vollständiger erschließen und dadurch besser verstehen.[174]

In dieser Kurzgeschichte sind drei Ebenen interkulturellen Verstehens möglich:

Erstens, auch ohne das Wissen über die indianische Erzähltradition, lesen wir die Geschichte als eindringliche Erinnerung an die Zersplitterung der indianischen Gesellschaft[175] durch europäisch begründete Konzepte von Grenzen.[176] Dies macht den Text bereits zu einem wertvollen Beitrag im interkulturellen Verstehen, weil wir als europäisch geprägte Leser ler-

---

[173] Siehe das Kapitel zu den narrativen Besonderheiten.

[174] Der Begriff wurde von Georgi-Findlay geprägt. Vgl. 1997: 397.

[175] Zur Darstellung der fragmentierten Gesellschaft, siehe das Kapitel zu den narrativen Besonderheiten.

[176] Siehe das Kapitel zur Interpretation der Kurzgeschichte "Grenzen".

nen können, wie kulturspezifisch unsere Vorstellungen von nationalen Grenzen sind.

Zweitens, wenn wir uns bemühen, eine Schlüsselfigur – den Coyote - aus der indianischen Erzähltradition zu verstehen[177] und diese im Text "Borders" wiedererkennen, gewinnen wir eine weitere Dimension des Verstehens hinzu. Nun erscheint das Fernsehen nicht mehr als "deus ex machina", sondern kann mit der Figur des Coyote-Mel als typisches Motiv der indianischen Literatur, "Coyote repariert die Welt", gelesen werden (vgl. Matchie & Larson 1996).

Und schließlich ist der Text ein Geflecht von Kulturen – der christlich-europäisch geprägten Kultur[178] und der indianischen Kultur.[179] King verwebt diese kulturellen Einflüsse miteinander zu einem neuen, bikulturellen Text mit einer ungewöhnlichen und bereichernden Struktur.[180] Wenn diese "kulturelle Mehrsprachigkeit" berücksichtigt wird, eröffnet diese Kurzgeschichte neue Wege zum interkulturellen Verstehen.

Ironie und Selbstironie sind Elemente, die auf einem gewissen Maß an "doppelter Vision" beruhen, d.h. der Fähigkeit, gleichzeitig auf beide Kulturen blicken zu können. In seinen Texten macht King Anspielungen auf stereotype (weiße) Vorstellungen über *Native Americans*. Aber diese Vorstellungen werden in Frage gestellt und durch andere Bilder ersetzt, die den Vorstellungen und Werten der *Native Americans* näher kommen.[181] Gleichzeitig stellt er stereotype Vorstellungen der Indianer in selbstironischer Weise bloß, wenn z.B. die Mutter des Erzählers darauf besteht, daß er sich für die Reise besonders gut kleiden soll, um nicht wie ein Amerikaner auszusehen (vgl. King 1992: 269).

Um den Text in seiner interkulturellen Dimension zu verstehen, ist es deshalb wichtig, die einzelnen kulturellen Komponenten erkennen zu können. Zu diesen kulturellen Aspekten gehört ein Verständnis der Beziehung zwischen Kanadiern und Amerikanern und eine Kenntnis des geschichtlichen Hintergrunds über die Beziehungen zwischen *Natives* und

---

[177] Siehe das Kapitel zur Interpretation der Kurzgeschichte "Die Coyote-Figur Mel".

[178] Siehe "Reise als Initiation" ,"Die Symbolik der Revolver" und "Das Motiv der Grenzen".

[179] Siehe "Narrative Besonderheiten" und "Die Coyote-Figur Mel".

[180] Eine ähnlich bikulturelle Struktur mit drei Ebenen liest Allen 1987 in N. Scott Momaday *House Made of Dawn*.

[181] Im Sinne von Au zur multi-ethnischen Literatur, 1993: 176.

non-Natives, sowohl in Kanada als auch in den USA. Ferner müssen Leser über eine gewisse Kenntnis der stereotypen (angloamerikanische) Vorstellungen in bezug auf *Native American Indians* verfügen,[182] auch wenn ihnen klar sein mag, daß es sich hierbei um Vorurteile handelt, die nicht der Realität entsprechen. Nur so können Leser die Erfahrung machen, wie der Text diese Vorurteile aufdeckt und als solche "enttarnt". Schließlich kann Kenntnis über Figuren in indianischen Erzählungen von Vorteil sein, um den Verlauf der Geschichte besser zu verstehen. In einer Didaktisierung des Textes können je nach Interessen des Lehrenden und der Lernenden auf einige oder mehrere Ebenen des Verstehens eingegangen werden.

8.5 Möglichkeiten zur Didaktisierung

Diese Kurzgeschichte ist für den fremdsprachlichen Literaturunterricht gut strukturierbar, wie in diesem Abschnitt gezeigt werden soll. Sie läßt Raum für interpretatorische als auch für innovative Formen der Textarbeit.[183] In den Ansätzen zur Interpretation wurde gezeigt, wie reichhaltig und vielschichtig diese Erzählung ist. Ferner ist sie im Kontext des interkulturellen Lernens sehr interessant, denn sie zeigt, wie

---

[182] In "Borders" entspricht das Leben der Blackfoot Familie nicht den "weißen" Erwartungen: sie leben in einem netten Haus, und die Cousins haben Pferde, mit denen die Kinder zum Angeln reiten. Es gibt keine Spur einer dysfunktionalen, unglücklichen, von Alkoholismus und Arbeitslosigkeit geprägten Familie. Der Junge fühlt sich nicht als heimatloser Indianer, wider der Erwartungen der Reporter (und uns als Leser): "Every so often one of the reporters would come over and ask me questions about how it felt to be an Indian without a country. I told them we had a nice house on the reserve and that my cousins had a couple of horses we rode when we went fishing." (King 1992: 272) Dennoch will King keineswegs eine "heile Welt" herbeizaubern, das würde wiederum andere Klischees bedienen. So wird im Text angedeutet, daß Laetitia Standoff verläßt, u.a. weil sie keine Arbeit hat und sich welche in Salt Lake City erhofft. Zudem hat der Vater die Familie verlassen. Aber die allein erziehende Mutter ist nicht der Hoffnungslosigkeit und dem Alkoholismus verfallen, sondern meistert ihr Leben und schafft ihren Kindern ein gutes Zuhause.

[183] Konkrete Unterrichtsvorschläge und Vokabelangaben werde im Anhang gemacht.

unterschiedlich die Wahrnehmung von Angehörigen verschiedener Kulturen in ein und derselben Situation sein kann.

Es ist beim Lesen des Textes wichtig, daß die Handlung der Geschichte trotz Verwebung von Vergangenheit und Gegenwart richtig erfaßt wird. Je nach Leseerfahrung der Lernenden kann es zu Verstehensproblemen kommen. Beim Lesen der Geschichte muß man zwischen den zwei verschiedenen Zeitebenen unterscheiden können und wissen, wann die Handlung nun gerade spielt. Da sind die Übergänge manchmal sehr fließend, und fast unbemerkt geht der Sprecher in eine andere Zeit über. Hier könnte jedoch die Lehrkraft helfen, indem diese Zeitwechsel am Anfang der Lektüre im Unterrichtsgespräch angesprochen werden und geübt wird, diese Übergänge anhand von Signalen zu erkennen, damit die Leser sie im weiteren Verlauf der Erzählung selbständig einordnen können.

Das Vorwissen, welches der Leser benötigt, um die grundlegende Situation zu erfassen und die historische Problematik dahinter zu erkennen, ist relativ gering. Im Alter von 15 bis 17 Jahren sind Jugendliche, die in der BRD die Schule besucht haben, bereits relativ gut informiert über die historische Enteignung der *Native Americans* auf den amerikanischen Kontinenten und die Tatsache, daß der Großteil der *Native Americans* heute in sogenannten Reservaten in den USA und Kanada lebt. Dieses Vorwissen sollte in geeigneter Form aktiviert werden[184] und wenn möglich mit stereotypen Vorstellungen verglichen werden. So können Lernende in der Lektüre durchaus begreifen, welche Aussage die Mutter machen möchte, wenn sie darauf besteht, als Staatsbürgerschaft nur "Blackfoot" angeben zu wollen.

In einem traditionell ausgerichteten Literaturunterricht könnten in Anlehnung an die vorgestellten Aspekte in der Interpretation und zur narrativen Struktur interpretatorische Fragen gestellt werden.

Im Zusammenhang mit dem Themenkomplex Fremdverstehen sind jedoch Aufgaben zu empfehlen, die zum Nachdenken anregen, wie die *Native Americans* sich innerhalb der kanadisch-amerikanischen Gesellschaft sehen, und die in Richtung bikulturelle Identität gehen, wie in der Szene: "I told Stella that we were Blackfoot *and* Canadian, but she said that didn't count because I was a minor." (King 1992: 270, kursiv S.E.Z.)

---

[184] Es kann ein Schülerreferat gehalten werden, z.B. basierend auf den Artikel von Freemantle 1991. Dieser gibt einen Einblick in die heutige Situation der *Native Americans* und für die Wichtigkeit von Selbstbestimmung der Indianer.

Diese Kurzgeschichte eignet sich besonders für prozeßorientierte Ansätze wie Verfahren mit "Textunterbrechung an bestimmten Punkten mit Aufforderung zu Hypothesenbildung und Weiterentwicklung" (Caspari 1994: 218). Ein in kleine Schritte strukturierter Lesevorgang als Textarbeit besonders in Verbindung mit Möglichkeiten zur Perspektivenübernahme gibt Lernenden die Möglichkeit, über das bisher Gelesene zu reflektieren und sich in die Situation der Protagonisten hineinzuversetzen.

Um am Ende der Lektüre den Blick auf ein exemplarisches kulturspezifisches Element zu richten, könnte das Thema "pride" eingehender diskutiert oder schriftlich bearbeitet werden. Dazu könnten beispielsweise zwei Textstellen zitiert[185] und dann gefragt werden, was Stolz für die einzelnen Figuren bedeutet oder warum Mel die Mutter als Inspiration für alle bezeichnet.

Insgesamt können bei diesem Text besonders Aufgaben eingesetzt werden, die die kulturspezifische Sichtweise der Protagonisten verdeutlichen – sowohl der Anglokanadier und Angloamerikaner als auch der Blackfoot Personen. Durch das Wechselspiel von verschiedenen Perspektiven erfahren Lernende, daß eine Situation von den Beteiligten unterschiedlich interpretiert werden kann, und daß diese unterschiedliche Sichtweise besonders mit dem kulturellen Hintergrund zusammenhängen kann.

8.6 Fazit

Bei der Lektüre der Kurzgeschichte "Borders" und den hier angedeuteten Aufgaben haben Lernende die Möglichkeit, zwischen verschiedenen Perspektiven zu wechseln. Dabei können sie eine Sensibilität dafür entwickeln, daß die Sichtweise der Mehrheit oft eine sehr ethnozentrische Perspektive darstellt und von Minderheiten durchaus in Frage gestellt werden kann.

In einer Gesellschaft, in der Schüler zu Toleranz erzogen werden sollen, müssen wir uns fragen, was Toleranz bedeutet. In dieser Geschichte er-

[185] Quote 1, p. 271: "Pride is a good thing to have, you know. Laetitia had a lot of pride, and so did my mother. I figured that someday, I'd have it, too." Quote 2, p. 273: "On the way home, we stopped at the duty free shop, and my mother gave Mel a green hat with 'Salt Lake' across the front. Mel was a funny guy. He took the hat and blew his nose and told my mother that she was an inspiration to us all. He gave us some more peanut brittle and came out into the parking lot and waved at us all the way to the Canadian border."

scheinen die Grenzbeamten intolerant, in dem sie sich zunächst weigern, die *Blackfoot* Sicht zu akzeptieren. Andererseits kann argumentiert werden, daß die *Blackfoot* Frau sich ebenfalls intolerant verhält, indem sie auf ihren Standpunkt verharrt. Hier muß jedoch angemerkt werden, daß sie sich als Minderheit in der schwächeren Position befindet. Es geht in dieser Geschichte nicht darum, daß ethnische Gruppen auf ihrem historischen Recht bestehen. Beim Einsatz dieser Kurzgeschichte im Englischunterricht wird den europäisch geprägten Lesern, die selber eine Mehrheit darstellen in ihrer Gesellschaft, der Spiegel vorgehalten, in der Hoffnung, daß sie mit mehr Sensibilität und Respekt mit Minderheiten umgehen.

Wie wichtig dieser Respekt für einander in einer multikulturellen Gesellschaft ist, zeigt die folgende Kurzgeschichte. Wenn der Konflikt in "Borders" noch aus einer relativ harmlosen Perspektive und mit Humor dargestellt wird und das Problem schließlich durch die "Macht" des Fernsehens gelöst wird, so ist ein solcher Umgang miteinander in der folgenden Geschichte von John A. Williams undenkbar. Hier werden Rassismus und ihre Auswirkung auf die Identität von Minderheiten in eindringlicher Weise dargestellt. Selbst die jüngste Figur, ein Neunjähriger, ist nicht unvorbelastet. Hier wird deutlich, daß der respektlose Umgang mit Minderheiten zu Feindseligkeiten führen kann, wofür es gerade in der Geschichte der afro-amerikanischen Minderheit in der amerikanischen Gesellschaft zahllose Beispiele gibt.

9 John A. Williams: "Son in the Afternoon"

Die Kurzgeschichte "Son in the Afternoon" von John A. Williams stellt einige Herausforderungen an fremdsprachliche Lernende, weshalb sie an das Ende der Textreihe gesetzt wird. Die im Text verwendete Sprache setzt nicht nur eine Kenntnis von eher umgangssprachlichem Vokabular voraus, sondern auch die Fähigkeit, die kritische Haltung des Erzählers, ausgedrückt durch die Wortwahl, erkennen zu können. Insbesonders halte ich die Kurzgeschichte "Son in the Afternoon" deshalb für den schwierigsten Text in dieser Reihe, weil es für uns als Leser schwer ist zu entscheiden, ob wir dem Erzähler trauen können.

Zunächst wird in diesem Kapitel John A. Williams' Kurzgeschichte "Son in the Afternoon" mit einer kurzen Inhaltsangabe und Hinweisen auf ihre narrativen Besonderheiten vorgestellt. Daran schließt sich eine Interpretation der Kurzgeschichte an. Da das Feld der afro-amerikanischen Literatur[186] ein sehr umfangreiches ist, wird – ähnlich wie in dem Abschnitt zu Thomas King und der *Native American Indian* Literatur – ein kurzer Blick auf den Kontext des literarischen Werks von John A. Williams in der afroamerikanischen Literatur geworfen. Die Überlegungen zu Aspekten des interkulturellen Verstehens bilden eine wichtige Grundlage für die Möglichkeiten der Didaktisierung im fremdsprachlichen Literaturunterricht.

9.1 Die Kurzgeschichte "Son in the Afternoon"

In dieser Kurzgeschichte berichtet der Ich-Erzähler, ein Afro-Amerikaner, von seiner Begegnung mit einer reichen angloamerikanischen Familie, bei der seine Mutter als Hausangestellte tätig ist. Durch die von seinen eigenen

[186] Während im amerikanischen seit etwa zehn bis fünfzehn Jahren der Begriff der *African American literature* den früheren Begriff *Afro-American literature* ersetzt hat, bezeichnet im Deutschen "afrikanisch-amerikanische Literatur" die Literatur, die von erst kürzlich aus Afrika eingewanderten Autorinnen und Autoren verfaßt wird. In deutschsprachigen literaturwissenschaftlichen Texten wird weiterhin der Begriff "afro-amerikanische Literatur" verwendet für die Bezeichnung von Literatur aus Afrika stammender amerikanischen Autorinnen und Autoren. Vgl. Fluck 1997; Diedrich 1997; Binder & Breinig, Hrsg., 1994.

beruflichen Streßfaktoren angeheizte Stimmung empfindet er das Verhalten der Familie als rassistisch und begegnet ihr mit Aggression.

9.1.1 Zusammenfassung

An einem Nachmittag fährt der Erzähler, ein junger schwarzer Drehbuchautor namens Wendell, in ein reiches Viertel von Santa Monica (bei Los Angeles), um dort seine Mutter Nora von ihrer Arbeitsstelle als Hausangestellte abzuholen. Da es an jenem Tag ziemlich heiß ist und er einen schlechten Tag bei seiner Arbeit hatte (er hatte sich mit einem weißen Kollegen über die Darstellung eines schwarzen Kellners in einem Film gestritten), kommt er bereits verärgert über den Rassismus gegenüber Schwarzen bei der Villa an.

Während er auf seine Mutter wartet, die damit beschäftigt ist, den neunjährigen Jungen der Familie, Ronald Jr., zu versorgen, wächst in dem Erzähler das Gefühl der Eifersucht. Er glaubt, seine Mutter schenkt fremden weißen Kindern scheinbar mehr mütterliche Fürsorge und Liebe als sie ihren eigenen sechs Kindern geben konnte, da sie immer viel auswärts arbeiten mußte, um ihre Familie zu ernähren. Als die Mutter des Jungen, Kay Couchman, angetrunken nach Hause kommt, erlebt der Erzähler zum wiederholten Mal eine Form von Rassismus auf sexueller Ebene. Kay bittet den Erzähler Wendell, zwei Drinks zu machen, und flirtet mit ihm. Wendell wiederum möchte sich an Ronald Jr. für den unverschämten Umgang des Jungen mit Nora rächen und nimmt Kay in seine Arme und küßt sie, bis der Junge ins Wohnzimmer kommt und die beiden sieht. Schockiert läuft der Junge in sein Zimmer, und Wendell verläßt mit seiner Mutter selbstzufrieden das Haus.

9.1.2 Narrative Struktur

Die Geschichte zeichnet sich durch eine kompakte Erzählstruktur aus. Sie beginnt mit den Erlebnissen am Vormittag bei der Arbeit des Erzählers und seinen Plänen für den Abend. Dann beschreibt der Erzähler die Geschehnisse innerhalb einer Stunde am Nachmittag, mit nur wenigen Abweichungen davon in Form von Rückblenden.

Dieser Text stellt eine besondere Herausforderung an den Leser dar: Die Ereignisse werden von einem Ich-Erzähler wiedergegeben, der jedoch eine schwer einzuschätzende Haltung hat. Dadurch fällt die Entscheidung für den Leser schwer, ob er sich mit dem Erzähler identifizieren oder sich von ihm distanzieren soll. Diese Situation entsteht dadurch, daß der Erzähler zu Beginn der Geschichte einräumt, daß er an heißen Tagen besonders gereizt ist. In den folgenden Szenen, in denen der Erzähler mit Rassismus konfrontiert wird und darauf reagiert, kann der Leser sich fragen, ob dies eine kindische Überreaktion des Erzählers sei (z.B. in seiner Rachsucht gegen einen Neunjährigen) oder ob dies eine berechtigte Antwort auf das Verhalten anderer verstanden werden kann.

9.2 Interpretation der Erzählung

Die tragende Kraft dieses Textes liegt in der Darstellung der Interaktion des Erzählers mit den Figuren in der Kurzgeschichte, weshalb im folgenden die Figuren der Kurzgeschichte näher betrachtet werden sollen.

1.) Ein weißer Drehbuchautor (ein Kollege des Erzählers) hält sich für besonders aufgeklärt und unvoreingenommen, möchte sich aber von einem Schwarzen nicht sagen lassen, wie er sein Drehbuch schreiben soll, um das schwarze Publikum nicht zu beleidigen. Der Erzähler Wendell berichtet von seiner Arbeit und seinem Kollegen:

> I was – still am – a writer and this studio had hired me to check scripts and films with Negroes in them to make sure the Negro moviegoer wouldn't be offended. [...] One of those Hollywood hippies had done a script calling for a Negro waiter to slink away from the table where a dinner party was glaring at him. I said the waiter should walk, not slink, because later on he becomes a hero. The Hollywood hippie, who understood it all because he had some colored friends, said that it was essential to the plot that the waiter slink. (Williams 1996: 184)

Obwohl Wendell sich bei diesem Streit durchsetzen und den Regisseur zu einer Änderung des Drehbuchtextes bewegen kann, bleibt er unzufrieden.

2.) Diese Unzufriedenheit liegt hauptsächlich an Wendells Enttäuschung über den *schwarzen Schauspieler*, der sich während des Streits nicht äußert. Wendell interpretiert dieses Verhalten als "Uncle Tom", d.h. der afro-amerikanische Schauspieler hat sich schon so oft von Weißen erniedrigen lassen müssen, daß er sich nicht mehr wehrt, sondern alles stillschweigend über sich ergehen läßt (Williams 1996: 185). Andererseits stellt sich auch die Frage, ob Afro-Amerikaner grundsätzlich nicht negativ dargestellt werden dürfen.

3.) Wendell, Protagonist und Erzähler, ist eine Figur, die schwer einzuordnen ist. Er eröffnet seine Erzählung mit den Worten: "It was hot. I tend to be a bitch when it's hot." (Williams 1996: 184) und signalisiert, daß wir sein Urteil mit Vorbehalt betrachten und nicht als objektive Beschreibung der Ereignisse sehen sollten.

Obwohl er von einem Studio eingestellt wurde, um Drehbücher auf "politische Korrektheit" hin zu überprüfen, fühlt er sich in seinem Beruf, und damit in seiner Identität als Schriftsteller, von Weißen immer wieder in Frage gestellt (z.B. von Kay Couchman, S. 188), da diese überrascht reagieren, einen gebildeten Schwarzen kennenzulernen. Er versucht sich gegen diese Haltung zu wehren, indem er ihre Erwartungen enttäuscht und sich z.B. nicht wie ein "Uncle Tom" (184) verhält und Unterwürfigkeit spielt, sich nicht als Spielzeug (187f.) benutzen läßt oder sich nicht als passives Lustobjekt (187) mißbrauchen läßt.

Auch wenn Wendell Rassismus in vielen Formen erlebt hat, will er im Gegensatz zum genannten Schauspieler dies nicht über sich ergehen lassen, sondern versucht sich dagegen zu wehren, in dem er pseudo-liberalen Angloamerikanern ihren eigenen Rassismus vor Augen führt. Andererseits fragen wir uns, ob Wendells Reaktion auf die empfundene angloamerikannische Diskriminierung angemessen ist, wenn er sich an einem neunjährigen Kind versucht zu rächen.

4.) Nora, die Mutter Wendells, hat ihr ganzes Leben als Hausangestellte für die Reichen in Hollywood gearbeitet und macht sich keine Illusionen über ihren Status. Als Wendell sich darüber aufregt, daß er die Häuser, in denen sie arbeitet, nur durch die Küchentür betreten soll, sagt sie nur, er werde es noch lernen (Williams 1996: 186). Und kurze Zeit später verliert sie tatsächlich ihre Stelle, als er durch die Haustür eine Villa betritt und den Eigentümer in einer peinlichen Situation überrascht. In der vorliegenden Kurzgeschichte beobachtet Wendell eifersüchtig die Fürsorge und den liebevollen Umgang Noras mit einem fremden weißen Kind, denn diese mütterliche Liebe haben er und seine Geschwister niemals erfahren. Damals mußte Nora jeden Tag am frühen Morgen zur Arbeit gehen und kam erst spät nach Hause, um ihren kranken Mann und die sechs Kinder zu versorgen.

5.) Kay Couchman ist die Hausherrin. Nora mag Kay nicht besonders, da sie anscheinend kein großes Interesse an ihrem Kind zeigt. Daher glaubt Nora, daß Kay ihr eigenes Kind nicht liebe (Williams 1996: 185). Kay verbringt ihre Zeit damit, auf Parties zu gehen und sich zu betrinken, während ihr Mann als Architekt in der Stadt arbeitet. Als sie in den Hof fährt, will sie Katz und Maus mit Wendell spielen und tut so, als ob sie ihn überfahren würde, wenn er ihr nicht aus dem Weg springt. Doch Wendell läßt sich nicht auf dieses Spiel ein. Dann bittet Kay ihn, für sie beide Drinks an der Bar zu machen, während Kay nach ihrem Jungen schaut. Dort wird sie nicht gebraucht, da Nora sich um den Jungen kümmert. Daher trinkt und flirtet sie lieber mit Wendell und äußert sich auf eine Weise, die Wendell als rassistisch interpretiert. Zum Beispiel fragt sie: "You're Nora's boy?" obwohl er offensichtlich ein erwachsener Mann und kein kleiner Junge ist. Später kommentiert sie in einem Gespräch über seine Arbeit "... how amazing it was for Nora to have such a talented son." Und Wendell denkt sich dabei: "What she was really saying was how amazing for a servant to have a son who was not also a servant." (Williams 1994: 188) Als Wendell ihr Komplimente über ihre schöne Bräune macht, merkt sie nicht die Ironie der Situation, daß Weiße ständig versuchen, sich dunkel zu bräunen (und sich die Haare zu locken), aber Schwarze dennoch diskriminieren. Kay Couchman wird in diesem Text als vergnügungssüchtige weiße Frau dargestellt, die davon ausgeht, daß Afro-Amerikaner in der Regel ungebildet seien und darum nur einfache, dienende Tätigkeiten ausüben könnten. In ihrem Umgang mit Wendell zeigt sich ihre Haltung, daß sie in ihm lediglich ein (sexuelles) Spielzeug sieht.

6.) Ronald Couchman, Jr., neun Jahre alt, wächst in allem erdenklichen Luxus in einer reichen weißen Siedlung bei Santa Monica auf. Offensichtlich hat er nur Kontakt zu Schwarzen in Form von Hausangestellten oder Boten, und der Junge scheint zu glauben, er könne Nora herumkommandieren. Daß Schwarze selbstbestimmt leben, Respekt einfordern und sich nicht erniedrigen lassen wollen, muß er noch lernen. Daher schlägt die Schlußszene in der Kurzgeschichte wie ein Blitz in seine Welt ein, als er seine Mutter in einer leidenschaftlichen Umarmung mit Wendell sieht.

Rassismus ist ständig das Thema dieser Kurzgeschichte und kommt in vorwiegend verbalen Formen zum Ausdruck, d.h. die Figuren wählen eine Sprache, die auf eine rassistische Einstellung hindeuten. Während der fremdsprachliche Leser möglicherweise bereits von sehr direkten Formen von Rassismus gehört hat, wie z.B. körperliche Bedrohung und (Lynch-) Mord,[187] Ausschluß aus der Gesellschaft,[188] sind die verbalen Formen von Rassismus, die sich insbesondere durch die Wortwahl für den Diskriminierten bemerkbar machen, schwerer zu erkennen, besonders in einer Fremdsprache. In der vorliegenden Kurzgeschichte wird Rassismus einerseits in Form von naiven sprachlichen Äußerungen und Umgangsformen dargestellt. Andererseits werden die Auswirkungen ständiger Konfronta-

---

[187] Vgl. z.B. Frank Yerby "The Homecoming" oder Alice Walker "The Flowers".

[188] Vgl. z.B. William Melvin Kelley "The Only Man on Liberty Street" .

tion mit rassistischen Bemerkungen angesprochen, indem gezeigt wird, wie ein überreizter schwarzer Mann, durch seinen Beruf für Sprache sensibilisiert, in jeder Äußerung eine rassistische Haltung zu erkennen glaubt. Insofern zeigt diese Erzählung, wie mächtig verbale Diskriminierung ist und wie man damit andere verletzen kann.

Ferner nimmt sich diese Kurzgeschichte der Komplexität der Beziehungen zwischen Afro-Amerikanern und Angloamerikanern an: anhand der Beziehungsstrukturen zwischen den Personen im Text wird deutlich, daß diese zwei Bevölkerungsgruppen in den USA sich zwischen den Gegensätzen u.a. der Annäherung und Abwendung, Fürsorge und Eifersucht, Umschmeichelung und Verletzung bewegen.

9.3 John A. Williams im Kontext der afro-amerikanischen Literatur

John Alfred Williams wurde 1925 in Mississippi geboren und wuchs in Syracuse, New York, auf. Während seiner Dienstzeit in der Marine im zweiten Weltkrieg begann er, Erzählungen zu schreiben (Binder 1994: 395).

Nach dem Krieg nahm er ein Studium der Anglistik und Journalistik in Syracuse auf und veröffentlichte dort seine ersten Texte. Seither hat er eine große Vielfalt von fiktionalen und nicht-fiktionalen Texten verfaßt, darunter über zwanzig Romane, Biographien (u.a. über Martin Luther King Jr., Richard Wright und Richard Pryor) sowie Monographien und Dramen (vgl. Young 1995b: 184). Darauf angesprochen, in welcher literarischen Tradition er sich sehe, antwortete Williams:

> Ich weiß nicht genau. Sicherlich nicht in all den Bezeichnungen, mit welchen im Postmodernismus um sich geworfen wird. Ich fühle mich den Leuten der Progressive Era [1890-1917] näher. (sic; Binder 1994: 399)

Dieses Gefühl der Nähe mit den Menschen der Progressiven Ära wird mit Williams' stark ausgeprägten Sinn, Unterlegene im Kampf unterstützen zu wollen, deutlich (vgl. Binder 1994: 400). Die *Progressive Era* zeichnet sich durch den Kampf gegen den sich entwickelnden Kapitalismus und einen stärker werdenden Rassismus aus. Anhänger dieses Rassismus, der sich insbesondere durch die Aktivitäten des Ku Klux Klan bemerkbar machte, befürchteten den zivilisatorischen Niedergang der angelsächsischen Rasse und reagierten auf diese Angst mit der Verherrlichung des

Ku Klux Klan Gedankenguts. Doch gegen diesen Trend kämpften selbstbewußte afro-amerikanische Schriftsteller:

> Gegen diesen Rassismus wehren sich afro-amerikanische Autorinnen und Autoren mit neuem Selbstbewußtsein [...] In den sogenannten *'novels of passing'*, in denen schwarze Charaktere aufgrund ihrer hellen Hautfarbe auch als Weiße auftreten können (*passing for white*), wird diese doppelte Identität [der Afro-Amerikaner] ... zur Metapher der Irrationalität rassischer Segregation. (Fluck 1997: 205)

An diesem Punkt der "Irrationalität des Rassismus" setzt Williams in seinem Schreiben an, und er zeigt in seinen Texten, wie Rassismus das Selbstwertgefühl, das Familienleben und die Beziehungen zwischen afro-amerikanischen Männern und Frauen belastet (vgl. Binder 1994: 413). Gleichzeitig weist er darauf hin, daß Afro-Amerikaner im Grunde die gleichen Sorgen und Nöte, aber auch Hoffnungen und Erfolge haben können wie Angloamerikaner, aber aufgrund rassistischer Diskriminierung es um so schwerer haben, ihre Ziele zu erreichen. Dabei werden sowohl schwarze als auch weiße Figuren beschrieben, die gleichsam gute oder schlechte Eigenschaften haben, was eine einseitige Darstellung der Figuren verhindert. So integriert er oft eine weiße Figur in seinen Texten, die sich bemüht, den schwarzen Protagonisten zu helfen (vgl. Binder 1994: 410). Williams' Arbeit erhält eine besondere Perspektive dadurch, daß er sich von der traditionellen Gegenüberstellung von Schwarzen und Weißen entfernt und auf eine sentimentale, einseitige Darstellung verzichtet. Statt dessen beschäftigt er sich mehr mit der Wahrnehmung eines einzelnen, wie in der hier ausgewählten Geschichte "Son in the Afternoon".

9.4 Zum interkulturellen Verstehen des Textes

Wie im Abschnitt zur Zusammenfassung der Kurzgeschichte angedeutet wurde, ist der Text auf rein inhaltlicher Ebene der Handlungsabläufe gut verständlich. Die Rezeption des Textes stellt im interkulturellen Verstehen jedoch besondere Anforderungen nicht nur an den fremdkulturellen Leser,[189] da der Text Bezüge zum afro-amerikanischen Diskurs enthält. Es

---

[189] Die Herausforderungen an amerikanische Nicht-Afro-Amerikaner wurden im Abschnitt zur narrativen Struktur und in der Interpretation bereits angesprochen.

werden Beispiele für Situationen vorgebracht, die als rassistisch bezeichnet werden können, in denen sich Angloamerikaner scheinbar für nicht voreingenommen gegenüber Afro-Amerikanern halten, deren Äußerungen und Verhalten jedoch als rassistisch verstanden werden können. In einem Kontext des interkulturellen Verstehens ist es wichtig, diese Momente im Text dem fremdkulturellen Leser bewußt zu machen.

9.4.1 Angloamerikanische Vorurteile

Im zweiten Absatz erzählt der Protagonist Wendell von seiner Arbeit als Drehbuchautor. Es ist seine Aufgabe, Drehbücher auf rassistische Äußerungen über Afro-Amerikaner hin zu überprüfen, damit die Filme nicht beleidigend für afro-amerikanische Kinogänger sind, und er spielt damit eine Vorreiterrolle für *political correctness*. Dabei macht er deutlich, daß das Bemühen der Filmindustrie, afro-amerikanische Kinogänger nicht zu beleidigen, mit dem wirtschaftlichen Potential dieser Bevölkerungsgruppe zusammenhängt und nicht durch eine aufgeklärte gesellschaftspolitische Haltung motiviert ist. Am Tag der Ereignisse hat er das Drehbuch eines weißen Kollegen kritisiert und spart nicht mit seinen abfälligen Bemerkungen: "The Hollywood hippie, who understood it all because he had some colored friends [...]." (Williams 1996: 184) Mit dieser Bemerkung wird das selbstgefällige Verhalten des Weißen in Frage gestellt. In Wendells Augen nutzt der Kollege seinen Freundeskreis als Feigenblatt, um seinen rassistischen Sprachgebrauch "slink" zu verdecken.[190]

9.4.2 Umgang mit Vorurteilen

Noch enttäuschender ist für Wendell das Verhalten des schwarzen Schauspielers, für dessen Rolle er sich einsetzt. Dieser hat sich im Verlauf der Diskussion, an der noch der Regisseur beteiligt war, zu der vorliegenden Frage nicht geäußert, ob die Figur, die er spielen soll, als Kellner davonschleicht oder weggeht: "The Negro actor I was standing up for said nothing either way. He had played Uncle Tom roles so long that he had become Uncle Tom." (Williams 1996: 184f.) Hier interpretiert der Erzähler die Dinge aus seiner Sicht, wie auch in anderen Situationen in der Kurzgeschichte, wenn er glaubt, die Gedanken der Angloamerikaner erraten zu können. Immer wieder interpretiert er verbale Diskriminierung in den Worten angloamerikanischer Charaktere. Als Leser können wir entweder diese

[190] Vgl. Ben Jelloun 1999 zu der Frage, was rassistisches Verhalten und Denken ausmacht.

Erklärungen annehmen oder wir vergleichen unsere Interpretation der Situation mit seiner.

In den dann folgenden Ereignissen der Kurzgeschichte stellt Williams gängige Vorurteile über Afro-Amerikaner in Frage. Dazu gehören Annahmen, daß Schwarze nur eine geringe Bildung haben, ständig arbeiten müssen, keine Freizeitaktivitäten nach einem Arbeitstag planen, usw. Doch Williams zeichnet in "Son in the Afternoon" ein Bild einer Familie mit mittlerem Einkommen.[191] Während z.B. Wendell auf dem Weg ist, seine Mutter abzuholen, stellt er sich seinen Abend vor. Dieses Programm zeigt, daß Wendell sich als Insider der Künstlerszene von Los Angeles sieht, was ein Gegenbild entwirft zu dem, wie das Leben von Afro-Amerikanern in der Literatur häufig dargestellt wird.

9.4.3 Angloamerikaner und Afro-Amerikaner: eine ungleiche Beziehung

Bei der Beschreibung der Familie, bei der Wendells Mutter als Hausangestellte arbeitet, wird deutlich, wie fremd sich Angloamerikaner und Afro-Amerikaner gegenüber stehen. Auf der einen Seite wissen die Afro-Amerikaner praktisch alles über das Privatleben der (reichen) Angloamerikaner: "Somehow it's funny. I mean that the maids and butlers knew everything about these people, and these people knew nothing at all about the help." (Williams 1994: 185) Auf der anderen Seite behaupten die Angloamerikaner, die Angestellten würden zur Familie gehören: " 'Oh, Nora isn't a servant,' Kay said. 'She's part of the family.'" (Williams 1996: 188) Dies würde jedoch bedeuten, daß die Angloamerikaner sich mehr für ihre Angestellten als "Familienmitglieder" interessierten. Hier zeigt der Erzähler, wie unausgeglichen die Beziehung zwischen diesen beiden Gruppen ist und wie oberflächlich die Versuche der Angloamerikaner sind, die gesellschaftlichen Unterschiede beider Gruppen zu überspielen.

Ein weiteres Beispiel von dieser ungleichen Beziehung, gegen die sich der Erzähler jedoch zu wehren versucht, wird am Verhalten Kays gegenüber Wendell deutlich. Als sie in die Einfahrt zum Haus fährt, versucht sie ein Katz-und-Maus-Spiel mit Wendell aufzunehmen, indem sie ihr Auto direkt auf ihn zusteuert und er aus dem Weg springen soll. Er weigert sich jedoch an diesem Spiel mitzumachen:

---

[191] Vgl. die Romane von Gloria Naylor zur gehobenen afro-amerikanischen Mittelschicht.

> The car was throttled down, and with a muted roar it swung into the driveway. The woman aimed it for me. I was evil enough not to move. I was tired of playing with these people. At the last moment, grinning, she swung the wheel over and braked. (Williams 1994: 188f.)

Aber dies ist eine gefährliche Gratwanderung, wenn Wendell als Afro-Amerikaner nicht die Erwartungen der Angloamerikaner in seinem Verhalten ihnen gegenüber erfüllt.

Dieser Text zeigt, wie Afro-Amerikaner dazu genötigt werden, nach außen ein bestimmtes, von den Angloamerikanern erwartetes Verhalten zu spielen. Und obwohl ihnen der zu Grunde liegende Rassismus bewußt ist, können sie sich nicht oder nur unzureichend dagegen wehren.

9.4.4 Der Versuch sich zu wehren

Zum Beispiel weist Wendell den neunjährigen Jungen zurecht, als dieser sich erlaubt, Nora anzuschreien und herumzukommandieren. Ronald Jr. verhält sich implizit nach stereotypen Mustern, wenn er die schwarze Hausangestellte anschreit und dabei den anwesenden Afro-Amerikaner ignoriert. Denkt der Junge etwa, der schwarze Mann würde sich nicht zu äußern wagen? Andererseits nimmt Ronald Jr. in einer anderen Situation Wendell sehr wohl wahr, als er nämlich seine Mutter Kay in einer engen Umarmung mit Wendell sieht. Warum möchte Kay nicht von ihrem Sohn gesehen werden? Weil sie nicht beim Flirten erwischt werden will oder weil sie nicht beim Flirten mit einem *Afro-Amerikaner* gesehen werden möchte? Auch Wendell weiß, daß Kay zwar gerne mit ihm spielt und flirtet, sich aber doch vor einer "Veröffentlichung" dieses Spiels scheut. Insofern wird hier deutlich, daß alle Beteiligten an einem Rollenspiel teilnehmen, bei dem für jeden genau vorgegebene Grenzen gelten. Wendell durchbricht diese Rollenspiel, indem er sich für den Jungen sichtbar macht und indem er das Flirten mit Kay "öffentlich" zeigt, also vor den Augen des Kindes. Damit durchbricht er die Grenzen seiner Rolle und stellt die Absurdität und Verlogenheit von Rassismus bloß.

Im interkulturellen Kontext muß berücksichtigt werden, daß fremdkulturelle Leser nicht wissen können, wie stark gemischte Beziehungen in den 60er Jahren tabuisiert waren.[192] Vor diesem Hintergrund ist es für

---

[192] Ein interessanter Film zu diesem Thema ist "Guess Who's Coming to Dinner", in dem Sydney Poitier einen afro-amerikanischen Arzt spielt, der sich seinen künftigen - weißen - Schwiegereltern vorstellen möchte.

amerikanische Leser klar, daß Kay mit dem Feuer spielt, wenn sie mit Wendell heftig flirtet, aber daß sie nicht dabei von Dritten gesehen werden möchte.

9.4.5 Zusammenfassung

Für den Leser wird deutlich, daß Rassismus erst dann bekämpft werden kann, wenn erkannt wird, daß es ihn gibt. In der Struktur der Familie Couchman tut man zwar so, als sei Nora ein Teil der Familie, und die Hausherrin unterhält sich auf einer scheinbar gleichberechtigten Ebene mit dem Sohn der Hausangestellten, dennoch sitzen die Vorurteile tief und es gibt einige Hinweise auf Diskriminierung. So verhält sich Ronald Jr. nicht respektvoll der älteren Haushälterin Nora gegenüber, sondern schreit sie an. Und Kay sieht in Wendell letztlich ein Spielzeug oder sexuelles Objekt.

Mit den o.g. Aspekten wurde versucht, den tieferliegenden Diskurs der Kurzgeschichte aufzuzeigen. Wenn auch insbesondere europäische Leser relativ viel Erfahrung mit Fremdenfeindlichkeit und Rassismus haben, kann nicht erwartet werden, daß fremdkulturelle und fremdsprachliche Leser diesen speziellen amerikanischen Diskurs ohne Unterstützung erkennen, auch wenn der Erzähler immer wieder einzelne Situationen kommentiert und darauf hinweist, daß sie auf ihn diskriminierend wirken. In Unterrichtsgesprächen sollte auf einige Aspekte hingewiesen werden. Somit stellt dieser Text im Vergleich zu den bisherigen Texten sehr hohe Anforderungen an das interkulturelle Verstehen, da erstens vergleichsweise viel an Vorverständnis zu der besonderen Komplexität des Verhältnisses zwischen Angloamerikaner und Afro-Amerikanern vorausgesetzt wird und zweitens der Leser in Anbetracht eines unzuverlässigen Erzählers viele Ereignisse in der Kurzgeschichte kritisch betrachten muß. [193]

9.5 Möglichkeiten zur Didaktisierung

9.5.1 Zur Didaktisierung von "Son in the Afternoon"

Wie bereits in den Abschnitten zur Interpretation und Darstellung der Aspekte des interkulturellen Verstehens angedeutet, bietet diese Kurzge-

[193] Dazu gehört vor allem die Tatsache, daß die Sklaverei zwar beendet wurde, aber die Grundlage der Sklaverei, nämlich Rassismus, bis heute in großen Teilen der amerikanisischen Gesellschaft nicht überwunden werden konnte.

schichte viele Anknüpfungspunkte beim Einsatz im Englischunterricht der Sekundarstufe II. Dabei ist nicht nur die narrative Strategie in bezug auf den Erzähler interessant, durch die eine Spannung erzeugt wird, indem der Leser im Unklaren gelassen wird, ob er sich mit ihm identifizieren oder distanzieren soll. Auch einzelne Figuren im Text zeigen widersprüchliches Handeln, so daß der Leser herausgefordert wird, nach Erklärungen für dieses Handeln zu suchen. Lernziele bei der Arbeit mit diesem Text in Hinblick auf interkulturelles Verstehen wären demnach, Formen von (verbalem) Rassismus und die Komplexität von menschlichen Beziehungen in einer durch Rassismus geprägten Umwelt erkennen zu lernen. Im Gegensatz zu den bisher untersuchten Texten geht es hier nicht mehr um die Frage, wie sich eine Minderheit (durch Assimilierung) integrieren kann, sondern wie sie sich in ihrem Anderssein zur (angloamerikanischen) Mehrheitsgesellschaft behaupten kann.

Die sprachliche Analyse zeigt, daß der Text viele umgangssprachliche Redewendungen enthält, aber noch im Bereich eines bewältigbaren Pensums liegt, vor allem unter Zuhilfenahme von Vokabelangaben.[194] Durch diese lebendige Sprache erhält der Text eine Vitalität, die durchaus lesemotivierend wirken kann.

Bei den lesevorbereitenden Aktivitäten sollten Lernende auf das Thema Vorurteile und Rassismus eingestimmt werden. Dafür kann geeignetes Bildmaterial verwendet werden,[195] das zur Diskussion anregt und wobei geübt werden kann, sich in die Situation der abgebildeten Personen hineinzuversetzen. Dies wäre eine gute Vorbereitung auf die Lektüre.

In einer weiteren Übung können Lernende Beispiele sammeln, wie sich Rassismus ausdrückt. Damit werden sie dafür sensibilisiert, daß Rassismus nicht nur durch körperliche Gewalt Ausdrucksformen annimmt, sondern auch durch Gesetze, Presse und Fernsehen, das Verhalten von Personalchefs in Firmen und im Sprachgebrauch.

Erst nach dieser Vorarbeit durch die *pre-reading activities* sollte der Text gelesen werden. Der Leseprozeß kann durch Aufgaben unterteilt werden, um Lernenden Gelegenheit zu geben, 1.) sich die Beziehungsstruktur des Erzählers zu den Figuren deutlich zu machen, 2.) den rassistischen Sprachgebrauch im Text zu erkennen und 3.) die Strategien zum Umgang des Erzählers mit dieser Diskriminierung wahrzunehmen.

---

[194] Vokabelangaben sowie Vorschläge für die Unterrichtsgestaltung sind im Anhang notiert.

[195] Siehe Töpfer (1991) mit Quellen für Bildmaterial.

Auch nach solchen Aufgaben, die eine intensive Beschäftigung mit dem Text erfordern, bleiben einige Fragen offen, z.B. warum Nora weiterhin bei reichen Weißen arbeitet, obwohl sie finanziell nicht darauf angewiesen ist. Besonders im Hinblick auf das Beziehungsgeflecht zwischen Wendell, Nora und Ronald, Jr., ist die Frage nach der Bedeutung des Titels der Kurzgeschichte interessant.[196] Denn obwohl Nora wenig redet und scheinbar mehr im Hintergrund steht, während Wendell sich mit seinen Gedanken beschäftigt oder mit Kay flirtet, ist sie eine sehr interessante Figur. Diese und andere Fragen können Grundlage für ein weiterführendes Unterrichtsgespräch sein.[197]

9.5.2 Intertextuelle Aufgaben zur gesamten Textreihe

Die in der Textreihe vorgestellten Texte bieten einige interessante Möglichkeiten für intertextuelle Aufgaben an. So könnte von den Lerneden näher untersucht werden, welche Beziehung zwischen Kleidung und Identität in den Texten von Lakshmi, Cisneros und King hergestellt wird. Alle Texte können bei einer weiteren Aufgabe miteinbezogen werden, in der die Beziehung zwischen Mutter und Kind beleuchtet wird, und beschrieben wird, inwiefern die Mutter-Figuren (und bei Houston die Großmutter-Figur) den jeweiligen Kindern eine Unterstützung bei der Auseinandersetzung mit ihrer Identität sind.

Schließlich könnte das Thema der Stereotypen aufgegriffen werden, indem die Lernenden darauf aufmerksam gemacht werden, daß die gelesenen Texte als multi-ethnische Texte bezeichnet werden, da sie die Kultur, Sprache, Geschichte und Werte einer Gruppe sorgfältig reflektiert und die in diesen Texten auftretenden Charaktere sorgfältig in ihrem spezifischen kulturellen Rahmen beschreiben werden, und sie vor allem unter Vermeidung von Stereotypen sie als komplexe Personen dargestellt werden (vgl. Kapitel 3.2) Nach Vorgabe dieser Definition und einer erläuternden Diskussion dazu, inwiefern dies auf die Texte zutrifft, könnten die Lernenden die anglo-amerikanischen (anglo-kanadischen) Charaktere genauer betrachten, und untersuchen, ob auch diese als nicht-stereotype, komplexe Personen auftreten. Die Analyse wird zeigen, daß die anglo-amerikanische (anglo-kanadische) Figuren eine Ansammlung von negativen Bildern sind (kalt, nicht mitfühlend, ängstlich, ignorant, mit Alkoholproblemen belastet,

---

[196] Siehe Aufgabe "h" im Anhang hierzu.

[197] Z.B. im Form eines "textverarbeitendes Unterrichtsgespräch", vgl. Nissen in Glaap 1995.

herrschsüchtig, usw.). Die Lernenden können nun überlegen, welche Absicht die Autorinnen und Autoren mit dieser Darstellungsweise möglicherweise verfolgen, und so vielleicht zu der Erkenntnis gelangen, welche Rolle Stereotypen haben können und wie wir mit Stereotypen umgehen können.

9.6 Fazit

Durch die Lektüre der Kurzgeschichte "Son in the Afternoon" können Lernende dafür sensibilisiert werden, wie Rassismus die Identität und Würde einer Person beeinflußt. Die vorgeschlagenen Aufgaben sollen eine solche Sensibilisierung für Rassismus stärken. Die stereotypen Vorstellungen über Afro-Amerikaner, arbeitslos und ungebildet ihrem Schicksal gedankenlos fügig zu sein, anstatt sich dagegen zu wehren, werden in diesem Text aufgegriffen und widerlegt. Dadurch bietet die Kurzgeschichte neue Einblicke in die Wahrnehmung von Afro-Amerikanern, die in der von angloamerikanischem Rassismus geprägten Gesellschaft leben. Letztlich ist es eine Form von Rassismus, die den Afro-Amerikanern Würde und Selbstbestimmung aberkennt.

Insofern wirft der Text eine ganze Reihe von Fragen zum Verhältnis von Afro-Amerikanern und Angloamerikanern auf, aber auch zum Selbstverständnis der Afro-Amerikaner, die sich anhand weiterführender Literatur im Unterricht vertiefen lassen. Beispielsweise könnte im Anschluß an "Son in the Afternoon" Bernard Malmuds Kurzgeschichte "Black is My Favorite Color" (1963) gelesen werden, in der positive Vorurteile gegenüber Afro-Amerikanern thematisiert werden.[198] Ferner ist "Everyday Use" von Alice Walker in diesem Zusammenhang interessant, eine Kurzgeschichte zur Auseinandersetzung mit dem kulturellen Erbe der afro-amerikanischen Geschichte.[199] Mit diesen und weiteren Texten können die Lernenden die Vielschichtigkeit des afro-amerikanischen Kulturbereichs in der amerikanischen Gesellschaft erfahren.

Wie die vorangegangenen Kapitel gezeigt haben, wird interkulturelles Verstehen in der Migrantenliteratur "Mannequins" von Lakshmi und *How*

---

[198] Eine didaktische Aufbereitung des Textes hat Freese 1994 in einer Textsammlung herausgegeben. In dem gleichen Band ist Alice Walker's "Everyday Use" enthalten.

[199] Für eine sehr aufschlußreiche literaturwissenschaftliche Besprechung der Kurzgeschichte siehe Borgmeier 1993.

the García Girls Lost Their Accents von Alvarez dadurch erleichtert, daß kulturspezifisches Wissen explizit im Text angesprochen wird. Die beiden folgenden Texte, *The House on Mango Street* von Cisneros und "After the War" von Houston, setzen beim Leser mehr kulturspezifisches Wissen über mexikanisch-amerikanische bzw. japanisch-amerikanische Minderheiten in den USA voraus und sind dadurch im interkulturellen Verstehen als anspruchsvoller zu bewerten als die ersten beiden. Schließlich weisen die Texte "Borders" von King und "Son in the Afternoon" von Williams besondere Schwierigkeiten beim interkulturellen Verstehen auf. Obwohl die an deutschen Schulen im Unterricht am häufigsten behandelten Minderheiten von diesen Texten in den Mittelpunkt gestellt werden und daher bei den Lernenden Vorwissen vorausgesetzt werden kann, präsentieren sie vor allem die Komplexität der Beziehungen zu Angloamerikanern und Anglokanadiern als dominante gesellschaftliche Gruppe. King greift auf humoristische Mittel zurück, um beiden Seiten den Spiegel vorzuhalten, und damit das ethnozentrische Verhalten beider Gruppen darzustellen. Anders – und schwieriger – ist es beim Text von Williams. Während nach der Lektüre von Kings Kurzgeschichte ein Gefühl der Versöhnung bleibt, erzeugt Williams' Kurzgeschichte eher Verunsicherung und Unbehagen. Dem Leser bleibt die schwierige Aufgabe in der Auseinandersetzung mit der Erzählung, die Figur Wendell zu verstehen. Aus diesem Grunde wurde dieser letzte Text als der schwierigste in der Textreihe eingestuft.

10 Zusammenfassung und Ausblick

Ausgangspunkt dieser Arbeit ist die zunehmende Forderung nach interkulturellem Lernen im Fremdsprachenunterricht für eine multikulturelle Gesellschaft sowie der beachtliche Anstieg und die Qualität an literarischen Texten, die in den vergangenen Jahren von Minderheitenautoren in den USA veröffentlicht wurden. Auf dieser Grundlage ergibt sich die Fragestellung, was interkulturelles Lernen mit literarischen Texten im Fremdsprachenunterricht nach dem derzeitigen Stand der Forschung ausmacht und welchen Beitrag eine Textreihe mit amerikanischer multi-ethnischer Literatur hierzu leisten kann.

Zunächst wurden im ersten Teil der Arbeit, d.h. Kapitel 1 bis 3, einige theoretische Grundlagen zum Thema interkulturelles Lernen mit literarischen Texten im Fremdsprachenunterricht dargestellt. Dazu faßt das ersten Kapitel die relevanten Bereiche zusammen, d.h. Literatur als Gegenstandsbereich und traditionelle Modelle der Literaturdidaktik.

Das zweite Kapitel gibt eine Übersicht über Begründungen zur Rolle von Literatur beim interkulturellen Lernen im Fremdsprachenunterricht. Es können in der von mir gesichteten wissenschaftlichen Literatur hierzu vier Hauptgründe unterschieden werden, weshalb Literatur einen Beitrag zum interkulturellen Lernen leisten kann. Erstens kann Literatur als Quelle von Fremderfahrung die Fähigkeit zum Perspektivenwechsel fördern. Dies schließt die Fähigkeit zum Fremdverstehen und zur Empathie mit ein. Zweitens kann Literatur als Träger kulturellen Wissens im Landeskundeunterricht eingesetzt werden. Im fremdsprachlichen Literaturunterricht wiederum dient kulturspezifisches Wissen dem besseren Verständnis des Textes. Drittens kann der Einsatz von literarischen Texten die Kommunikationsfähigkeit der Lernenden fördern, weil sie Anlaß geben, einen Text zu lesen und zu interpretieren, über diese Erkenntnisse zu kommunizieren und im Gespräch mit anderen Lernenden argumentativ die eigene Position mit einer anderen zu vergleichen. Viertens sind einige Texte geeignet, den Umgang mit Stereotypen zu lernen.

Ferner zeigt die Analyse der vorliegenden Beiträge, welche Methoden im Unterricht zum interkulturellen Lernen mit Literatur eingesetzt werden. Hierzu zählen insbesondere kreativitätsorientierte Methoden, die einen schülerorientierten Unterricht ermöglichen, sowie Interpretationsverfahren, die zu einem tiefergehenden Verständnis des Textes beitragen. Weiterhin eignet sich das Unterrichtsgespräch für interkulturelles Lernen, sowie bestimmte Übersetzungsverfahren, die den Blick auf ausgewählte Schlüsselszenen (für interkulturelles Lernen) im Text richten.

Im dritten Kapitel galt es, Kriterien für die Textauswahl zusammenzustellen, sowohl bezogen auf einzelne Texte als auch in Hinblick auf die Erstellung von Textreihen. Da multikulturelle Literatur, d.h. Literatur, die sich auf eine multikulturelle Gesellschaft bezieht, für interkulturelles Lernen als Vorbereitung auf ein Leben in einer multikulturellen Gesellschaft eine hohe lebensweltliche Relevanz für in Deutschland lebende Schüler aufweist, stellt ein Abschnitt in diesem Kapitel die amerikanische multiethnische Literatur vor.

Multi*kulturelle* Literatur trägt der multikulturellen Gesellschaft insofern Rechnung, als sie Charaktere mit unterschiedlicher kultureller Prägung einbezieht, auch wenn diese in stereotypisierender Weise, d.h. in traditionellen Rollen mit bestimmten Verhaltensweisen, dargestellt werden. Die multi-*ethnische* Literatur erhebt den Anspruch, die spezifische Kultur einer Minderheit in einer nicht-stereotypisierenden Art und Weise zu widerspiegeln. Sie zeigt die kulturell-geprägte, gesellschaftliche Umgebung, die Werte und Normen sowie unter Umständen die durch Bilingualismus geprägte Sprache als auch den Umgang der Menschen bestimmter Minderheiten miteinander angemessen und nicht stereotypisierend. Vor diesem Hintergrund sind literarische Texte ausgewählt und zu einer Textsequenz zusammengestellt mit dem übergreifenden Thema "Identität in einer multikulturellen Gesellschaft". Bei diesem Thema wurden Fragen zur individuellen Identität und der Integration in die Gesellschaft aufgegriffen.

Aspekte zur Textauswahl und Didaktisierung in Hinblick auf interkulturelles Lernen folgen im zweiten Teil, angewandt auf eine Textreihe. Eine Textreihe ist anhand der im dritten Kapitel vorgestellten Auswahlkriterien und Untersuchungsmethodik zusammengestellt und in Hinblick auf interkulturelles Lernen didaktisch erörtert. Es war möglich, eine Sequenz zu erstellen, die sukzessiv vom einfachen zum komplexeren interkulturellen Verstehen führt. Alle Texte in dieser Reihe zeigen aus verschiedenen Perspektiven, wie eine Minderheitenfigur den Erwartungen zur Anpassung an die Mehrheitsgesellschaft begegnet und sich dabei mit ihrer Identität auseinandersetzt.

Diese Thematik ist besonders für in Deutschland lebende Minderheiten oder Jugendliche aus mehrkulturellen oder Einwandererfamilien relevant und gibt ihnen Anlaß, über ihre eigene Erfahrung nachzudenken und sich darüber zu äußern. Für Lernende aus monokulturellen deutschen Familien, die keine primäre Migrationserfahrung haben, ist es ebenfalls wichtig, sich mit dieser Thematik auseinanderzusetzen und die Sichtweise von Mehrkulturellen kennenzulernen, wenn sie in einer multikulturellen Gesellschaft Menschen mit einer anderen kulturellen Identität mit Achtung begegnen sollen. Die Zusammenstellung der Überlegungen zum Einsatz dieser Texte im Unterricht erfolgte so, daß sie die Migrations- und Mehrsprachigkeitserfahrungen der Lernenden aktivieren und diese in einem handlungsorientierten Umgang mit Literatur reflektieren. Schließlich ist es für die Verfasserin wichtig, daß die Literaturdidaktik sich nicht damit begnügt, Lernende in die Konzepte der Perspektivendifferenz und -vielfalt einzuführen, sondern sie muß auch Möglichkeiten eines handlungsorientierten Unterrichts bieten.

Die in der Arbeit vorgestellten Texte sind bereits in einem Oberstufenkurs von einer Lehrerin nach den im Anhang dargestellten Arbeitsformen eingesetzt und die Unterrichtsprodukte, Hausaufgaben und Klausuren wurden der Verfasserin zur Verfügung gestellt. Sie konnten jedoch im Rahmen dieser Arbeit nicht nach wissenschaftlichen Kriterien ausgewertet werden. Die Schülerarbeiten zeigen vielversprechende Ergebnisse. So wäre nach den hier vorgelegten theoretischen Ansätzen ein weites Feld empirisch zu erforschen, wie eine Progression der interkulturellen Komplexität in Textreihen das Textverstehen der Lernenden beeinflußt. Auch bezog sich diese Arbeit in erster Linie auf die Sekundarstufe II. Für die Fremdsprachendidaktik wäre es jedoch wichtig, die Möglichkeiten zum interkulturellen Lernen mit literarischen Texten bereits in der Sekundarstufe I einzuführen, wobei wiederum die Frage nach einer Progression im interkulturellen Lernen zu erforschen wäre (hieran arbeitet z.Z. Eva Burwitz-Melzer). Hiermit verknüpft ist ferner die Frage, inwiefern interkulturelle kommunikative Kompetenz und Fortschritte der Lernenden darin bewertet werden können.

Auf einer anderen Ebene bleibt die Frage, inwiefern Schule mehr dazu beitragen kann, daß Schüler in einer pluralistischen Gesellschaft eine Identität mit Selbstachtung und zugleich Achtung vor den Anderen entwickeln. Diese Problematik ist in Anbetracht der heutigen rechtsradikalen Tendenzen in einigen gesellschaftlichen Gruppen dringender denn je geworden. Damit soll nicht behauptet werden, daß diese gesellschaftlichen Probleme, mit denen ein sich zur Multikulturalität erst allmählich bekennendes Deutschland befaßt, mit dem Einsatz einiger literarischer Texte im Englischunterricht gelöst werden können. Vielmehr sollten weiterhin alle Disziplinen im Bereich der Erziehungs- und Sozialwissenschaften wie auch der Fachdidaktiken an grundlegend neuen Konzepten arbeiten, da die Rahmenbedingungen, in denen das Schulsystem in Deutschland vor fünfzig Jahren konzipiert wurde, sich grundlegend geändert haben. Um eine solche Neuorientierung in der schulischen Praxis zu ermöglichen, werden die Einzeldisziplinen im Rahmen von Graduiertenkollegs wie das Gießener Kolleg "Didaktik des Fremdverstehens", das die Entwicklung der vorliegenden Arbeit ermöglicht hat, zusammengebracht, um im interdisziplinären Dialog neue Ansätze zu erforschen. Die vorliegende Arbeit versteht sich als ein Steinchen im Mosaik der Didaktik des Fremdverstehens für eine multikulturelle Gesellschaft.

11 Literaturverzeichnis

11.1 Primärliteratur

Alvarez, Julia (1991). *How the García Girls Lost Their Accents*. New York: Penguin / Plume, 1992. (Erstveröffentlichung 1991 bei Algonquin Books / Chapel Hill, New York).

— (1997). "An Unlikely Beginning for a Writer." In Corpi (Hrsg.) (1997), 189-199.

Bahrampour, Tara (1999). *To See and See Again. A Memoir*. Farrar, Strauss and Giroux.

Cisneros, Sandra (1984). *The House on Mango Street*. New York: Vintage Books / Random House, 1991. (Erstveröffentlichung 1984 bei Arte Público Press).

— (1987). "Ghosts and Voices: Writing from Obsession." In Kanellos (Hrsg.) (1995), 45-49.

— (1997). "Only Daughter." In Corpi (Hrsg.) (1997), 119-123.

Divakaruni, Chitra Banerjee (1995). "Clothes" In Divakaruni: *Arranged Marriage. Stories*. New York: Anchor Books/Doubleday.

Guterson, David (1995). *Snow Falling on Cedars*. London: Bloomsbury.

Houston, Jeanne Wakatsuki (1990). "After the War" In Thomas (Hrsg.) (1990), 153-173.

Kelley, William Marvin: "The Only Man on Liberty Street." In Young (Hrsg.) (1995), 262-269.

King, Thomas (1992). "Borders." In *World Literature Today*, 66 (1992) 2: 269-273.

— (1993). *One Good Story, That One: Stories by Thomas King*. Toronto: Harper Collins, 1993.

Kingston, Maxine Hong (1976). *The Woman Warrior*. Memoirs of a Childhood Among Ghosts. London: Picador, 1981. (Erstveröffentlichung 1976 bei Vintage International).

Lakshmi, Vijay (1987). "Touch-Line." In *Orbis: An International Quarterly of Poetry and Prose*. 65/66 (Summer/Autumn), 30-34.

— (1997). "Mannequins." In *Paris Transcontinental: A Magazine of Short Stories*. Paris. S. 11-18.

Liu, Aimee (1994). *Face*. London: Headline Books.

Rivera, Tómas (1971). ". . . *Y no se lo trágo la tierra / And the Earth Did Not Part.* Berkeley, Calif. Quinto Sol Publications.
Soto, Gary (1986). "The Jacket." aus *Small Faces* von Gary Soto. Delacorte Press 1986. In Frosch (Hrsg.) (1994).
Thomas, Carol Joyce (Hrsg.) (1990). *A Gathering of Flowers. Stories About Being Young in America.* New York: Harper & Row.
Walker, Alice (1973). "The Flowers" In Walker Alice: *In Love and in Trouble.* New York, et al: Harcourt Brace.
Williams, John A. (1962). "Son in the Afternoon." In Young (Hrsg.) (1995), 184-189. First printed in: John A. Williams (1962): *The Angry Ones.*
Yerby, Frank: "The Homecoming." In Young (Hrsg.) (1995), 150-157.

11.2 Sekundärliteratur

Achilles, Jochen & Carmen Birkle (Hrsg.) (1998). *(Trans-) Formations of Cultural Identity in the English-Speaking World.* Heidelberg: Universitätsverlag C. Winter.
Achtenhagen, Frank (1995). "Lehr- und Lernziele, Curriculumsforschung." In Bausch, Christ & Krumm (Hrsg.) (1995), 461-466.
Agar, Michael (1991). "The biculture in bilingual." *Language and Society,* 20, 167-181.
Alarcon, Norma (1992). "Chicana Feminism: In the Tracks of 'the' Native Woman." In Trimmer & Warnock (Hrsg.) (1992), 96-106.
Allen, Paula Gunn (1987). "Bringing Home the Fact: Tradition and Continuity in the Imagination." In Swann (Hrsg.) (1987), 563-579.
Althof, Rolf (1995). "Interkulturelle Ironie in der kanadischen Native Short Story 'Strawberries'." *Der Fremdsprachliche Unterricht Englisch,* 29 (2), 14-18.
Ammons, Elizabeth & Annette White-Parks (Hrsg.) (1994). *Tricksterism in Turn-of-the- Century American Literture: A Multicultural Perspective.* Hanover, NH: Univ. Press of New England, 1994.
Antor, Heinz (1999). "Chinese American Dreams in the Fiction of Amy Tan." In Freywald & Porsche (Hrsg.) (1999), 31-60.
Aßbeck, Johann (1997). "Pre-reading activities und ihre Auswirkungen auf das fremdsprachliche Rezeptionsgespräch (am Beispiel von Roger McGoughs First Day at School)." In Jarfe (Hrsg.) (1997), 29-49.
Atwood, Margaret (1990). "A Double-Bladed Knife: Subversive Laughter in Two Stories by Thomas King." *Canadian Literature,* Spring-Summer, 243-250.

Au, Kathryn H. (1993). *Literacy Instruction in Multicultural Settings*. Fortworth, TX: Harcourt Brace.

Auernheimer, Georg (1995). *Einführung in die interkulturelle Erziehung*. Darmstadt: Wiss. Buchgesellschaft.

Bachelard, Gaston (1964). *The Poetics of Space*. New York: Orion Books, 1964. Neuauflage: Übersetz.: Maria Jolas. Boston, MA: Beacon Press, 1992.

Bak, Hans (Hrsg.) (1993). *Multiculturalism and the Canon of American Culture*. Amsterdam: VU Press.

Baker, Houston A. Jr. (Hrsg.) (1982). *Three American Literatures: Essays on Chicano, Native American, and Asian-American Literatures for Teachers of American Literature*. New York: Modern Language Association of America.

Barak, Julie (1998). "'Turning and Turning in the Widening Gyre': A Second Coming into Language in Julia Alvarez's How the Garcia Girls Lost Their Accents." *MELUS: The Journal of the Society for the Study of the Multi-Ethnic Literature of the United States,* 23 (Spring) 1, 159-176.

Bardeleben, Renate von (Hrsg.) (1993). *Gender, Self, and Society. Proceedings of the IV International Conference on the Hispanic Cultures of the United States*. Frankfurt: Peter Lang.

Barrett, Laurence I. (1993). "What's in a Name?" *Time* Special Issue, Fall, 79

Barthel, Helga (1991). "Die Funktion von Texten beim Lehren und Lernen von Fremdsprachen." In Bausch, Christ & Krumm (Hrsg.) (1991), 7-14.

Bausch, Karl-Richard, Herbert Christ & Hans-Jürgen Krumm (Hrsg.) (1991). *Texte im Fremdsprachenunterricht als Forschungsgegenstand. Arbeitspapiere der 11. Frühjahrskonferenz zur Erforschung des Fremdsprachenunterrichts*. Bochum: Brockmeyer.

— (Hrsg.) (1994). *Interkulturelles Lernen im Fremdsprachenunterricht: Arbeitspapiere der 14. Frühjahrskonferenz zur Erforschung des Fremdsprachenunterrichts*. Reihe Giessener Beiträge zur Fremdsprachendidaktik. Tübingen: Narr.

— (Hrsg.) (1995). *Handbuch Fremdsprachenunterricht*. Reihe UTB für Wissenschaft. Tübingen, Basel: Francke.

Becker, Thomas (1992). *Schüler im Umgang mit fremdsprachlicher Literatur: Eine empirische Studie zum Rezeptionsverhalten von Schülern der Sekundarstufe II bei der Lektüre literarischer Texte im Englischunterricht*. Frankfurt: Peter Lang.

Ben Jalloun, Tahar (1999). *Papa, was ist ein Fremder? Gespräch mit meiner Tochter*. Berlin: Rowolt.

Benjamin-Labarthe, Elyette, Yves-Charles Grandjeat & Christian Lerat (Hrsg.) (1995). *Confrontations et Metissages*. Bordeaux, France: Maison des Pays Iberiques.

Benton, Michael (1996). "The Discipline of Literary Response: Approaches to Poetry with L2 Students." In Bredella & Delanoy (Hrsg.) (1996), 30-44.

Benz, Norbert (1990). *Der Schüler als Leser im fremdsprachlichen Literaturunterricht*. Tübingen: Narr.

Berthold, Cornelia (1995). "Indien im Englischunterricht: ein Zugang durch Literatur." In Bredella & Christ (Hrsg.) (1995), 144-157.

Bevis, William (1987). "Native American Novels: Homing In." In Swann (Hrsg.) (1987), 580-620.

Bielefeld, Uli (Hrsg.) (1991). *Das Eigene und das Fremde. Neuer Rassismus in der Alten Welt?* Hamburg: Junius.

Binder, Wolfgang & Helmbrecht Breinig (1994). "Amerikanische Multikulturalität und Literatur." In Binder & Breinig (Hrsg.) (1994), 9-24.

Binder, Wolfgang & Helmbrecht Breinig (Hrsg.) (1994). *Facing America: multikulturelle Literatur der heutigen USA in Texten und Interviews; ein Lesebuch*. Zürich: Rotpunkt Verlag.

Binder, Wolfgang (1994). "John A. Williams." Interviewt von Wolfgang Binder, übersetzt von Margit Lienert und Wolfgang Binder. In Binder & Breinig (Hrsg.) (1994), 394-413.

Bing, Jonathan (1996). "Julia Alvarez: Books that Cross Borders." *Publishers Weekly* 243 (Dec 16) 51, 38-39.

Blell, Gabriele (1992). "Zur Arbeit mit dem literarischen Text im universitären Fremdsprachenunter-richt. Motivationsfördernde Wirkungen durch eine fachübergreifende Übungsgestaltung." *Fremdsprachen Lehren und Lernen*, 21, 241-249.

— (1993). "Zur Arbeit mit dem literarischen Text im Hochschul-Fremdsprachenunterricht: Motivationsfördernde Wirkungen durch eine fachübergreifende Übungsgestaltung." In Timm & Vollmer (Hrsg.) (1993), 349-354.

— (1995). "'Popsongs are the ESP of Youth': Ihr Einsatz im Englischunterricht unter Beachtung textlicher *und* musikalischer Komponenten." In Bredella (Hrsg.) (1995), 305-310.

Bleyhl, Werner (1994). "Das Lernen von Fremdsprachen ist interkulturelles Lernen." In Bausch, Christ & Krumm (Hrsg.) (1994), 9-20.

Bolton, Jürgen (Hrsg.) (1998). *Studien zur internationalen Unternehmenskommunikation*. Leipzig: H. Popp Verlag.

Borgmeier, Raimund (1993). "Alice Walker: Everyday Use (1973)" In Karrer & Pushmann-Nalenz (Hrsg.) (1993), 59-73.

Boter, Babs (1993). "'The Great Power of My Mother Talking-Story' - Ethnicity and Identity in the Work of Amy Tan and Maxine Hong Kingston." In Bak (Hrsg.) (1993), 146-159.

Bramen, Carrie Tirado (1996). "Domincan-American Literature." In Knippling (Hrsg.) (1996), 207-219.

Braun, Hans & Wolfgang Kloos (Hrsg.) (1995). *Multiculturalism in North America and Europe: Social Practices, Literary Visions*. Trier: Wissenschaftsverlag Trier WVT.

Bredella, Lothar (1985). "Leseerfahrung im Unterricht. Kognitive und affektive Reaktionen bei der Lektüre literarischer Texte." In Bredella & Legutke (Hrsg.) (1985), 54-82.

— (1986). "Ausweglosigkeit und Protest in literarischen Texten der Fünfziger Jahre in England." In Kuna & Tschacherl (Hrsg.) (1986), 397-424.

— (1989). "Literary Texts and Intercultural Understanding: Arthur Miller's Play Death of a Salesman." In Funke (Hrsg.) (1989), 200-219.

— (1990). "Das Verstehen literarischer Texte im Fremdsprachenunterricht." *Die Neueren Sprachen,* 89 (6), 562-583.

— (1991). "'Ästhetisches Lesen' als Lernziel des Fremdsprachenunterrichts?" In Bausch, Christ & Krumm (Hrsg.) (1991), 37-44.

— (1992a). "Introduction: Towards a Pedagogy of Intercultural Education" *Amerikastudien American Studies,* 37 (4), 551-558

— (1992b). "Towards a Pedagogy of Intercultural Education." *Amerikastudien American Studies,* 37 (4) 559-594.

— (1993). "Two Concepts of Art: Art as Truth or as Dialogue." In Hoffmann & Hornung (Hrsg.) (1993), 89-134.

— (1994). "Interkulturelles Verstehen zwischen Objektivismus und Relativismus." In Bausch, Christ & Krumm (Hrsg.) (1994), 21- 30.

— (1995a). "Einleitung: Verstehen und Verständigung als Grundbegriffe und Zielvorstellungen des Fremdsprachenlehrens und -lernens?" In Bredella (Hrsg.) (1995), 1-34.

— (1995b). "Literaturwissenschaft" In Bausch, Christ & Krumm (Hrsg.) (1995), 58-66.

— (1996a). "The Anthropological and Pedagogical Significance of Aesthetic Reading in the Foreign Language Classroom." In Bredella & Delanoy (Hrsg.) (1996), 1-29.

— (1996b). "Interkulturelle Begegnungen on literarischen Texten und Spielfilmen: Vorüberlegungen zu einer Didaktik des interkulturellen Verstehens." In Bredella & Christ (Hrsg.) (1996), 59-88.

— (1997a). "Interkulturelles Verstehen im Fremdsprachenunterricht: Do The Right Thing von Spike Lee." In Jarfe (Hrsg.) (1997), 163-181.

— (1997b). "Minderheitenliteratur und interkulturelles Lernen. Maxine Hong Kingston's 'The Woman Warrior'." *Der Fremdsprachliche Unterricht Englisch,* 31 (3), 26-31.

— (1998a). "Human Rights and Understanding Foreign Cultures between Relativism and Universalism." Haselbach, Dieter (Hrsg.) (1998), 251-277.

— (1998b). "The Politics of Recognition: Spike Lee's *Do the Right Thing* and *Jungle Fever.*" In Achilles & Birkle (Hrsg.) (1998), 295-317.

— (1999a). "Zielsetzungen interkulturellen Fremdsprachenunterrichts." In Bredella & Delanoy (Hrsg.) (1999), 85-120.

— (1999b). "Nightmares of Misrecognition in Multicultural Texts." In Freywald & Porsche (Hrsg.) (1999), 79-96.

— (2000a). "James Moloneys Jugendroman Gracey. Ein Modell zur Vermittlung von 'literary' und 'cultural studies'." *Der Fremdsprachliche Unterricht Englisch,* 34 (1), 24-27.

— (2000b). "Fremdverstehen mit literarischen Texten." In Bredella, Meißner, Nünning & Rösler (Hrsg.) (2000), 133-163.

— (2000c). "Pluralism and Cosmopolitanism: Two Answers to a Multicultural Society at the End of the Century." In Hoffmann & Hornung (Hrsg.) (2000 [in Druck]). Zitate nach Manuskriptvorlage.

— (2001). "Interkulturelles Verstehen als Schlüsselqualifikation. Überlegungen zu einem Landeskundeseminar über The Civil Rights Movement in den USA." *Zeitschrift für Fremdsprachenforschung ZFF*, 12 (1), 1-37.

— (Hrsg.) (1991). *Mediating a Foreign Culture: The United States and Germany.* Tübingen: Narr, 1991.

Bredella, Lothar et al. (2000). "Einleitung: Grundzüge einer Theorie und Didaktik des Fremdverstehens beim Lehren und Lernen fremder Sprachen." In Bredella, Meißner, Nünning & Rösler (Hrsg.) (2000), ix-lii.

— (Hrsg.) (1995). *Verstehen und Verständigung durch Sprachenlernen?* Dokumentation des 15. Kongresses für Fremdsprachendidaktik. Bochum: Universitätsverlag Dr. N. Brockmeyer.

Bredella, Lothar & Herbert Christ (1995). "Didaktik des Fremdverstehens im Rahmen einer Theorie des Lehrens und Lernens fremder Sprachen". In Bredella & Christ (Hrsg.) (1995), 8-19.

— (Hrsg.) (1993). *Zugänge zum Fremden.* Reihe Gießener Diskurse, Bd. 10. Gießen: Ferber'sche Universitätsbuchhandlung.

— (Hrsg.) (1995). *Didaktik des Fremdverstehens.* Reihe Giessener Beiträge zur Fremdsprachendidaktik. Tübingen: Gunter Narr.

— (Hrsg.) (1996). *Begegnungen mit dem Fremden.* Reihe Gießener Diskurse, Bd. 15. Gießen: Ferber'sche Universitätsbuchhandlung.

Bredella, Lothar & Werner Delanoy (1999). "Einleitung. Was ist interkultureller Fremdsprachenunterricht?" In Bredella & Delanoy (Hrsg.) (1999), 11-31.

Bredella, Lothar & Werner Delanoy (Hrsg.) (1996). *Challenges of Literary Texts in the Foreign Language Classroom.* Reihe Giessener Beiträge zur Fremdsprachendidaktik. Tübingen: Narr.

— (Hrsg.) (1999). *Interkultureller Fremdsprachenunterricht.* Reihe Giessener Beiträge zur Fremdsprachendidaktik. Tübingen: Gunther Narr.

Bredella, Lothar & Dietmar Haack (Hrsg.) (1988). *Perceptions and Misperceptions: The United States and Germany.* Tübingen: Günther Narr.

Bredella, Lothar & Michael Legutke (Hrsg.) (1985). *Schüleraktivierende Methoden im Fremdsprachenunterricht Englisch.* Bochum: Kamp.

Bredella, Lothar, Franz-Joseph Meißner, Ansgar Nünning, Dietmar Rösler (Hrsg.) (2000). *Wie ist Fremverstehen Lehr- und Lernbar?* Tübingen: Günter Narr.

Bredella, Lothar, Herbert Christ & Michael K. Legutke (1997). "Einleitung." In Bredella, Christ & Legutke (Hrsg.) (1997), 11-33.

Bredella, Lothar, Herbert Christ & Michael K. Legutke (Hrsg.) (1997). *Thema Fremdverstehen: Arbeiten aus dem Graduiertenkolleg Didaktik des Fremdverstehens.* Tübingen: Gunter Narr.

Brookhiser, Richard (1993). "Three Cheers for the WASPs. When it comes to being American, they wrote the book." *Time* Special Issue, Fall 1993, 78

Brown, Julia (Hrsg.) (1997). *Ethnicity and the American Short Story.* New York, NY: Garland.

Bruce-Novoa, Juan (1990). *Retrospace: Collected Essays on Chicano Literature.* Houston: Arte Público Press.

— (1996). "Learning to Read (and/in) Rudolfo Anaya's Bless Me, Ultima." In Maitino & Peck (Hrsg.) (1996), 179-192.

Bruchac, Joseph & Janet Witalec (Hrsg.) (1995). *Smoke Rising: The Native North American Literary Companion.* Detroit; Washington, D.C.: Visible Ink.

Brusch, Wilfried (1992). "Vom Lesen zum Schreiben: 'Dependent Authorship'. Kreative Schreibaufgaben als alternative Textarbeit." *Der Fremdsprachliche Unterricht Englisch* 26 (1), 36-41.

Burton, Robert S. (1992). "Talking Across Cultures." In Trimmer & Warnock (Hrsg.) (1992), 115-123.

Burwitz-Melzer, Eva (1999). "'Nibbling the Bait' - neue stories und short stories." *Der Fremdsprachliche Unterricht Englisch,* 33 (3), 14-18.

— (2000). "Crossing Borders on Tiptoe. Interkulturelles Lernen für Anfänger." *Der Fremdsprachliche Unterricht Englisch,* 34 (1), 11-17.

Bus, Heiner (1990). "Chicano Literature of Memory: Sandra Cisneros, *The House on Mango Street* (1984) and Gary Soto, *Living Up the Street. Narrative Recollections* (1985)." In Karrer & Lutz (Hrsg.) (1990), 129-142.

Butterfield, Fox (1990). "Why They Excel". *Parade*, Jan. 21, 4-6.

Buttjes, Dieter (1991). "Interkulturelles Lernen im Englischunterricht." *Der Fremdsprachliche Unterricht Englisch,* 25 (1), 2-9.

Buttjes, Dieter & Michael Byram (Hrsg.) (1990). *Mediating Languages and Cultures*: Towards an Intercultural Theory of Foreign Language Education. Clevedon: Multilingual Matters.

Byram, Michael & Michael Fleming (Hrsg.) (1998). *Language Learning in Intercultural Perspective*. Cambridge: University Press.

Byram, Michael (1990). "Teaching Culture and Language: Towards an Integrated Model." In Buttjes & Byram (Hrsg.) (1990), 17-30.

Cahalan, James M. & David B. Downing, (Hrsg.) (1991). *Practicing Theory in Introductory College Literature Courses.* Urbana, IL: National Council of Teachers of English.

Caspari, Daniela (1994). *Kreativität im Umgang mit literarischen Texten im Fremdsprachenunterricht.* Reihe Europäische Hochschulschriften. Frankfurt: Peter Lang.

— (1997). "Lernziel 'interkulturelles Lernen/Fremdverstehen': Was Fremdsprachenlehrer und -lehrerinnen darüber denken - drei Fallbeispiele." In Bredella, Christ & Legutke (Hrsg.) (1997), 55-75.

— (2000). "Kreative Textarbeit als Beitrag zum Fremdverstehen." *Fremdsprachenunterricht*, 44/53 (2), 81-86.

Cavelis, Martin & Horst Hemm (1984). "'Nicht nur Gastarbeiterdeutsch' - Gedanken zur literarischen Migrantenkultur in der Bundesrepublik Deutschland." *Ausländerkinder,* 19, 22-64.

Chambers, Ian (1996). *Migration, Kultur, Identität.* Reihe Stauffenburg Discussion; 3. Tübingen: Stauffenburg.

Chan, Jeffery P., Frank Chin, Lawson F. Inada & Shawn H. Wong (1982). "An Introduction to Chinese-American and Japanese-American Literatures." In Baker (Hrsg.) (1982), 197-228.

Cheung, King-Kok (1996). "Reading between the Syllables: Hisaye Yamamoto's Seventeen Syllables and Other Stories." In Maitino & Peck (Hrsg.) (1996), 313-326.

Christ, Herbert & Michael Legutke (Hrsg.) (1996). *Fremde Texte Verstehen. Festschrift für Lothar Bredella.* Tübingen: Gunter Narr, 1996.

Christ, Herbert (1994). "Fremdverstehen als Bedingung der Möglichkeit interkulturellen Lernens." In Bausch, Christ & Krumm (Hrsg.) (1994), 31-42.

— (1996). "Das nahe Fremde und das ferne Fremde im fremdsprachlichen Literaturunterricht." In Bredella & Christ (Hrsg.) (1996), 89-107.

Chua, Cheng Lok (1992). "Passages From India: Migrating to America in the Fiction of V.S. Naipaul and Bharati Mukherjee." In Nelson (Hrsg.) (1992), 51-61.

Clarke, Graham (Hrsg.) (1990). *The New American Writing: Essays on American Literature Since 1970.* New York: St. Martin's Press; London: Vision.

Clayton, Jay (1990). "The Narrative Turn in Recent Minority Fiction." *American Literary History,* 2, 375-395.

Clemetson, Lynette (1998). "Caught in the Cross-Fire: A young star teacher finds herself in a losing battle with parents." *Newsweek* December 14, 82-83.

Collie Joanne & Stephan Slater (1987). *Literature in the Language Classroom: A resource book of ideas and activities.* Reihe Cambridge Handbooks for Language Teachers. Cambridge: University Press.

Corpi, Lucha (Hrsg.) (1997). *Mascaras.* Berkeley, CA: Third Woman Press.

Cose, Ellis (1999). "The Good News About Black America." *Newsweek* June 14, 1999, 61-72.

— (2000). "Our New Look: The Colors of Race." *Newsweek.* Special Double Issue. Decmber 27, 1999 - January 3, 2000. 40-42.

Couser, G. Thomas (1996). "Indian Preservation: Black Elk Speaks." In Maitino & Peck (Hrsg.) (1996), 21-36.

Crystal, David (1997). *English as a Global Language.* Cambridge: University Press.

Dasenbrock, Reed Way (1992). "Teaching Multicultural Literature." In Trimmer & Warnock (Hrsg.) (1992), 35-46.

Davis, Roío G. (1997). "Identity and Community in Ethnic Short Story Cycles: Amy Tan's The Joy Luck Club, Louise Erdrich's Love Medicine, Gloria Naylor's The Women of Brewster Place." In Brown (Hrsg.) (1997), 3-23.

Decke-Cornill, Helene (1994). "Intertextualität als literaturdidaktische Dimension. Zur Frage der Textzusammenstellung bei literarischen Lektürereihen." *Die Neueren Sprachen*, 93 (3), 272-287.

Delanoy, Werner (1993a). "'Come to Mecca' Assessing a literary text's potential for intercultural learning." In Delanoy, Köberl & Tschacherl (Hrsg.) (1993), 275-299.

— (1996a). "The Complexity of Literature Teaching in the Language Classroom: A Reflective Practitioner's View." In Bredella & Delanoy (Hrsg.) (1996), 62-90.

— (1996b). "Die Relevanz der englischsprachigen Literaturpädagogik für die fremdsprachliche Literaturdidaktik." In Christ & Legutke (Hrsg.) (1996), 72-86.

— (1999). "Fremdsprachenunterricht als dritter Ort bei interkultureller Begegnung." In Bredella & Delanoy (Hrsg.) (1999), 121-159.

— (2000). "Prozeßorientierung und interkultureller Fremdsprachenunterricht." In Bredella, Meißner, Nünning & Rösler (Hrsg.) (2000), 191-230.

Delanoy, Werner, Hans Köberl & Heinz Tschacherl (Hrsg.) (1993): *Experiencing a Foreign Culture.* Tübingen: Gunter Narr.

Dessaso, Deborah A. (1996). "The Search for Identity by Women in a Marginalized Culture: Three Approaches by Three Latinas." *CEAMagazine:* A Journal of the College English Association, Middle Atlantic Group, 9, 47-52.

Díaz, Gwendolin (1995). "Postmodern pop: The construction of context in the fiction in Sandra Cisneros." In Benjamin-Labarthe, Grandjeat & Lerat (Hrsg.) (1995), 133-140.

Diedrich, Maria (1997). "Afro-amerikanische Literatur." In Zapf (Hrsg.) (1997), 402-426.

Dillin, John (1990). "Immigrant Influx is Reshaping US". *Christian Science Monitor* Jan. 2, 6.

Dingwaney, Anuradha & Carol Maier (1992). "Translation as a Method for Cross-Cultural Teaching." In Trimmer & Warnock (Hrsg.) (1992), 47-61.

Doderer, Ingrid (1991). *Fremde Texte lesen: Wege zum Verstehen anderer Kulturen durch Leseförderung im Fremdsprachenunterricht.* München: Judicium.

Dogar, Rana (1999). "Immigrant Journey: An Iranian-American's life in two lands." *Newsweek* April 12, 61.

Donnerstag, Jürgen (1992). "Literary Reading and Intercultural Learning - Understanding Ethnic American Fiction in the EFL-Classroom." *Amerikastudien American Studies,* 37 (4), 595-611.

— (1995). "Populäre amerikanische Fernsehserien und interkulturelles Lernen." In Bredella (Hrsg.) (1995), 299-304.

— (1996). "Improving the Expressive Competence of Foreign-Language Learners through Literary Reading." In Bredella & Delanoy (Hrsg.) (1996), 144-161.

— (1999a). "Kulturelle Kreolisierung und interkulturelle Kompetenz." In Bredella & Delanoy (Hrsg.) (1999), 240-260.

— (1999b). "Tony Kushner's *Angels in America* - A New Version of the American Dream for the German EFL-Classroom?" In Freywald & Porsche (Hrsg.) (1999), 153-168.

Doughty, Peter (1990). "A Fiction for the Tribe: Toni Morrison's The Bluest Eye." In Clarke (Hrsg.) (1990), 29-50.

Doyé, Peter (1995). "Lehr- und Lernziele." In Bausch, Christ & Krumm (Hrsg.) (1995), 161-166.

Doyle, Jacqueline (1994). "More Room of her own: Sandra Cisneros's The House on Mango Street." *MELUS*: The Journal of the Society for the Study of the Multi-Ethnic Literature of the United States, Winter, 19 (4), 5-35.

Dvorak, Marta (1996). "Thomas King's Fusion and Confusion: Or, What Happened to My Earth Without Form?" *Commonwealth Essays and Studies*, Autumn, 19 (1), 86-95.

— (1997). "The World According to Thomas King." *Anglophonia*: French Journal of English Studies, 1, 67-76.

Edmonson, Willis & Juliane House (1998). "Interkulturelles Lernen. Ein überflüssiger Begriff." *Zeitschrift für Fremdsprachenforschung,* 9 (2), 161-188.

Ehlers, Swantje (1999). "Landeskunde und Literatur." In Bredella & Delanoy (Hrsg.) (1999), 418-438.

Erdheim, Mario (1992). "Das Eigene und das Fremde. Über ethnische Identität." *Psyche*, 46 (8), 730-744.

Erdmenger, Manfred (1995). "Canada - A Country of Survivors." *Der Fremdsprachliche Unterricht Englisch,* 29 (2), 33-40.

Esser, Regina (1995). "Distanzen bei der Lektüre fremdsprachlicher Texte am Beispiel der belgischen Literatur." In Bredella & Christ (Hrsg.) (1995), 131-143.

Farley, Christopher John (1998). "No Man's Land. Three new novelists take on Asian-American life." *Time* magazine.

Fee, Margery (1987). "Romantic Nationalism and the Image of Native People in Contemporary English-Canadian Literature." In King, Calver & Hoy (Hrsg.) (1987), 15-33.

Fellner, Astrid (1995). "Sandra Cisneros' The House on Mango Street: Owning a white house as a promise for being." In Benjamin-Labarthe, Grandjeat & Lerat (Hrsg.) (1995), 123-131.

Finkbeiner, Claudia (1995). *Englischunterricht in europäischer Dimension: Zwischen Qualifikationserwar-tungen der Gesellschaft und Schülereinstellungen und Schülerinteressen.* Berichte und Kontexte zweier empirischer Untersuchungen. Reihe Beiträge zur Fremdsprachenforschung, 2. Bochum: Brockmeyer.

Fischer, Sabine & Moray McGowan (Hrsg.) (1997). *Denn du tanzt auf einem Seil. Positionen deutschsprachiger MigrantInnenliteratur.* Reihe Stauffenburg Discussion Band 2. Tübingen: Stauffenburg.

Fluck, Winfried (1997). "Realismus, Naturalismus, Vormoderne." In Zapf (Hrsg.) (1997), 154-217.

Frederking, Monika (1985). *Schreiben gegen Vorurteile: Literatur türkischer Migranten in der Bundesrepublik Deutschland.* Berlin: Express Edition.

Freemantle, Tony (1991). "Indian Sovereignty. Tribes attempting self-government to combat poverty." *Houston Chronicle* (Houston, Texas) July 28, 1A.

Freese, Peter, H. Groene & Liesel Hermes (Hrsg.) (1983). *Die Short Story im Englischunterricht der Sekundarstufe II: Theorie und Praxis.* Paderborn: Schönigh.

— (1979). *Growing Up Black in America. Stories and Studies of Sozialisation.* Paderborn: Schöningh, 2. Auflage.

— (1983). "Zur Methodik der Analyse von Short Stories im Englischunterricht der Sekundarstufe II." In Freese, Peter, H. Groene & Liesel Hermes (Hrsg.) (1983), 38-71.

— (1984). "Growing up ethnic in the American Short Story: An alternative approach to the 'melting-pot' issue in the advanced EFL classroom." *Englisch und Amerika Studien,* 6 (3), 470-502.

— (1992). "Marmon Silko's Ceremony: Universality versus Ethnocentrism." *Amerikastudien American Studies,* 37 (4), 613-645.

— (1994a). "Introduction." In Freese, Peter (Hrsg.) (1994a), 5-12.
— (1996). "Universality vs. Ethnocentricity, or: the Literary Canon in a Multicultural Society." *Zeitschrift für Anglistik und Amerikanistik,* 44 (2), 155-170.
— (1999a). "Hisaye Yamamoto's Short Story 'Yoneko's Earthquake' as an Exercise in 'Intercultural Understanding.'" In Bredella & Delanoy (Hrsg.) (1999), 459-475.
— (1999b). "Francisco Jiménez: 'The Circuit', or: the plight of braceros in California." *Der Fremdsprachliche Unterricht Englisch,* 33 (3), 34-38.
— (Hrsg.) (1994a). *Growing up in a Multicultural Society. Nine American Short Stories.* München: Langenscheidt-Longman.
— (Hrsg.) (1994b). *From Melting Pot to Multiculturaism: E Pluribus Unum? Teacher's Resource Book.* München: Langenscheidt-Longmann.
Freywald, Carin & Michael Porsche (Hrsg.) (1999). *The American Dream: Festschrift für Peter Freese.* Essen: Verlag Die Blaue Eule.
Fricke, Dietmar & Albert Rainer Glaap (Hrsg.) (1990). *Literatur im Fremdsprachenunterricht - Fremdsprache im Literaturunterricht.* Frankfurt: Diesterweg.
Fricke, Dietmar (1990). "Literatur: Zentrum einer interkulturellen Landeskunde. Ein Plädoyer für mehr Literatur im Französischunterricht."In Fricke & Glaap (Hrsg.) (1990), 62-76.
Frosch, Mary (Hrsg.) (1994): *Coming of Age in America. A Multicultural Anthology.* New York: The New Press.
Fugita, Stephan S. & David J. O'Brian (1991). *Japanese American Ethnicity: The Persistence of Community.* Seattle and London: University of Washington Press.
Funke, Peter (1989). "A Communicative Approach to Cross-Cultural Understanding." In Funke (Hrsg.) (1989), 8-26.
— (1990). "Das Verstehen einer fremden Kultur als Verstehensprozeß." *Die Neueren Sprachen* 89 (6), 584-596.
— (Hrsg.) (1989). *Understanding the USA: A Cross-Cultural Perspektive.* Tübingen: Narr.
Georgi-Findlay, Brigitte (1990). "Concepts of History in Contemporary Native American Fiction." In Karrer & Lutz (Hrsg.) (1990), 159-174.
— (1997). "Indianische Literatur." In Zapf (Hrsg.) (1997), 376-402.
Ghymn, Esther Mikyung (1992). *The Shapes and Styles of Asian American Prose Fiction.* New York: Peter Lang.

Giesen, Bernhard (Hrsg.) (1991). *Nationale und kulturelle Identität. Studien zur Entwicklung des kollektiven Bewßtseins in der Neuzeit.* Frankfurt: Suhrkamp.
Glaap, Albert-Reiner (1995). "Literaturdidaktik und literarisches Curriculum." In Bausch, Christ & Krumm (Hrsg.) (1995), 149-156.
Gogolin, Ingrid (1994). *Der Monolinguale Habitus der multilingualen Schule.* Münster / New York: Waxmann.
Gohrbandt, Detlev (1995). "Eigene Fabeln, andere Fabeln - europäische und westafrikanische Tierfabeln im Vergleich." In Bredella (Hrsg.) (1995), 277-283.
Gonzales-Berry, Erlinda & Tey Diana Rebolledo (1986). "Growing Up Chicano: Tomás Rivera and Sandra Cisneros." In Olivares (Hrsg.) (1986), 109-119.
Gosh, Bishnupriya & Brinda Bose (Hrsg.) (1997). *Interventions: Feminist Dialogues on Third Women's Literature and Film.* New York, NY: Garland.
Grabes, Herbert (1996). "Die literarische Begegnung mit dem Fremden." In Bredella & Christ (Hrsg.) (1996), 38-58.
— (2000). "Das inszenierte Fremde: Dramen als Wege des Fremdverstehens." In Bredella, Meißner, Nünning & Rösler (Hrsg.) (2000), 253-266.
Grewal, Gurleen (1996). "Indian-American Literature." In Knippling (Hrsg.) (1996), 91-108.
Griffin, Susan E. (1997). "Resistance and Reinvention in Sandra Cisneros' Woman Hollering Creek." In Brown (Hrsg.) (1997), 85-96.
Groeben, Norbert (1982). *Leserpsychologie. Band 1: Textverständnis - Textverständlichkeit.* Münster: Aschendorff.
Grogan-Schomers, Diana & Wolfgang Hallet (1997). "Angels in the Outfield: Ein amerikanischer Originalfilm im Anfangsunterricht." In Jarfe (Hrsg.) (1997), 183-204.
Gross, Konrad (1995). "The Burden of Memory: Ethnic Literature in Germany and Canada." In Braun & Kloos (Hrsg.) (1995), 115-131.
Gutbrod, Max (1996). *Die Rolle des Lehrers im Literaturunterricht: Unter besonderer Berücksichtigung der Romandidaktik.* Erlangen-Nürnberg: Univ. Diss.
Gutmann, Amy (Hrsg.) (1994). *Multiculturalism: Examining the Politics of Recognition.* Princeton, NJ: Princeton University Press.
Gymnich, Marion (1999). "Weibliche Sichtweisen: englisch-sprachige Kurzgeschichten von Frauen." *Der Fremdsprachliche Unterricht Englisch,* 33 (3), 24-27.

Hakutani, Yoshinobu (1996). "Racial Discourse and Self-Creation: Richard Wright's Black Boy." In Maitino & Peck (Hrsg.) (1996), 119-132.

Hall, John A. & Charles Lindholm (1999). *Is America Breaking Apart?* Princeton: Princeton University Press.

Hall, Stuart (1991). "Ethnicity: Identity and Difference." *Radical America* 23 (4), 9-20.

— (1994). "Cultural Identity and Diaspora." In Williams & Chrisman (Hrsg.) (1994), 393-403.

Harris, Violet J. (1992). "Multiethnic Children's Literature." In Wood & Moss (Hrsg.) (1992), 169-201.

Haselbach, Dieter (Hrsg.) (1998). *Multiculturalism in a World of Leaking Boundaries.* Reihe Studien zu Migration und Minderheiten Band 7. Münster: LIT.

Heller, Arno (1992a). "Between Holism and Particularism: Concepts of Intertextuality in the Pedagogy of American Studies." *Amerikastudien American Studies,* 37 (4), 648-659.

— (1992b). "Zur Problematik interkultureller Literaturvermittlung im Englischunterricht der Sekundarstufe II." *Der Fremdsprachliche Unterricht Englisch,* 26 (1), 26-30.

— (1996). "Reading Between the Lines: An Integral approach to Teaching Melville's Benito Cereno." In Bredella & Delanoy (Hrsg.) (1996), 205-226.

Helmolt, Katherina von & Bernd-Dietrich Müller (1991). "Zur Vermittlung Interkultureller Kompetenzen." In Müller (Hrsg.) (1991), 509-548.

Hermes, Liesel & Gisela Schmid-Schönbein (Hrsg.) (1998). *Fremdsprachen lehren lernen - Lehrerausbildung in der Diskussion.* Dokumentation des 17. Kongresses für Fremdsprachendidaktik, veranstaltet von der Deutschen Gesellschaft für Fremdsprachenforschung (DGFF) Koblenz, 6.-8. Oktober 1997. Berlin: Pädagogischer Zeitschriftenverlag.

Hermes, Liesel (1997). "Fremdsein als Motiv in zeitgenössischen englischen und amerikanischen Short Stories." In Jarfe (Hrsg.) (1997), 119-135.

— (1998a). "Fremderfahrung durch Literatur. Ein Beitrag zum interkulturellen Lernen." *Fremdsprachenunterricht* 42/51 (2), 129-134.

— (1998b). "Literarische Rezeptionsprozesse von Studierenden im Grundstudium." In Hermes & Schmid-Schönbein (Hrsg.) (1998), 123-134.

— (1999). "Das Fremde und das Eigene: Leserperspektive und Erzählperspektive in Short Stories." In Bredella & Delanoy (Hrsg.) (1999), 439-458.

Herrera, Andrea O'Reilly (1995). "'Chambers of Consciousness': Sandra Cisneros and the Development of the Self in the BIG House on Mango Street." *Bucknell Review*: A Scholarly Journal of Letters, Arts and Sciences, 39 (1), 191-204.

Hesse, Mechthild & Britta Putjenter (1995). "Poetry in in-service training and in the advanced English classroom." *Der Fremdsprachliche Unterricht Englisch,* 29 (2), 29-32.

Hessisches Kultusministerium (Hrsg.) (1998). *Rahmenplan. Gymnasiale Oberstufe, Aufgabenfeld I, Neue Sprachen* (Kursstrukturplan). Frankfurt: Diesterweg.

Ho, Wendy (1996). "Swan-Feather Mothers and Coca-Cola Daughters: Teaching Amy Tan's The Joy Luck Club." In Maitino & Peck (Hrsg.) (1996), 327-346.

Hochbruck, Wolfgang (1996). "Cultural Authenticity and the Construction of Pan-Indian Meta-Narrative." In Siemerling & Schwenk (Hrsg.) (1996), 18-28.

Hoffman, Joan M. (1998). "'She Wants to Be Called Yolanda Now': Identity, Language, and the Third Sister in How the Garcia Girls Lost Their Accents." *Bilingual Review La Revista Bilingue,* 23 (Jan-Apr, 1), 21-27.

Hoffmann, Gerhard & Alfred Hornung (Hrsg.) (1993). *Affirmation and Negation in Contemporary American Culture.* Heidelberg: Universitätsverlag C. Winter.

— (Hrsg.) (2000 [in Druck]), *Postmodernism and the Fin de Siècle.* Heidelberg: Universitätsverlag C. Winter.

Hölbling, Walter (1986). "Fiktionale Texte in der Landes- und Kulturkunde. Pragmatische Überlegungen am Beispiel amerikanischer Romane zum Vietnamkonflikt." In Kuna & Tschacherl (Hrsg.) (1986), 231-258.

Hu, Adelheid (1995). "Spielen Vorurteile im Fremdsprachenunterricht eine positive Rolle?" In Bredella (Hrsg.) (1995), 405-412.

— (1997). "Warum '*Fremd*verstehen'? Anmerkungen zu einem leitenden Konzept innerhalb eines 'interkulturell' verstandenen Sprachunterrichts." In Bredella, Christ & Legutke (Hrsg.) (1997), 34-54.

— (1998). "Wie werden zukünftige FremdsprachenlehrerInnen derzeit auf den Unterricht in multikulturellen Klassen vorbereitet?" In Hermes & Schmid-Schönbein (Hrsg.) (1998), 135-144.

— (1999). "Identität und Fremdsprachenunterricht in Migrationsgesellschaften." Bredella & Delanoy (Hrsg.) (1999), 209-239.

Hüllen, Werner (1992). "Interkulturelle Kommunikation - was ist das eigentlich?" *Der Fremdsprachliche Unterricht Englisch,* 26 (3), 8-11.

— (1997). "Interkultur als alter und neuer Inhalt des Fremdsprachenunterrichts." In Wendt & Zydatiß (Hrsg.) (1997), 49-62.

Humphrey, Richard (2000). "Die British Independent Schools als Text der Nation. Überlegungen zu einem postmodernen kulturwissenschaftlichen Englischunterricht. *Der Fremdsprachliche Unterricht Englisch,* 34 (1), 28-33.

Hunfeld, Hans (1986). "Von Störchen und Kranichen. Anmerkungen zum Verhältnis von Literatur, Landeskunde und Literaturdidaktik." In Kuna & Tschacherl (Hrsg.) (1986), 17-32.

— (1992). "Fremdsprache Literatur." *Der Fremdsprachliche Unterricht Englisch,* 26 (1), 4-9.

— (1993). "Fremdsprachenunterricht ohne Literatur?" In Timm & Vollmer (Hrsg.) (1993), 285-291.

Husemann, Harald (1993). "Doktor Seltsam: Oder wie ich lernte, das Stereotyp zu lieben." In Timm & Vollmer (Hrsg.) (1993), 385-399.

Iandoli, Louis J. (1991). "Improving oral communication in an interactive introduction to literature course." *Foreign Language Annals*, 24 (6), 479-486.

Jamieson, Sandra (1992). "Text, Context, and Teaching Literature by African American Women." In Trimmer & Warnock (Hrsg.) (1992), 139-152.

JanMohammed, Abdul R. & David Lloyd (1990). "Toward a Theory of Minority Discourse." In JanMohammed & Lloyd (Hrsg.) (1990), 1-15.

— (Hrsg.) (1990). *The Nature and Context of Minority Discourse.* Oxford: University Press.

Jarfe, Günther (1997a). "Theorie und Praxis des fremdsprachlichen Literaturunterrichts - eine Bestandsaufnahme." In Jarfe (Hrsg.) (1997), 9-28.

— (1997b). "Dorothy Canfield's Sex Education and the Problem of Comprehension." In Jarfe (Hrsg.) (1997), 73-82.

— (Hrsg.) (1997). *Literaturdidaktik - konkret. Theorie und Praxis des fremdsprachlichen Literaturunterrichts.* Reihe anglistik & englischunterricht, Band 61. Heidelberg: Universitätsverlag C. Winter.

Jaskoski, Helen (1996). "Beauty Before Me: Notes on House Made Of Dawn (N.Scott Momaday)". In Maitino & Peck (Hrsg.) (1996), 37- 54.

Jorgensen, Sally & Valerie Whiteson (1993). *Personal Themes in Literature. The Multicultural Experience.* Englewood Cliffs NY: Prentice Hall.

Juan, E. San Jr. (1996). "Searching for the Heart of 'America' (Carlos Bulosan)." In Maitino & Peck (Hrsg.) (1996), 259-272.

Kafka, Philipa (1991). "A Multicultural Introduction to Literature." In Cahalan & Downing (1991) (Hrsg.), 179-188.

Kanellos, Nicolas (Hrsg.) (1995). *Hispanic American Literature: A Brief Introduction and Anthology.* HarperCollins Literary Mosaic Series, Ishmael Reed, general editor. New York. Harper Collins.

Karafilis, Maria (1998). "Crossing the Borders of Genre: Revisions of the Bildungsroman in Sandra Cisneros The House on Mango Street and Jamaica Kincaid's Annie John." *Journal of the Midwest Modern Language Association*, 31(2 Winter), 63-78.

Karrer, Wolfgang & Barbara Pushmann-Nalenz (Hrsg.) (1993). *The African American Short Storiy 1970 to 1990. A Collection of Critical Essays.* Trier: Wissenschaftlicher Verlag.

Karrer, Wolfgang & Hartmut Lutz (1990). "Minority Literatures in North America: From Cultural Nationalism to Liminality." In Karrer & Lutz (Hrsg.) (1990), 11-64.

— (Hrsg.) (1990). *Minority Literatures in North America: Contemporary Perspectives.* International Symposium at the University of Osnabrück. Frankfurt/Main: Peter Lang.

Karrer, Wolfgang (1994). "Nostalgia, Amnesia, and Grandmothers: The Uses of Memory in Albert Murray, Sabine Unibarri, Paula Gunn Allen, and Alice Walker". In Singh, Skerrett & Hogan (Hrsg.) (1994), 128-144.

Kather, Stefan (1995). "Die subjektive Wahrnehmung vom Fremden im Film. Rezeptions- und Wirkungsforschung im Dienste der Fremdsprachendidaktik." In Bredella & Christ (Hrsg.) (1995), 112-119.

Kaup, Monika (1997)."The Architecture of Ethnicity in Chicano Literature". *American Literature,* 69 (2), 361-397.

Kelley, Margot (1997). "A Minor Revolution: Chicano/a Composite Novels and the Limits of Genre." In Brown (Hrsg.) (1997), 63-84.

Kerby, Anthony Paul (1991). *Narrative and the Self.* Reihe Studies in Continental Thought. Bloomington; Indianapolis: Indiana University Press.

Khalil, Iman O. (1995). "Arab-German Literature." *World Literature Today*: Special Issue. 69 (3), 521-527.

King, Thomas (1987). "Introduction." In King, Calver & Hoy (Hrsg.) (1987), 7-14.

— (1992). "Introduction." In King (Hrsg.) (1992), ix-xvi.

— (Hrsg.) (1992). *All My Relations: An Anthology of Contemporary Canadian Native Fiction*. Norman: University of Oklahoma Press.

King, Thomas, Cheryl Calver & Helen Hoy (Hrsg.) (1987). *The Native in Literature*. Oakville, Ont.: ECW.

Klippel, Friederike (1991). "Zielbereiche und Verwirklichung interkulturellen Lernens im Englischunterricht." *Der Fremdsprachliche Unterricht Englisch,* 25 (1), 15-21.

Knapp Karlfried & Annelie Knapp-Potthoff (1990). "Interkulturelle Kommunikation." *Zeitschrift für Fremdsprachenforschung*, 1, 62-93.

Knippling, Alpana Sharma (1996). "Preface and Introduction." In Knippling (Hrsg.) (1996), xi-xix.

— (Hrsg.) (1996). *New Immigrant Literatures in the United States: A Sourcebook to Our Multicultural Literary Heritage*. Westport, Conn: Greenwood.

Koeller, Shirley (1996). "Multicultural Understanding through Literature." *Social Education*, Feb., 99-103.

Kramsch, Claire (1993). *Context and Culture in Language Teaching*. Oxford: University Press.

— (1995). "Andere Worte - andere Werte: Zum Verhältnis von Sprache und Kultur im Fremdsprachenunterricht." In Bredella (Hrsg.) (1995), 74-91.

— (1996). "Stylistic Choice and Cultural Awareness." In Bredella & Delanoy (Hrsg.) (1996), 162-184.

— (1998). "The privilege of the intercultural speaker." In Byram & Fleming (Hrsg.) (1998), 16-31.

Krumm, Hans-Jürgen (1991). "Die Funktion von Texten beim Lernen und Lehren von Fremdsprachen." In Bausch, Christ & Krumm (Hrsg.) (1991), S. 97-103.

— (1995). "Interkulturelles Lernen und interkulturelle Kommunikation." In Bausch, Christ & Krumm (Hrsg.) (1995), 156-161.

Krusche, Dietrich (1995). *Leseerfahrung und Lesegespräch*. München: iudicium, 1995.

— (1996). "Zeigen und Nennen als Dimension ästhetischer Wirkung: Grundzüge einer hermeneutisch orietierten Texttheorie." In Bredella & Christ (Hrsg.) (1996), 108-126.

Kuckuk, Henning (1997). "Toni Morrison's Romane: eine Herausforderung vor, in und nach der schriftlichen Abiturprüfung im Fach Englisch." In Wendt & Zydatiß (Hrsg.) (1997), 128-137.

Kumar, Arti (1996). "Cohesive/Diversive Groups: Different Reading Strategies." In Bredella & Delanoy (Hrsg.) (1996), 45-61.

Kuna, Franz & Heinz Tschacherl (Hrsg.) (1986). *Dialog der Texte: Beiträge zu Problemen einer integrierten Landes- und Kulturkunde.* Tübingen: Günter Narr.

Kuna, Franz (1986). "Dialog der Texte: Landeskunde als kultureller Prozess." In Kuna & Tschacherl (Hrsg.) (1986), 425-441.

Lademann, Norbert (1997). "Arbeit am Text ist Arbeit am Thema." In Wendt & Zydatiß (Hrsg.) (1997), 120-127.

Lamont-Stewart, Linda (1997). "Androgyny as Resistance to Authoritarianism in Two Postmodern Canadian Novels." *Mosaic: A Journal for the Interdisciplinary Study of Literature*, 30 (3, Sept.), 115-130.

Larmer, Brook (1999). "Latino America." *Newsweek* July 12, 1999, S. 16-19.

Leach, Laurie (1997). "Conflict over Privacy in Indo-American Short Fiction." In Brown (Hrsg.) (1997), 197-211.

Leal, Luis & Pepe Barrón (1982). "Chicano Literature: An Overview." In Baker (Hrsg.) (1982), 9-32.

Lee, A. Robert (1990). "Ethnic Renaissance: Rudolfo Anaya, Louise Erdrich and Maxine Hong Kingston." In Clarke (Hrsg.) (1990), 139-164.

— (1993). Acts of Remembrance: America as Mutlicultural Past in Ralph Ellison, Nicholasa Mohr, James Welch and Monica Sone." In Bak (Hrsg.) (1993), 81-103.

— (1996). "Chicanismo as Memory: The Fictions of Rudolfo Anaya, Nash Candelaria, Sandra Cisneros, and Ron Arias." In Singh, Skerrett, & Hogan (Hrsg.) (1996), 320-339.

Lee, Thea (1990). "Trapped on a Pedestal. Asian Americans confront model-minority stereotype." *Dollars & Sense*, March, 12-15.

Legutke, Michael K. (1996). " 'Welcome to the Holden Show...' Lerner Texts and the Teaching of Literature." In Bredella & Delanoy (Hrsg.) (1996), 91-107.

Lehberger, Reiner (1995). "Geschichte des Fremdsprachenunterrichts bis 1945." In Bausch, Christ & Krumm (Hrsg.) (1995), 561-565.

Leland, John & Veronica Chambers (1999). "Generation Ñ." *Newsweek* July 12, 26.

Lim, Shirley Geok-lin & Amy Ling (Hrsg.) (1992). *Reading the Literatures of Asian America*. Philadelphia: Temple University Press.

Lim, Shirley Geok-lin (1996). "'Growing with Stories': Chinese American Identities, Textual Identities (Maxine Hong Kingston)." In Maitino & Peck (Hrsg.) (1996), 273-292.

— (Hrsg.) (1991). *Approaches to Teaching Kingston's The Woman Warrior*. New York.

Lincoln, Kenneth (1982). "Native American Literatures: 'old like hills, like stars'." In Baker (Hrsg.) (1982), 80-167.

List, Gudula (1994). "Interkulturelles Lernen im Fremdsprachenunterricht? Fremdsprachenunterricht im Dienst des interkulturellen Lernens!" In Bausch, Christ & Krumm (Hrsg.) (1994), 133-139.

— (1997). "Beweggründe zur Mehrsprachigkeit: Der psychische Prozeß ist das Produkt!" In Wendt & Zydatiß (Hrsg.) (1997), 35-48.

Longman Dictionary of Contemporary English (1995). London: Langenscheidt Longman.

López, Tiffany Ana (1994). "Maria Cristina Mena: Turn-of-the-Century La Malinche, and Other Tales of Cultural (Re)Construction." In Ammons & White-Parks (Hrsg.) (1994), 21-45.

Luedtke, Luther S. (1989). "What is 'American' About American Literature: The Case of The Great Gatsby." In Funke (Hrsg.) (1989), 177-199.

Lutz, Hartmut (1991). *Contemporary Challenges: Conversations with Canadian Native Authors*. Saskatoon: Fifth House.

— (1995). "Confronting Cultural Imperialism: First Nations People are Combating Cultural Theft." In Braun & Kloos (Hrsg.) (1995), 132-151.

Lützeler, Paul Michael (1995a). "Multiculturalism in Contemporary German Literature." *World Literatur Today*, 69 (1995) 3: 433-458.

Maitino, John R. & David R. Peck (1996). "Introduction." In Maitino & Peck (Hrsg.) (1996), 3-16.

— (Hrsg.) (1996). *Teaching American Ethnic Literatures: Nineteen Essays. Albuquerque*. University of New Mexico Press.

Majetschak, Stefan (1993). "Der Fremde, der Andere und der Nächste. Zur Logik des Affekts gegen das Fremde." *Universitas,* (1), 11-24.

Many, Joyce & Carole Cox (Hrsg.) (1992). *Reader Stance and Literary Understanding: Exploring the Theories, Research and Practice*. Norwood, NJ: Ablex.

Marek, Jayne E. (1996). "Difference, Identity, and Sandra Cisneros's The House On Mango Street." *Hungarian Journal of English and American Studies*, 1, 173-187.

Márquez, Antonio C. (1996). "Richard Rodriguez's Hunger of Memory and New Perspectives on Ethnic Autobiography." In Maitino & Peck (Hrsg.) (1996), 237-255.

Martinez, Elizabeth Coonrod (1998). "Recovering a Space for a History between Imperialism and Patriarchy: Julia Alvarez's 'In the Time of the Butterflies' " *Thamyris: Mythmaking from Past to Present*, 5 (2), 263-279.

Matalene, H. W. (1992). "Walter Mitty in China: Teaching American Fiction in an Alien Culture." In Trimmer & Warnock (Hrsg.) (1992), 124-136.

Matchie, Thomas & Brett Larson (1996). "Coyote Fixes the World: The Power of Myth in Thomas King's Green Grass, Running Water." *North Dakota Quarterly*, 63 (2, Spring), 153-168.

McCracken, Ellen (1995). "Rupture, occlusion and repression. The political unconscious in the new Latina narrative of Julia Álvarez and Ana Castillo." In Benjamin-Labarthe, Grandjeat & Lerat (Hrsg.) (1995), 319-328.

McRae, John (1996). "Dances with Thorns: New Perspectives on the Teaching of New Literatures." In Bredella & Delanoy (Hrsg.) (1996), 227-232.

Meisenhelder, Susan (1996). "Ethnic and Gender Identity in Zora Neale Hurston's Their Eyes Were Watching God." In Maitino & Peck (Hrsg.) (1996), 105-118.

Miller, Jeanne-Marie A. (1996). " 'Measure Him Right': An Analysis of Lorraine Hansberry's Raisin in the Sun." In Maitino & Peck (Hrsg.) (1996), 133-146.

Mina, Nima (1995). "Lyrikanalyse und Übersetzungsvergleich - Methodik und Anwendung." In Bredella & Christ (Hrsg.) (1995), 195-228.

Morales, Ed (1994). "Madam Butterfly: How Julia Alvarez Found Her Accent." *Village Voice Literary Supplement,* November (130), 13.

Müller, Bernd-Dietrich (Hrsg.) (1991). *Interkulturelle Wirtschaftskommunikation*. München: Iudicium, 1991.

Müller-Hartmann, Andreas (1997). "Die Integration von Literatur- und Landeskundedidaktik: Methodische Ansätze im Rahmen des interkulturellen Lernens." In Bredella, Christ & Legutke (Hrsg.) (1997), 289-303.

— (1998). "*E-mail* und *World Wide Web*: Neue Wege der Verbindung von literarischer Rezeption und *cultural studies*." In Hermes & Schmid-Schönbein (Hrsg.) (1998), 205-216.

— (1999). "Auf der Suche nach dem 'dritten Ort': Das Eigene und das Fremde im virtuellen Austausch über literarische Texte." In Bredella & Delanoy (Hrsg.) (1999), 160-182.

Müller-Jacquier, Bernd (1998). "Linguistic Awareness of Cultures. Grundlagen eines Trainingsmoduls." Bolton (Hrsg.) (1998), 2-39.

— (1999). "Fremderfahrung im Fremdsprachenstudium." In Bredella & Delanoy (Hrsg.) (1999), 381-417.

Multhaup, Uwe (1995). "Crosscultural and Intercultural Understanding." In Braun & Kloos (Hrsg.) (1995), 9-24.

— (1997). "Lernziele, Textverstehen und Textverständlichkeit." In Jarfe (Hrsg.) (1997), 99-118.

Murdoch, George S. (1992). "The Neglected Text - A Fresh look at teaching Literature." *Forum* (*English Teaching Forum*), 30 (1), 2-5 und 15.

Murti, Kamakshi P. (1996). "Teaching Literature at the First-Year Graduate Level: The Quantum Leap from Language to Literature." In Bredella & Delanoy (Hrsg.) (1996), 185-204.

Natarajan, Nalini (1993). "Introduction: Reading Diaspora." In Nelson (Hrsg.) (1993), xiii- xix.

National Geographic. Millenium Supplement: Culture. Washington, August 1999. Band 196, Nr. 2.

Nelson, Emmanuel S. (1992). "Introduction." In Nelson (Hrsg.) (1992), ix-xvi.

— (1993). "Preface." In Nelson (Hrsg.) (1993), xi-xii.

— (Hrsg.) (1992). *Reworlding: The Literature of the Indian Diaspora.* Westpoint, CT: Greenwood Press.

— (Hrsg.) (1993). *Writers of the Indian Diaspora: A Bio-Bibliographical Critical Sourcebook.* Westpoint, CT: Greenwood Press.

Neuner, Gerhard & Hans Hunfeld (1993). *Methoden des fremdsprachlichen Deutschunterrichts.* Eine Einführung. Fernstudieneinheit 4, Hrsg: Swantje Ehlers. Berlin, u.a.: Langenscheidt.

Newman, Katharine (1990). "MELUS Invented: The Rest Is History." *MELUS*, 16 (4), 99-113.

Nieto, Sonia (1995). *Affirming Diversity: The Sociopolitical Context of Multicultural Education.* White Plains, NY: Longman.

Nieweler, Andreas (1993). "Literaturunterricht als interkulturelle Erziehung: Konkurrierende Didaktikmodelle im fremdsprachlichen Literaturunterricht." In Timm & Vollmer (Hrsg.) (1993), 309-315.

— (1995). "Fremdsprachlicher Literaturunterricht als Hermeneutik des Fremden." Bredella (Hrsg.) (1995), 292-298.

Nünning, Ansgar (1992). "'What's the point of view of the story?' - Literaturdidaktische Hinweise für die Praxis der Erzählanalyse." *Neusprachliche Mitteilungen* 45 (1), 38-44.

— (1997a). "Literatur ist, wenn das Lesen wieder Spaß macht!" *Der Fremdsprachliche Unterricht Englisch,* 31 (3), 4-13.

— (1997b). "Die Funktionen von Erzählinstanzen: Analysekategorien und Modelle zur Beschreibung des Erzählerverhaltens." *Literatur in Wissenschaft und Unterricht*, 4, 323-349.

— (1997c). "Perspektivenübernahme und Perspektivenkoordinierung: Prozeßorientierte Schulung des Textverstehens und der Textproduktion bei der Behandlung von John Fowles' The Collector." In Jarfe (Hrsg.) (1997), 137-161.

— (1999a). "'But man [...] is the story-telling animal.' Perspektivenwechsel und Perspektivenvielfalt bei der Behandlung von short stories." *Der Fremdsprachliche Unterricht Englisch,* 33 (3), 4-12.

— (1999b). "Englische Bilder von Deutschland und den Deutschen: Zur Beobachtung von Nationalstereotypen für das kollektive Gedächtnis und das Verstehen fremder Kulturen." In Bredella & Delanoy (Hrsg.) (1999), 322-357.

— (2000). "'Intermisunderstanding' - Prolegomena zu einer literaturdidaktischen Theorie des Fremdverstehens: Erzählerische Vermittlung, Perspektivenwechsel und Perspektivenübernahme." In Bredella, Meißner, Nünning & Rösler (Hrsg.) (2000), 84-132.

O'Brian, David J. (1991). *The Japanese American Experience.* Bloomington and Indianapolis: Indiana University Press.

O'Sullivan, Emar & Dietmar Rösler (1999). "Stereotypen im Rückwärtsgang: Zum didaktischen Umgang mit Heterostereotypen in zielsprachigen kinderliterarischen Texten." In Bredella & Delanoy (Hrsg.) (1999), 312-321.

— (2000). "Wenn aus der Mad Tea Party ein deutsches Kaffeekränzchen wird. Zielkulturelle Adaptionen in Übersetzungen von Kinderliteratur als Mittel zur Bewußtmachung interkulturellen Transfers in der Lehrerbildung." In Bredella, Meißner, Nünning & Rösler (Hrsg.) (2000), 231-252.

Olivares, Julián (1996). "Entering The House on Mango Street (Sandra Cisneros)" In Maitino & Peck (Hrsg.) (1996), 209-236.

— (Hrsg.) (1986). *International Studies in Honor of Tomás Rivera.* Houston: Arte Público Press.

Oliver, Eileen I. (1994). *Crossing the Mainstream: Multicultural Perspectives in Teaching Literature.* Urbana, Ill.: National Council of Teachers of English.

Ong, Walter J. (1982). "Introduction: On Saying We and Us to Literture." In Baker (Hrsg.) (1982), 3-8.

Ortiz-Márquez, Maribel (1997). "From Third World Politics to First World Practices. Contemporary Latina Writers in the United States." In Gosh & Bose (Hrsg.) (1997), 227-244.

Perry, William (1970), *Forms of Intellectual and Ethical Development in the College Years: A Scheme.* New York, NY: Holt, Rinehart and Winston.

Picardi-Montesardo, Anna (1985). *Die Gastarbeiter in der Literatur der Bundesrepublik Deutschland.* Berlin: Express Edition 1985.

Poey, Delia (1996). "Coming of Age in the Curriculum." *Americas Review: A Review of Hispanic Literature and Art of the USA*, 24 (Fall-Winter 3-4), 201-217.

Pulm, Manfred (1992). "Anregungen zum spielerisch-kreativen Umgang mit literarischen Texten." *Der Fremdsprachliche Unterricht Englisch,* 26 (1), 31-35.

Purdy, John (1996)."Building Bridges: Crossing the Waters to a Love Medicine. (Louise Erdrich)" In Maitino & Peck (Hrsg.) (1996), 83-101.

Raabe, Horst (1991). "Text als Methode." In Bausch, Christ & Krumm (Hrsg.) (1991), 117-129.

Raddatz, Volker (1999). "Decolonizing the Mind: Postkoloniale Literaturen und Kulturen im schülerzentrierten Englischunterricht." In Bredella & Delanoy (Hrsg.) (1999), 476-504.

Ramírez, Elizabeth (1996). "Chicano Theatre Reaches the Professional Stage: Luis Valdez's Zoot Suit." In Maitino & Peck (Hrsg.) (1996), 193-208.

Rasinski, Timothy V. & Nancy D. Padak (1990). "Multicultural Learning Through Children's Literature." *Language Arts*, 67 (6), 576-580.

Rauer, Sabine (1995). "Das interkulturelle Potential südafrikanischer Literatur." In Bredella & Christ (Hrsg.) (1995), 120- 130.

— (1997). *Literatur als Quelle des Fremdverstehens: Eine Untersuchung ausgewählter südafrikanischer Romane der 70er und 80er Jahre.* Frankfurt a. Main: Peter Lang.

Rayson, Ann (1987). "Beneath the Mask: Autobiographies of Japanese-American Women." *MELUS: The Journal of the Society for the Study of Multi-Ethnic Literature of the United States.* 14 (1, Spring), 43-57.

Rebolledo, Tey Diana & Eliane S. Rivero (1993). "Introduction." In: Rebolledo & Rivero (Hrsg.) (1993), *Infinite Divisions. An Anthology of Chicana Literature.* Tucson, AZ, & London: University of Arizona Press, 1-33.

Reeseman, Jeanne Campbell (Hrsg.) (1997). *Speaking the Other Self: American Women Writers.* Athens, GA: University of Georgia Press.

Restuccia, Frances L. (1996). "Literary Representations of Battered Women: Spectacular Domestic Punishment." In Foster, Siegel & Berry (Hrsg.) (1996), 42-71.

Richter, Annette (2000). "Neue Welten erschließen - Chinese American Literature." *Der Fremdsprachliche Unterricht Englisch,* 34 (3), 34-40.

Rodríguez, Juan (1989). "The House on Mango Street, by Sandra Cisneros." *Austin Chronicle*, 10 (August).

Röhrig, Johannes (1999). "Kazuo Ishiguro: 'A Family Supper'." *Der Fremdsprachliche Unterricht Englisch,* 33 (3), 40-43.

Rooke, Constance (1990). "Interview with Tom King." *World Literature Written in English*, 30 (Autumn, 2), 62-76

Rosario-Sievert, Heather (1997). "Conversation with Julia Alvarez." *Review: Views, Reviews, Interviews, News on Latin American Literature and Arts* 54 (Spring), 31-37.

Rosenblatt, Louise M. (1981). "On the Aesthetic as the Basic Model of the Reading Process." In Gorin, Harry (Hrsg), *Theories of Reading, Looking, and Listening*. Lewisburg, 17-31

Ross, Daniel W. (1996). "A Fairy-Tale Life: The Making of Celie in Alice Walker's The Color Purple." In Maitino & Peck (Hrsg.) (1996), 159-175.

Röttger, Evelyn (1996). "Überlegungen zum Begriff des interkulturellen Lernens in der Fremdsprachendidaktik." *Zeitschrift für Fremdsprachenforschung*, 7 (2), 155-170.

Rück, Heribert (1990). "Fremdsprachenunterricht als Literaturunterricht." In Fricke & Glaap (Hrsg.) (1990), 7-20.

— (1991). "Text, Textart und das Lehren und Lernen von Sprachen." In Bausch, Christ & Krumm (Hrsg.) (1991), 129-134.

— (1995). "Der authentische Text: eine didaktische Fiktion?" In Bredella (Hrsg.) (1995), 247-253.

Saldívar, José David (1991). *The Dialectics of Our America: Genealogy, Cultural Critique, and Literary History.* Durham: Duke University Press.

Saldívar, Ramon (1990). "The Dialectics of Subjectivity. Gender and Difference in Isabella Ríos, Sandra Cisneros, and Cherríe Moraga."

Chicano Narrative: The Dialectics of Difference. Madison, Wisc.: University of Wisconson Press, 171-203.

Sánchez, Ramón (1995). "Hispanic cultural themes of redemption, renewal and regeneration. Centripetal forces in a cross-cultural experience and evolving mestizaje." In Benjamin-Labarthe, Grandjeat & Lerat (Hrsg.) (1995), 307-318.

Sánchez, Reuben (1995). "Remembering Always to Come Back: The Child's Wished for Escape and the Adult's Self-Empowered Return in Sandra Cisneros's House on Mango Street." *Children's Literature: Annual of the Modern Language Association Division on Children's Literature and the Children's Literature*, 23, 221-241.

Sato, Gyle K. Fujita (1992). "Momotaro's Exile: John Okada's No-No Boy." In Lim & Ling (Hrsg.) (1992), 239-258.

Satz, Martha (1997). "Returning to One's House." *Southwest Review*, 82 (Spring, 2), 166-185.

Savin, Ada (1996). "Mexican-American Literature." In Knippling (Hrsg.) (1996), 341-365.

Schein, Anna M. (1993). "Chicano Literature." *Choice* (Sept.), 51-60.

Schier, Jürgen (1989). *Schülerorientierung als Leitprizip des fremdsprachlichen Literaturunterrichts*. Europäische Hochschulschriften Reihe 14, Bd. 193. Frankfurt/Main: Lang,.

— (1991). "Lesen und Verstehen im Fremdsprachenunterricht." *Neusprachliche Mitteilungen,* Sonderheft (Neue Bundesländer), 23-32.

Schiffler, Ludger (1991). "Welche Texte für den Anfangsunterricht? - Authentische, absurde oder interaktive!" In Bausch, Christ & Krumm (Hrsg.) (1991), 135-144.

Schinschke, Andrea (1994). *Literarische Texte im interkulturellen Lernprozeß. Zur Verbindung von Literatur und Landeskunde im Fremdsprachenunterricht Französisch*. Tübingen: Narr.

— (1995). "Perspektivenübernahme als grundlegende Fähigkeit im Umgang mit Fremden." In Bredella & Christ (Hrsg.) (1995), 20-35.

Schneider, Wilfried (1992). "Uncle Bill's Will. Kreative Textarbeit in einer multikulturellen Klasse." *Der Fremdsprachliche Unterricht Englisch,* 26.5 (1992) 1, 50-51.

Schubeck, Rachel Baron (in Druck). *Intercultural Learning and the Foreign Language Classroom: Training Teachers and Writing Textbooks for an Intercultural Agenda in Germany*. Unveröffentliche, ungekürzte Dissertation. Universität München, Institut für Englische Philologie bei Prof. Dr. Frederike Klippel. April 1997.

Schüle, Klaus (1995). "Fremdverstehen im fremdsprachendidaktik Feld. Einige sozialwissenschaftliche und fremdsprachengeschichtliche Gesichtspunkte." *Neusprachliche Mitteilungen aus Wissenschaft und Praxis*, 2, 78-86.

Schüren, Rainer (1994). "'My Beautiful Laundrette' Multikulturelle Aspekte der Filminterpretation im Englischunterricht der Oberstufe." *Der Fremdsprachliche Unterricht Englisch,* 28 (2), 44-54.

Schwenk, Katrin (1996). "Introduction: Thinking About 'Pure Pluralism'." In Siemerling & Schwenk (Hrsg.) (1996), 1-9.

Seelye, H. Ned (1984). *Teaching Culture. Strategies for Intercultural Communication*. Lincolnwood, IL: NTC Publishing.

Sekora, John & Houston A. Baker, Jr. (1984). "Written Off: Narratives, Master Texts, and Afro-American Writing from 1760-1945." In Weixelmann & Fontenot (Hrsg.) (1984).

Seletzki, Martin (1999). "Deutsch für multikulturelle Klassenzimmer in den USA: Ein Planungsraster für die Inszenierung interkultureller Lernprozesse in multikulturellen Lengruppen." In Bredella & Delanoy (Hrsg.) (1999), 183-208.

Shuffleton, Frank (1993). "Thomas Jefferson: Race, Culture, and the Failure of Anthropological Method." In Shuffleton (Hrsg.) (1993). *A Mixed Race: Ethnicity in Early America.* New York: Oxford University Press, 257-277.

Siemerling, Winfried & Katrin Schwenk (Hrsg.) (1996). *Cultural Difference & the Literary Text. Pluralism and the Limits of Authenticity in North American Literatures*. University of Iowa Press.

Sims, Rudine (1982). *Shadow and Substance.* Urbana, Il: National Council of Teachers of English.

Singh, Amritjit, Joseph T. Skerrett & Robert E. Hogan (Hrsg.) (1994). *Memory, Narrative, and Identity. New Essays in Ethnic American Literatures*. Boston: Northeastern University Press.

— (Hrsg.) (1996). *Memory and Cultural Poiltics: New Approaches to American Ethnic Literatures*. Boston: Northeastern University Press

Smith, Jeanne Rosier (1997). *Writing Tricksters: Mythic Gambols in American Ethnic Literature*. Berkeley: University of California Pres.

Söllner, Werner (1995). "Das Fremde, das Eigene und das Dazwischen." In Bredella (Hrsg.) (1995), 35-50.

Sollors, Werner (1986). "A Critique of Pure Pluralism." In Berkovitch, Sacvan (Hrsg.) (1986), *Reconstructing American Literary History*. Cambridge, Mass: Harvard University Press, 250-279.

— (1991). "Konstruktionsversuche nationaler und ethnischer Identität in der amerikanischen Literatur“ In Giesen (Hrsg.) (1991), 537-570.

Spekat, Susanne (1997). "Postmoderne Gattungshybriden: Peter Ackroyds Hawksmoor als generische Kombination aus historical novel, gothic novel und detective novel." *Literatur in Wissenschaft und Unterricht,* 3, 183-199.

Spencer, Laura Gutierrez (1997). "Fairy Tales and Opera. The Fate of the Heroine in the Work of Sandra Cisneros." In Reeseman (Hrsg.) (1997), 278-287.

Staatsinstitut für Schulpädagogik und Bildungsforschung (1995). *Handreichung für den Englischunterricht am Gymnasium.* Anregungen für die Gestaltung des Unterrichts nach dem neuen Lehrplan. Donauwörth: Auer.

Standiford, Lester A. (1982). "Worlds Made of Dawn: Characteristic Image and Incident in Native American Imaginative Literature." In Baker (Hrsg.) (1982), 168-196.

Staub, Michael (1990). "Contradictory Memories, Conflicted Identities: The Autobiographical Writing of Kingston and Rodriguez." In Karrer & Lutz (Hrsg.) (1990), 65-76.

Steinmann, Siegfried (1991). "Interkulturell muß es zugehen! Einige Anmerkungen zu 'eigenen' und 'fremden' Vorurteilen." *Info DaF*, 18 (2), 180-186.

— (1992). "Vorurteile ? Ja, bitte! Plädoyer für den redlichen Umgang mit Vorurteilen im Fremdsprachenunterricht." *Zielsprache Deutsch,* 23 (4), 217-224..

Stott, Jon C. (1992). "Native Myths and Multicultural Awareness." In Wood & Moss (Hrsg.) (1992), 203-223.

Streamas, John (1997). "The Invention of Normality in Japanese American Internment Narratives." In Brown (Hrsg.) (1997), 125-140.

Stütz, W. (1990). "Kriterien zur Auswahl von Literatur für die Oberstufe." In Fricke & Glaap (Hrsg.) (1990), 21-31.

Swann, Brian (Hrsg) (1987). *Recovering the World: Essays on Native American Literature*. Berkeley, Calf: Univ. of California Press.

Tapping, Craig (1992). "South Asia / North America: New Dwellings and the Past." In Nelson (Hrsg.) (1992), 35-49.

Taylor, Charles (1994). "The Politics of Recognition." In Gutmann (Hrsg) (1994), 25-73.

— (1996). *Quellen des Selbst. Die Entstehung der neuzeitlichen Identität.* Frankfurt: Suhrkamp.

Tenberg, Reinhard (1999)."Theorie und Praxis bei der Vermittlung von 'interkulturellen Kompetenzen'." In Bredella & Delanoy (Hrsg.) (1999), 65-84.

Thackeray, William W. (1996). "Crying for Vision in James Welch's Winter in the Blood." In Maitino & Peck (Hrsg.) (1996), 55-68.

Timm, Johannes-Peter & Helmut Johannes Vollmer (Hrsg.) (1993). *Kontroversen in der Fremdsprachenforschung*. Dokumentation des 14. Kongresses für Fremdsprachendidaktik, veranstaltet von der Deutschen Gesellschaft für Fremdsprachenforschung (DGFF) Essen, 7.-9. Oktober 1991. Reihe Beiträge zur Fremdsprachenforschung, Band 1. Bochum: Brockmeyer.

Töpfer, Barbara (1991). "Lernen für die Eine Welt. Interkulturelle Kommunikation im Englischunterricht." *Zeitschrift für Entwicklungspädagogik* 14 (4), 30-33.

Triandis, Harry C. (1989). "Intercultural Training and Education." In Funke (Hrsg.) (1989), 305-322.

Trimmer, Joseph & Tilly Warnock (Hrsg.) (1992). *Understanding Others: Cultural and Cross-cultural Studies and the Teaching of Literature.* Urbana, Ill.: National Council of Teachers of English.

Ulrich, Anne D. (1993). "Vijay Lakshmi (1943 -   )" In Nelson (Hrsg.) (1993), 175-179.

Valdés, María Elena de (1992). "In Search of Identity in Cisneros's The House on Mango Street." *Canadian Review of American Studies Revue Canadienne d'Etudes Americaines*, 23 (Fall, 1), 55-72.

— (1993). "The critical Reception of Sandra Cisnerno's The House on Mango Street." In Bardeleben (Hrsg.) (1993), 287-300.

Velie, Alan R. (Hrsg.) (1995). *Native American Perspectives on Literature and History.* Reihe: American Indian Literature and Critical Studies Series; 19. Norman: Univ. of Oklahoma Press.

Vizenor, Gerald (1995a). "Introduction." In Vizenor (Hrsg.) (1995), 1-15.

— (1995b). "Native American Indian Identities: Autoinscriptions and the Cultures of Names." In Velie (Hrsg.) (1995), 117-126.

— (1995c). "Thomas King." In Vizenor (Hrsg.) (1995), 175.

— (1996). "Postindian Autoinscriptions: The Origins of Essentialism and Pluralism in Descriptive Tribal Names." In Siemerling & Schwenk (Hrsg.) (1996), 29-39.

— (Hrsg.) (1995). *Native American Literature: A Brief Introduction and Anthology.* HarperCollins Literary Mosaic Series, Ishmael Reed, general editor. New York. Harper Collins.

Vogt, Karin (2000). "A story goes around the world: Kreatives Schreiben als Teil eines E-Mail Projekts." *Der Fremdsprachliche Unterricht Englisch,* 34 (2), 50-53.

Volk, Gunther (2001). "Studying the Holocaust through Anglo-Jewish Literature - an Interdisciplinary Approach." *Fremdsprachenunterricht* 45/54 (5), 332-340.

Volkmann, Laurenz (1997). "Zum Problemfall Lyrik im Fremdsprachenunterricht." *Literatur in Wissenschaft und Unterricht*, 3, 225-236.

— (2000). "Interkulturelle Kompetenz als neues Paradigma der Literaturdidaktik? Überlegungen mit Beispielen der postkolonialen Literatur und Minoritätenliteratur." In Bredella, Meißner, Nünning & Rösler (Hrsg.) (2000), 164-190.

Wachwitz, Elke (1997). "Nähe und Ferne zu anderen Kulturen: Interkulturelle Lernprozesse im Literaturunterricht." *Deutschunterricht* (Berlin) 50 (3), 114-123.

Wagner-Martin, Linda (1996). "'Closer to the Edge': Toni Morrison's Song of Solomon." In Maitino & Peck (Hrsg.) (1996), 147-158.

Wahrig, Gerhard (Hrsg.) (1991) *Deutsches Wörterbuch*. München: Bertelsmann, 1991.

Walker-Dalhouse, Doris (1992). "Using African-American Literature to Increase Ethnic Understanding." *The Reading Teacher*, 45 (6), 416-422.

Waller, Nicole (1995). "Past and Repast: Food as Historiography in Fae Myenne Ng's Bone and Frank Chin's Donald Duk." *Amerikastudien American Studies,* 40 (3), 485-502.

Walsh, James (1993). "The Perils of Success. Asians have become exemplary immigrants, but at a price." *Time* Special Issue, Fall, 55-56.

Walton, Percy (1990). "'Tell Our Own Stories' Politics and the Fiction of Thomas King." *World Literature Written in English*, 30 (Autumn, 2), 77-84.

Wattenberg, Ben & Karl Zinsmeister (1990). "The Case for Immigrants.We need more of them." *Sacramento Bee.* April 15, F6-7.

Weber, Hans (1996). "Gardeners in the DaF-Classroom: Poems and Stories in Intercultural Learning." In Bredella & Delanoy (Hrsg.) (1996), 233-247.

Webster's Third New International Dictionary (1986). Chicago: Meriam-Webster, Bd 1-3.

Weixlmann, Joe & Chester J. Fontenot (Hrsg.) (1984). *Black American Prose Theory: Studies in Black American Literature.* Greenwood: Penkevill Publishing.

Wendt, Michael (1996). "L'Etranger und andere Fremde im Französischunterricht." In Bredella & Christ (Hrsg.) (1996), 127-154.
Wendt, Michael & Wolfgang Zydatiß (Hrsg.) (1997). *Fremdsprachliches Handeln im Spannungsfeld von Prozeß und Inhalt.* Bochum: Brockmeyer.
Wenzel Peter (1997). "Ein Plädoyer für Modelle als Orientierungshilfen im Literaturunterricht." *Literatur in Wissenschaft und Unterricht*, 1, 51-64.
Weskamp, Ralf (1997). "Postmoderne Literaturtheorien. Folgen und Möglichkeiten für den fremdsprachlichen Literaturunterricht auf der gymnasialen Oberstufe." *PRAXIS des neusprachlichen Unterrichts*, 4, 345-353.
Widdowson, Henry G. & Barbara Seidlhofer (1996). "Poetic Translation and Language Pedagogy" In Bredella & Delanoy (Hrsg.) (1996), 125-143.
Wiget, Andrew (Hrsg.) (1994). *Dictionary of Native American Literature.* Reihe: Garland Reference Library of the Humanities; Bd. 1815. New York: Garland.
Wilcoxon, Hardy C. (1997). "No Types of Ambiguity: Teaching Chinese American Texts in Hong Kong." In Brown (Hrsg.) (1997), 141-154.
Williams, Patrick & Laura Chrisman (Hrsg.) (1994). *Colonial Discourse and Post-Colonial Theory: A Reader.* New York: Harvester/Wheatsheaf.
Wilson, Norma C. (1996). "Ceremony: From Alienation to Reciprocity (Leslie Marmon Silko)". In Maitino & Peck (Hrsg.) (1996), 69-82.
Wolff, Dietrich (1985). "Textverständlichkeit und Textverstehen: Wie kann man den Schwierigkeitsgrad eines authentischen fremdsprachlichen Textes bestimmen?" *Neusprachliche Mitteilungen,* 38 (4), 211-221.
Wong, Sau-ling Cynthia (1993). *Reading Asian American Literature: from necessity to extravagance*. Princeton NJ: Princeton University Press.
Wong, Shawn (Hrsg.) 1996). *Asian American Literature: A Brief Introduction and Anthology.* HarperCollins Literary Mosaic Series, Ishmael Reed, general editor. New York. Harper Collins, 1996.
Wood, Karen & Anita Moss (1992) (Hrsg.). *Exploring Literature in the Classrooms: Content and Methods.* Norwood, MA: Christopher-Gordon.
Wotschke, Sharon & Barbara Himmelsbach (1997). "Kreatives Arbeiten mit multikulturellen Texten. Eine Unterrichtskonzeption zum Thema 'Solidarity: Societies with Minorities'." *PRAXIS des neusprachlichen Unterrichts,* 44 (1), 33-40.

Wotschke, Sharon (1997). "Das Aushandeln einer bikulturellen Identität: Aimee Lius Face." In Bredella, Christ & Legutke (Hrsg.) (1997), 304-312.

Xu, Ben (1994). "Memory and the Ethnic Self: Reading Amy Tan's The Joy Luck Club". In Singh, Skerrett & Hogan (Hrsg.) (1994), 261-277.

Yamada, Mitsuye (1996). "Experiential Approaches to Teaching Joy Kogawa's Obasan." In Maitino & Peck (Hrsg.) (1996), 293-312.

Young, Al (1995a). "Introduction." In Young (Hrsg.) (1995), 1-20.

— (1995b). "John A. Williams." In Young (Hrsg.) (1995), 184.

— (Hrsg.) (1995). *African American Literature: A Brief Introduction and Anthology*. HarperCollins Literary Mosaic Series, Ishmael Reed, general editor. New York. Harper Collins, 1995.

Zapf, Hubert (Hrsg.) (1997). *Amerikanische Literaturgeschichte*. Stuttgart: Metzler, 1997.

Zhang, Benzi (1996). "Japanese-American Literature." In Knippling (Hrsg.) (1996), 125-141.

Zhu, Lude (1990). "Überlegungen zum fremdsprachlichen Literaturunterricht." *Zielsprache Deutsch* 21 (3), 20-26.

Zydatiß, Wolfgang (1991). "Textarbeit und Lebensweltbezug im fortgeschrittenen Englischunterricht." In Bausch, Christ & Krumm (Hrsg.) (1991), 151-158.

ANHANG

12 Didaktisierungsvorschläge zu der Textreihe

Die Texte aus den Kapiteln 4 bis 9 werden in den folgenden Abschnitten ausführlich mit Vorschlägen zum Einsatz im Unterricht kommentiert.

12.1 Vijay Lakshmi: "Mannequins"

Für die Didaktisierung kann eine erste Hinführung an diese Kurzgeschichte über verschiedene Methoden erfolgen.

12.1.1 Pre-Reading

Aufgabe a.

Bevor die Kurzgeschichte gelesen wird, könnte im Unterricht etwas über die USA als Einwandererland anhand von geeigneten Texten erarbeitet werden, um dann die Kurzgeschichte als Fallstudie zu präsentieren.[200]

Aufgabe b.

Ein anderer Zugang kann versucht werden, Bilder mitzubringen,[201] die bestimmte kulturelle oder gesellschaftliche Gruppen (Jugendgruppen) zeigen, um zu diskutieren, wie Menschen Kleidung benutzen, um ihre Gruppenzugehörigkeit zu unterstreichen. Über diesen Einstieg kann man über die Bedeutung von Kleidung als Ausdruck seiner Identität diskutieren und von den Lernern kurze Texte (Aufsätze) verfassen lassen.

Nach dieser thematischen Vorbereitung können sich die Lerner dem Text widmen.

12.1.2 Post-Reading Activities

Aufgabe c.

Die Geschichte selber handelt von den Ereignissesn eines Tages im Leben einer Einwanderin, die versucht, sich an ihre neue Umgebung anzupas-

---

[200] Z.B. Zeitungsberichte als Vorbereitung erarbeiten, Dillin 1990; Wattenberg und Zinsmeister 1990.

[201] Z.B. Titelbild von National Geographic, August 1999.

sen. Nach dem Lesen kann die Geschichte in drei Hauptteile unterteilt werden.

Seite 11: Das Gespräch mit den Kindern, die ihrer Mutter klar machen wollen, daß sie für den bevorstehenden Elternabend ein Kleid kaufen soll.

Seite 12-17: im Kaufhaus, als die Sprecherin ein Kleid kauft.

Seite 17-18: am Abend möchte die Erzählerin ihrer Familie stolz ihre Verwandlung in eine Amerikanerin vorführen.

Somit ist die Struktur der Erzählung auf narrativer Ebene gut zu erkennen, auch wenn es vereinzelt Rückblenden gibt. In einer schwachen Lernergruppe könnte empfehlenswert sein, zunächst die Textstellen des eigentlichen Tagesgeschehens und in anderer Farbe die Textstellen mit Erinnerung an frühere Erlebnisse zu markieren.

Aufgabe d.

Nachdem die Lerner den Text gelesen und die Handlung erfaßt haben (und dabei die einzelnen Textpartien identifiziert haben, die den Tagesverlauf und die Rückblenden darstellen), können einige kurze inhaltliche Aspekte geklärt werden:

- What does the *sari* mean to the narrator? (Not, what is a *sari*?)
- Why do the children want their mother to buy an American dress?
- What does the narrator hope to gain by wearing American clothing? What is she afraid of losing?
- In what way does the narrator describe the department store, e.g. the atmosphere, the sales ladies, etc., where she shops for a new dress?

Aufgabe e.

Anschließend könnte von den Lernern ein Text verfaßt werden, in dem die Erzählung aus der Perspektive einer anderen Person wiedergegeben wird. Zum Beispiel erzählt eines der Kinder, was an diesem Tag passiert ist. Zur Inspiration kann der erste Satz vorgegeben werden:

- Write the story from the point of view of one of the children. Start with: "A few years ago, my family moved from India to the United States. ..."

Dabei sollen die Lerner begründen, warum sie ihre Mutter bitten, ein anderes Kleid zu kaufen, wie sie beschließen, die Mutter auf das Thema anzusprechen, dann das Abendessen beschreiben, und ihre Reaktion auf den Auftritt ihrer Mutter beim Fernsehabend.

Eine Alternative wäre eine Reflexion aus der Sicht des Ehemanns, der die Probleme seiner Frau gar nicht wahrnimmt.

- Or, write the story from the point of view of the husband. Start with: "I don't know what's gotten into her, but lately my wife has been acting strange ...."

Diesen Text können die Lerner z.B. so weiterschreiben, wie der Ehemann der Erzählerin die Migration sieht, und inwieweit ihm auffällt, daß seine Frau in der neuen Umgebung Schwierigkeiten hat.
Schließlich könnten die Lerner einen Text aus Sicht der Cousine Mira verfassen, die sich darüber freut, in Amerika zu leben:

- Or, you may want to write the story from Cousin Mira's perspective: "Since I came to the States ten months ago, my life has completely changed..."

In einem solchen Text schildern Lerner Migrationserfahrungen von Mira, und reflektieren über ihre Cousine, die uns als Erzählerin bekannt ist.

Anschließend können die so entstandenen Texte aus Sicht der Kinder, des Mannes, der Cousine und der Originaltext miteinander in Bezug gesetzt werden, um herauszuarbeiten, mit welchen unterschiedlichen Reaktionen Familienmitgleider auf eine Auswanderung reagieren. Wenn es in der Lernergruppe solche mit eigenen Migrationserfahrungen gibt, sollten diese dazu ermutig werden, darüber zu schreiben oder davon zu erzählen.

12.1.3 Vokabelangaben zu Vijay Lakshmi "Mannequins":

S. 11: *mannequin* - Schaufensterpuppe, *PTA (Parent Teacher Association) meeting* - Elternabend, *sari* - traditionelles indisches Wickelkleid, *odd* - merkwürdig, *stubborn* - hartnäckig, *turmeric* - gelbes Gewürz, *to nod* - nicken, *to wrap* - wickeln, *conspicuous* – auffällig, *to gloss* - aufpolieren, *to teeter on the edge* - auf der Kippe stehen, *to masquerade* - sich verkleiden, *garb* - Klamotten, *to huddle* - (sich) zusammenkauern stehen, *supine* - verängstigt, *languid* - faul und langsam- *glazed* - gezuckert.

S. 12: *emerald* - Smaragd, *gaze* - Blick, *flawless* - makellos, *to stagger* – stolpern, *to be reigned in* - gebremst werden, *to scurry away* – weglaufen, *to nurse* - pflegen, *to be determined* - entschlossen sein, *admiration* - Bewunderung, *transformed* - verwandelt, *to cast off* - abwerfen, *to get adjusted* - sich einleben, *wistfully* – sehnsüchtig, *hair style* - Frisur, *pulse* - Herzschlag, *coaxing* – Herbeilocken, *to be settled* - sich niederlassen, *plain* - einfach, *mousy* – mausgrau, *to take to doing s.th* - sich angewöhnen, etwas zu tun, *to be widowed* - verwitwed sein, *to flaunt* - angeben mit etwas, *peacock's plume* - Pfauenfedern, *to chatter* - schwätzen, *stock market* - Börsenmarkt, *to savor* - genießen, *to grapple* - kämpfen, *obscure* - unklar, *to untangle* - sich entknoten, *to quiver* - zucken, *hint* - Andeutung.

S. 13: *resolute* - entschlossen, *revolving doors* - Drehtüren, *spin* - drehen, *diver* - Taucher, *poised* - positioniert , *diving board* - Sprungbrett, *plunge* - Sprung, *to surface* - auftauchen, *to teem with* - voll sein mit, *to select* - auswählen, *to gaze* - blicken, *to quarantine from* – abschotten von, *lingerie* - Wäsche, *brisk* - frisch, *mascaraed eyes* - mit Wimperntusche geschmickte Augen, *vaguely* - undeutlich, *to reach out* - nach etwas greifen, *a baby strapped to a stroller* - ein im Kinderwagen angeschnalltes Baby, *groomed* - gepflegt, *to cluck* - glucken , *pacifier* - Schnuller , *canary yellow* - Kanariengelb, *to peer* - anschauen, *to cramp* - einengen, *numb* - betäubt, *uninhibited* - uneingeschränkt,

S. 14: *security* - Sicherheit, *to whip around* - sich schnell umdrehen, *casually* - beläufig, *to slam (a door) shut* - (Tür) zu schlagen, *to seethe* - vor Wut kochen, *to mutter* - murmeln, *aisle* - Gang, *to strip* - ausziehen, *to slither* - rutschen, *to mock* - belustigen, *to jeer* - auslachen,*billowing* - luftig, *pleats* - Falten, *narrow* - schmal,

S. 15: *to cling* - festhalten, *to dye* - färben, *to accentuate* - betonen, *to drape* - umhängen, *drab* - farblos und langweilig, *crisp* - frisch, *to splinter* - zerschlagen, *to startle* - erschrecken, *appraising* – bewertend, *to stammer* - stottern, *detached* - distanziert, *sober* - nüchtern, *to fumble* - fummeln, *rack* - (Kleider-)Stange, *fitting room* - Umkleidekabine, *swinging partition* - Schwingtür, *cubicle* - kleine Kabine, *slip* - Unterrock, *gingerly* - vorsichtig,

S. 16: *accidentally* - versehentlich, *to singe* - brennen, *apparition* – Erscheinung, *burgundy* - weinrot, *fragile* - zerbrechlich, *nape* - Nacken, *uncomprehending* - nicht verstehend, *pinched* - zusammengezogen, *sleek* - schlank, *sophisticated* - kultiviert, *to bulge* – ausbeulen, *squat* - untersetzt, *peg* - Hacken, *gilt-framed* – goldgerahmt, *to burst* - explodieren, *fire-cracker* - Feuerwerkskörper, *ease* - Leichtigkeit, *confidence* - Selbstvertrauen, *confident* – selbstbewußt, *to carry oneself* - sich geben, *scrutinize* - genau betrachten, *to flee* - fliehen, *buzz* - Summen, *to shuffel* - die Füße schleppen

S. 17: *to be muted* - gedämpft werden, *to drone by* - vorbeibrummen, *dull* - stumpf, *haze* - Nebel, *to abandon* - verlassen, *selection* - Wahl, *to wheel away* - wegkarren, *charge* - Kredit, *to grapple with oneself* - mit sich kämpfen, *whisper* - flüstern, *whir* - Surren, *waning* – verblassend, *to surge past* - vorbei laufen, *to sweep along* - mitfegen, *to clutch* - festklammern, *intent* - konzentriert, *to leap* - springen, *to dive* - hier: hechten, *precious* - kostbar, *coach* - Trainer, *to chew* - kauen, *to spit* - spucken, *to vie* - im Wettbewerb stehen mit

S. 18: *volume* - Ton, *to jerk upright* - sich plötzlich aufrichten, *to utter* – sprechen, *haltingly* - stockend, *to affirm* - bestätigen.

12.2 Julia Alvarez: "A Regular Revolution"

Beim Einsatz dieses Textes im Fremdsprachenunterricht sollte es ein Ziel sein, den Lernern etwas über die Schwierigkeiten einer gesamten Familie bei der Emigration zu vermitteln. So werden auch die Kenntnisse, die bei der Lektüre von Lakshmis "Mannequins" erworben wurden, um einige Facetten erweitert.

Da es in diesem Kapitel sehr viele Teilnehmer am Geschehen gibt, kann eine Vielzahl an Aufgaben entwickelt werden, die die verschiedenen Perspektiven dieser Personen in ihrer Reaktion auf die Ereignisse darstellen oder erarbeiten lassen. Damit lassen sich innovative Formen der Textarbeit gut umsetzen.

Die Sprache in diesem Roman ist unterschiedlich je nach Erzählperspektive, modern, teilweise umgangssprachlich, mit spanischen Einflüssen; d.h. sie spiegelt die ganze Palette einer zweisprachigen Familie. Dennoch ist sie für fremdsprachliche Leser verständlich, wenn einige Vokabelhilfen vorgegeben werden, besonders mit Hinweisen zum kulturellen Bezug.

Abschließend sei hier zu bemerken, daß dieser Text (das Kapitel "A Regular Revolution") besonders Themen von Jugendlichen aufgreift: Rebellion gegen das Elternhaus, Verantwortung für einander tragen, usw. Somit bietet dieser Roman viele Aspekte, die ihn für den fremdsprachlichen Literaturunterricht durch den inhaltlichen Bezug zu Jugendlichen interessant macht.

Das Kapitel "A Regular Revolution" (Alvarez 1992: 107-132.) spricht verschiedene Themenbereiche an: u.a. der Umgang mit der eigenen Sexualität angesprochen wird, Entscheidungen treffen, wo man hingehört, etwas aus Gruppenzwang tun, der unterschiedliche Umgang / Grenzensetzen für junge Frauen und junge Männer, Kampf der Geschlechter.

Von den nun folgenden Aufgaben zum Text werden mehr Möglichkeiten dargestellt, als im Unterricht unbedingt Anwendung finden werden.

12.2.1 Pre-Reading activites

Von den folgenden pre-reading activities sollte es genügen, nur eine als Vorbereitung für die Lektüre zu bearbeiten.

Aufgabe a:
Um die Lerner ein wenig für die Situation von Einwanderern zu sensibilisieren, kann es sinnvoll sein, mit den Schülern Gründe zu sammeln, weshalb Menschen beschliessen, aus ihrer Heimat auszuwandern. Diese können an der Tafel notiert werden. Dazu soll erarbeitet werden, welche Erwartungen oder Einstellung bei dem jeweiligen Auswanderungsmotiv verschiedene Generationen einer Familie damit verbinden. In einer dritten Spalte können Vermutungen notiert werden, wie verschiedene Generationen mit ihrer Situation im Zielland umgehen können.

Aufgabe b:
Ein oder mehrere Artikel[202] können in Form von Schülerreferaten die Situation von lateinamerikanischen Einwanderern und deren Kindern darstellen. Interessant ist dabei zu bemerken, daß die hispanischen Bürger Amerikas sich am Ende des 20. Jahrhunderts zu ihrer Bikulturalität mit Stolz bekennen, und auch ihre Zweisprachigkeit pflegen. Dies ist eine lange Entwicklung von früheren Generationen, die lange versucht haben, ihre hispanische Herkunft eher zu verstecken.

Aufgabe c:
Desweiteren kann eine Diskussion über Frauenbewegungen, Feminismus, das Recht auf Bildung oder das Recht, an politischen Wahlen teilzunehmen, das Recht auf Selbstbestimmung eine gute Einstimmung auf die Lektüre sein. Entsprechend dieser Thematik sollten Aufgaben ausgewählt werden, die Raum für Diskussion und das Herausfinden eigener Positionen lassen, vielleicht in Form von Referaten zu einigen dieser Themen.

12.2.2 Reading activities

Bei einem ersten Lesen kann es für das erste Verständnis dieses Kapitels sinnvoll sein, es in Abschnitte zu unterteilen und diese mit Überschriften zu versehen.

---

[202] Siehe hierzu die Artikel von Leland & Chambers (1999), Larmer (1999).

Aufgabe d:

After reading the story, divide the text into subchapters and give each one a headline.

Die Überschriften könnten wie folgt lauten:
'Life in the USA' p. 107-111.
'The evening before departure' p. 111- 113.
'Mami discovers a secret three weeks later' p. 113-114.
'Fifi chooses to take her punishment on the Island' p. 114-117.
'Fifi talks about her boyfriend' p. 117-119.
'The true face of Manuel Gustavo' p. 119-121.
'The 3 sisiters plan a revolution' p. 121-122.
'The Lovers' hideaway' p. 122- 125.
'The revolution breaks out' p. 126-129.
'The bomb explodes' p. 129- 131.
'A victory is not without losses' p. 131-132.

Für die Unterrichtende kann es hilfreich sein, sich an einer solchen Strukturierung des Textes bei der Gestaltung und Auswahl weiterer Aufgaben zu orientieren.

Bei einem zweiten Lesen des Textes schlage ich vor, den Text intensiv in kurzen Abschnitten zu lesen, um Zeit für die Reflektion über das bisher Geschehene zu lassen.

Aufgabe e:

Read pages 107-11. What do you think about the parents' threat to send their daughters to the island if they misbehave? Why does this threat work most of the time?

Zunächst werden S. 107-111 gelesen. Die Schüler diskutieren über die Erziehungsmethode der Eltern, die immer mit der Rückkehr zur Insel drohen. Vielleicht könnte ein Dialog geschrieben werden, in dem die Eltern ihre Positionen miteinander ausdiskutieren, wobei ein Elternteil für die "Insellösung" ist, der andere nicht.

Aufgabe f:

Read p. 11-117. Write Fifi's diary, starting with the day her family leaves her on the island with her relatives. Is she happy at first, or does she get homesick?

Dann S. 111-117 lesen. Die Schüler versetzen sich in die Lage der Hauptfigur, sie sollen z.B. Tagebucheintragungen für Fifi schreiben, in der sie die ersten Wochen nach Abreise ihrer Schwestern erzählt, wie sie sich eingelebt hat, und was ihr gefällt oder nicht gefällt am Leben auf der karribischen Insel im Schoße der wachsamen Familie.

Aufgabe g:

Why is it essential for the girls to interupt the direction in which things are going with Fifi? Why do they want to save her? From what or from whom? Do you think this is right?

Dann S. 117-126 lesen lassen. Lerner diskutieren, ob das geplante Eingreifen der Schwestern richtig ist, was sie in deren Situation würden tun, wie die Revolution aussehen könnte.

Aufgabe h:

After the revolution, the girls realize that maybe they made a mistake. Write a dialog for the girls and their aunt Carmen in which they try to explain their feelings at the beginning of the summer, about wanting to be "free", and how they feel now.

Dann S. 127-132. lesen lassen. Die ambivalenten Gefühle der Mädchen klären: Warum wollten sie immer frei sein von der Verpflichtung, im Sommer die Verwandtschaft zu besuchen? Warum ließen sie Fifi auffliegen? Warum sind sie verwirrt, als sie frei sind von den Familienbesuchen? Wie werden sie sich in Zukunft gegenüber ihrer Familie verhalten?

12.2.3 Post-Reading activities

Je nach Interessensschwerpunkt der Lernergruppe besteht die Möglichkeit, mit einer abschließenden Aufgabe über das Gelesene zu reflektieren und zusammenzufassen.

Aufgabe i:

Write a radio play (and produce it, if possible) based on the events of the story.

Durch die vielen Zwischenstops beim Lesen des Textes ist es wichtig, das Kapitel noch einmal im Überblick zu betrachten. Da dies ein Kapitel mit vielen Ereignissen und Personen ist, könnte man eventuell ein Radiohörspiel von den Lernern schreiben lassen und aufnehmen. Dies würde den Lernern eine Gelegenheit bieten, das auszuwählen und für ein Hörspielskript aufzuarbeiten, was ihnen am wichtigsten erschien.

Aufgabe j:

Im letzten Schritt können die Lerner sich mit der Frage auseinandersetzen, wie eine Frau, die aus einer "konservativen" Gesellschaft in eine "liberale" Gesellschaft ausgewandert ist, mit diesem Widerspruch oder potentiellen Konflikt umgehen kann. Hierbei können durchaus Textbeispiele aus Deutschland oder zur deutschen Gesellschaft hinzugezogen werden. Dabei geht es weniger darum, unbedingt eine Lösung für einen derartigen Konflikt zu finden, sondern es sollte erkannt werden, daß bikulturelle Personen nicht gespaltene Persönlichkeiten sind, sondern zwischen verschiedenen Optionen wählen müssen, und daß die Entscheidung alles andere als leicht ist. Dadurch entwickeln monokulturelle Lerner Empathie und vielleicht auch Verständnis für die komplexen Lebensentscheidungen, vor die bikulturelle Personen gestellt sind.

12.2.4 Intertextuelle Aufgaben

Es folgen einige Aufgaben, die den Text von Lakshmi und den von Alvarez verbinden können.

Aufgabe k:

Compare how the texts by Lakshmi and Alvarez create a connection between identity and clothing. How do the narrator (in Lakshmi) and Fifi (in Alvarez) appear to see this connection, and how do their respective environment react to their new clothing styles?

Lernende können näher darauf eingehen, wie in diesen beiden Kurzgeschichten eine Verknüpfung von Identität und Bekleidung hergestellt wird, besonders wie die Hauptfigur in Lakshmis Text glaubt, durch eine andere Kleidung ihre Identität wechseln zu können, und wie Fifi ihr Einleben in der Dominikanischen Republik dokumentieren möchte indem sie sich nicht amerikanisch sondern dominikanisch kleidet und frisiert und dies als ein Zeichen der veränderten Werte von den Schwestern anerkannt wird.

Eine weitere intertextuelle Vergleichsmöglichkeit bietet die Frage, wie die Gesellschaft in den USA in beiden Texten dargestellt wird.

Aufgabe l:

How is the U.S.A. portrayed in the texts by Lakshmi and Alvarez? What are the threats and opportunities in the U.S.A., and what are they in India and the Domincan Republik, respectively?

In diesen zwei Texten bieten die USA zwei Alternativen für die Einwanderer: einerseits verkörpert die Gesellschaft in den USA die Möglichkeit, d.h. die Freiheit, zur Selbstverwirklichung und andererseits fühlen sich die in den Texten darsgestellten Figuren zum Teil sehr isoliert in ihrer neuen Umgebung.

12.2.5 Vokabelangaben zu Julia Alvarez "A Regular Revolution"

S. 107: *x-going-on-y*: familiärer Ausdruck (colloq.) für das Alter von Kindern, hier im Sinne der Aufenthaltsdauer in den USA; *to be on green cards* - colloq. - Aufenthaltsberechtigung (entspricht einem Dauervisum) für die USA haben; *to be cooped up* - eingepfercht sein; *to make up the difference* - ausgleichen; *weird* - merkwürdig; *pervert* - Perverser; *epithet* - Nachruf;

S. 108: *Tampax* - Markenname für Tampons; *preparatory school* - teure Privatschule zur Vorbereitung auf die Universität; *the cream of the crop* - das Beste vom Besten; *Hoover* - Markenname für Staubsauger; *Hanes* - Markenname für Unterwäsche; *Scott* - Markenname für Hygienepapierprodukte; *Reese* - Markenname für Schokoladenwaren; *gauche* - gesellschaftlich unbeholfen; "*we might be fish out of water, but at least we had escaped the horns of our dilemma to a silver lining*" - hier werden mehrere Redewendungen, die nur einzeln verwendet werden, miteinander vermischt: *fish out of water* (person who is out of his proper sphere or element) ; *the horns of a dilemma* (two equally disadvantageous alternatives in a dilemma); *there's a silver lining behind every cloud* (there is something consoling or hopeful behind a bleak prospect); *to forge* - fälschen; *to croak* - colloq. sterben; *the hair-and-nails crowd* - colloq. teenage girls who spend all their time doing their hair into fancy styles and painting their nails; *chaperone* - Anstandsbegleitung;

S. 109: *icky* - colloq. ecklig; *to strut* - colloq. stolzieren; *to make real money* - colloq. viel Geld verdienen; *to jabber* - colloq. quaseln; *to be off-limits* - colloq. verboten sein; *to pucker up* - colloq. eine Schnute machen; *to get out of line* - colloq. aus der Reihe tanzen; *to shape up* - colloq. sich wieder benehmen; *to up the ante* - colloq. Poker: den Einsatz erhöhen;

S. 110: *to devise* - entwickeln; *to plot* - colloq. aushecken; *on duty* - im Dienst sein; *to be psychic* - Gedanken lesen können; *to catch on* - etwas durchschauen;

S. 111: *skirmish* - kleiner Kampf; *to gab* - colloq. quatschen; *to get punchy* - aufgedreht werden; *for spite* - aus Trotz; *glum* - ernst und traurig; *pep talk* - Motivationsrede; *pigeon toed* - nach innen geneigte Füße;

S. 112: *Baggy* - kleine Tüte mit Hasch; *priss* - Angsthase; *to whisk off* - durchwinken; *Kotex* - Markenname für Damenbinden; *dull* -

langweilig; *to probe* - nachforschen; *keep at bay* - unter Kontrolle halten; *to exit* - herausgehen;

S. 113: *to toss* - werfen; *to come padding out* - auf weichen Sohlen herauskommen; *by way of consolation* - als Trost; *to counsel s.o.* - jdm. raten;

S. 114: *the naughtinesses* - die schlimmen Sachen; *to commit* - verbrechen; *stash* - Versteck; *layman* - Laien; *to concoct* - zusammenrühren; *to defer to* - weiterleiten; *to be flabbergasted* - schokiert sein; *orifice* - Öffnung; *to touch down* - landen; *addict* - Drogenabhänige; *teensy* - klitzeklein;

S. 115: *pot* - colloq. Gras; *butt* - colloq. Hintern; *lech* (richtig: *lecher*) – Lustmolch; *to rally* - sich sammeln; *to chim in* - einstimmen; *delinquent* - renitent; *dope* - leichte Drogen; *joint* - Zigarette mit/aus Hasch; *to draw a toke* - einem Zug nehmen (an einer Zigarette); *untoward* - widerspenstig;

S. 116: *oddly enough* - merkwürdigerweise; *to consent* - zustimmen; *wholesale confinement* - fam. Hausarrest für alle; *to brew* - brauen; *to blow the whistle* - verpfeifen; *to do lip service* – Lippenbekenntisse geben; *to nibble* - knabbern; *to opt* - sich entschieden für etw.; *ass* - colloq. Arsch; *to bond to* - sich binden an; *adolescence* - Jugendzeit;

S. 117: *dazed* - benommen; *to zing a hit* - einen Treffer landen; *to repatriate* - wieder einleben; *to yank out* - herausreißen; *out and out creepy* - durch und durch beunruhigend; *maverick* -Ausreißer; *a jangle of bangles* - mit Armreifen behängt; *cascade* - Wasserfall; *barette* - Haarspange; *startled* - überrascht;

S. 118: *plaintively* - offensichtlicher Weise; *huddle hug* - Gruppenumarmung; *to muss* - durcheinander bringen; *to be taken aback* - überrascht sein; *Ye Olde* (altenglische Schreibweise für: The Old) *Grapevine* - der alte Dorftrasch; *closet cousin* - verheimlichter Cousin; *an illegitimate* (child) - ein uneheliches Kind; *to cave in* - nachgeben; *to regress* - sich rückentwickeln;

S. 119: *infidelities* - ehebrecherische Affairen; *immaculate conception* - unbefleckte Empfängnis; *to get ragged about* - verspottet werden; *to be off the hook* - gerettet sein; *country club* - Club der Reichen; *gossip* - Klatsch;

S. 120: *standoff*: Konfrontation; *to pout* - schmollen; *to tone oneself down* - sich zurücknehmen; *feisty* - kämpferisch; *a trashy novel* - Groschenroman; *diaper* - Windeln; *to cheer on* - zujubeln;

S. 121: *to sob* - weinen; *to plead* - betteln; *sleazy* - billig; *to rev up the motor* - den Motor aufheulen lassen; *Mary Wollstonecraft* englische Frauenrechtlerin des 18. Jahrhunderts, *Susan B. Anthony* amerikanische Frauenrechtlerin des 19. Jahrhunderts; *Virginia Woolf* - englische Schriftstellerin und Frauenrechtlerin des 19. Jahrhunderts; *to raise consciousness* - Bewußtsein wecken;

S. 122: *the main drag* - colloq. Vergnügungsmeile;

S. 123: *stool pigeon chauffeur* - colloq. fam., hier: angestellter Fahrer der Familie; *to be exhorted* - aufgefordert sein; *to neck* - knutschen; *contraception* - Empfängnisverhütung; *to rat on s.o.* - petzen; *to cherish* - als kostbar genießen; *cute* - süß; *pregnancy* - Schwangerschaft; *to brace o.s.* - sich festhalten; *premature baby* - Frühchen; *betrayal* - Verrat;

S. 124: *bored* - gelangweilt; *to go skinny-dipping*; nackt baden gehen; *scary* - gruselig; *sacrifice* - Opfer; *escort* - Begleiter; *to veto* - Veto einlegen; *to pile* - sich auftürmen; *to nag* - quengeln; *whore house* - Bordell; *to be unabashed* - nicht schüchtern sein; *the dead center* - genau in der Mitte; *tassel* - Stoffbüschel

S. 125: *to be nonplussed* - auch nicht begeistert sein; *titillation* – Bewunderung; *to proffering* - anbieten; *to concur* - zustimmen;

S. 126: *taillights* - Rückleuchten; *to be aggrieved* - erschüttert sein; *vanity* - Kommode; *the compound folks* - die Leute vom Großbesitz; *to reminisce* - sich erinnern; *sex segregated* - nach Geschlechtern getrennt;

S. 127: *buddy* - Kumpel; *to needle* - zwiebeln; *tryst* - Verabredung; *to blow the cover* - enttarnen;

S. 128: *to be awed* - in Erstaunen versetzt sein; *quip* - Bemerkung; *to scowl* - die Stirn runzeln; *prissiness* - Ängstlichkeit; *churlish* - gemein; *Che Guevara* - kubanischer Revolutionsführer; *to be flabbergasted* - sprachlos sein; *convince* - überzeugen; *outing* - Ausflug; *novio* - Verlobter, Bräutigam;

S. 129: *crewcut* - Militärhaarschnitt; *myopic* - Kurzsichtigkeit (im übertragenen Sinne); *salmon* - lachsfarben; *novia* - Verlobte, Braut; *emphatically* - eindringlich, mit Betonung; *palpable* - fühlbar, offensichtlich; *gorgeous* - wunderschön;

S. 130: *steely-* stählern; *to nod* - nicken; *courtroom* - Gerichtssaal; *to berate* - kritisieren; *conclusively* - endgültig;

S. 131: *gaze* - Blick; *coop* - Gehege; *cage* - Käfig; *to poke through* - durchstecken; *to labor* - sich mühen; *preoccupied* - beschäftigt;

rotten - schrecklich; *grueling* - grausam; *interrogation* - Befragung; *to elope* - verloben;
S. 132: *traitor* - Veräter; *suitcase latching* - Kofferschnallen; *accusation* - Vorwurf; *eerie* - unheimlich; *fury* - Wut.

12.3 Cisneros: *The House on Mango Street*

Auf Grund seiner Kürze und Überschaubarkeit kann der Roman durchaus im fremdsprachlichen Unterricht als Ganzes gelesen werden,. Es können auch nur ausgewählte Kapitel als Kurzgeschichten gelesen werden. Auf die inhaltliche Problematik einiger Abschnitte des Romans habe ich in Kapitel 6.4 hingewiesen.
Bei diesem Text schlage ich vor, den erfahrungsorientierten Ansatz anzuwenden. Dieser wurde in Kapitel 6.4 (Möglichkeiten zur Didaktisierung) in Zusammenhang mit Joy Kogawas Obasan diskutiert.

12.3.1 Pre-reading activities

In Anlehnung an den erfahrungsorientierten Ansatz wäre ein Anknüpfen an die eigenen Erfahrungen der Leser eine gute Möglichkeit, von der einseitigen Betrachtungsweise des Romans *The House on Mango Street* wegzukommen. Letztere sehe ich im einseitigen ethnischen (also mexikanisch-amerikanischen) Kontext.

Aufgabe a:

Zum Einstieg können Lerner in mehrere Gruppen aufgeteilt werden, und jede Gruppe befaßt sich in Gruppendiskussionen mit je einem Schwerpunktthema. Als solche bieten sich folgende Diskussionsthemen an:

A) Describe the house you live in, and how you and your family feel about it. Is it your (family's) dream house? What does this house (or appartment) offer you, besides shelter from the weather?

Die Lerner können das Haus beschreiben, in dem sie jetzt leben, sowie das Verhältnis ihrer Familie zu diesem Haus, und ihr Traumhaus beschreiben. Außerdem können die Lerner darüber reflektieren, was ein Haus, eine Wohnung an sich für sie persönlich bedeutet.

B) How do you like your first name / family name? Does it have a special meaning in your family? Would you like to change your name? Why, and to what? How would a new name change the way you feel about yourself?

Eine andere Gruppe befaßt sich mit dem Thema "Name, eigene Identität, Gruppenidentität". Zum Beispiel wird in dem Kapitel "My Name" deutlich, wie der Name der Erzählerin "Esperanza" Ausdruck der Unterdrückung und Hoffnung zugleich ist.

C) Describe the neighborhood in which you live. How long have you lived there? What do you know about your neighbors? How do you feel when you find yourself in a neighborhood you don't know?

Eine dritte Gruppe widmet sich dem Thema eigene Nachbarschaft und fremde Nachbarschaft. Was bedeutet uns die eigene Nachbarschaft, in der wir aufwachsen oder schon lange wohnen? Wie ist unser Verhältnis zu diesen Nachbarn im Sinne einer erweiterten Familie? Wie fühlen wir uns, wenn wir durch eine fremde Nachbarschaft oder ein fremdes Stadtviertel gehen?

D) Why are you continuing your school education? Is going to school and or to university something you can take for granted, or are certain difficulties involved for you that you must overcome?

Noch eine Gruppe fragt nach der Bedeutung von Schule und Bildung. Was erwarten sie von ihrer Schulbildung und einem Studium? Ist Bildung und Ausbildung selbstverständlich oder eine Möglichkeit, ein anderes Leben zu führen, als es die Eltern tun? Warum möchten manche Kinder ein anderes Leben haben als ihre Eltern?

E) How would you describe the relationship between men and women in your culture? Is one more powerful than the other, or are they equal partners in everything? Does each play a different role in society, in the family, at work? In your environment, do you see an ideal of the relationship that is not practiced in reality?

Ein fünfte Gruppe kann sich mit dem Thema Männer und Frauen beschäftigen. Was prägt ihr Verhältnis zueinander, wie sind die Machtverhältnisse? Welche verschiedenen Modelle von Zusammenleben kann diese Gruppe beschreiben? Welches ist nach ihrer Meinung eine gute Lösung? Ist dies realistisch oder eher eine Traumvorstellung?

F) Find out more about Mexican American society. Use articles or the internet to gather information about the roles this society expects men and women to fulfill, where Mexican Americnas live mostly in the U.S.A. Based on the Newsweek article, how do Hispanics see themselves in America?

Eine sechste Gruppe erarbeitet einen Teil der Newsweek Artikel "Generation Ñ" (vgl. Cose 2000; Larmer 1999; Leland & Chambers 1999). Welches Bild vermitteln diese Artikel über die hispanische Gesellschaft in den USA?

Nach Erarbeiten von Aufgabe a in den Gruppen werden die Ergebnisse präsentiert.

Aufgabe b:

Present your group work to the rest of the class.

Nach der Darstellung und Diskussion der Gruppenarbeiten kann die Lernergruppe entweder das ganze Buch oder nur einige Kapitel lesen. Ich halte es jedoch für sinnvoll, das ganze Werk zu lesen, zumal es relativ kurz ist, aus sehr kurzen Abschnitten besteht, und vielfältige Themen anspricht, die in Klassengesprächen aufgegriffen werden können.

12.3.2 Reading activities

Das Buch könnte in kleineren Abschnitten gelesen werden. Dabei bleibt Zeit, um Verständnisfragen zu klären, und um kleinere Textaufgaben zu bearbeiten.

Aufgabe c:

Read pages1-18. What is your impression of the narrator? What feelings does she share with you, the reader?

Hier sollte den Lesern die Möglichkeit gegeben werden, sich auf den sehr persönlichen Stil der Erzählerin einzustellen. Dadurch können sie eine Sensibiliserung dafür entwickeln, was die Erzählerin den Lesern mitteilen möchte.

Aufgabe d:

Compare the chapter "My Name" with the article "What's in a Name". What does Esperanza mean by saying: "Something like Zeze the X will do." (p. 11) Compare this to the questions addressed in the article. Or: How does Esperanza identify herself with her name predecesor (her great-grandmother) in her expectations from life? How do her feelings towards her name reflect her attitude about herself in society?

Zu der ersten Frage kann der kurze Zeitungstext von Laurence Barrett "What's in a Name?" (1993) hinzugezogen werden.

In der zweiten Frage geht es darum, wie der Name "Esperanza" im Spanischen/ in der mexikanischen Gesellschaft mit seiner Bedeutung für die Erzählerin im Englischen / in der amerikanischen Gesellschaft kontrastiert.

Ich halte dieses Kapitel für besonders interessant, weil darin reflektiert wird, wie unterschiedlich die Situation der Erzählerin ist in der mexikanischen und in der amerikanischen Gesellschaft. Es wird nicht viel an kulturspezifischen Vorkenntnissen vorausgesetzt, d.h. die Leser müssen nicht so genau informiert sein über die Situation der Frau in der mexikanischen bzw. amerikanischen Gesellschaft, denn die Begründung für sämtliche Überlegungen werden im Text selbst mitgeliefert; insofern ist dies ein recht einfacher Text auf inhaltlicher Ebene. Er schildert das Thema der Bikulturalität auf sehr plastische Weise: Wie man sich selber unterschiedlich betrachten kann, je nach dem, in welcher Kultur man sich gerade befindet.

Vielleicht wurde bei der Besprechung des Textes "Mannequins" bereits neben der fremdkulturellen Kleidung auch das Thema des fremd kleingenden Namens angesprochen und kann hier nun aufgegriffen werden. Dabei kann herausgearbeitet werden, welche Bedeutung der Name für die Erzählerin in der mexikanischen Kultur hat, welches Schicksal sie also damit verbindet, und wie sie glaubt, daß der Name in die amerikanische Gesellschaft paßt, und warum schließlich die Erzählerin sich einen "kulturneutralen" Namen (Zeze the X) geben möchte.

Aufgabe e, 1:

Read pages 19-38. Esperanza describes a lot of people who live in her neighborhood. Write a story in which you present one of your neighbors or friends. Think of a situation that somehow indicates what makes this person unique, or that characterizes this person with something typical.

Hier kommt wiederum der erfahrungsorientierte Ansatz zum Tragen, um daran zu erinnern, daß jede Nachbarschaft von den einmaligen Menschen lebt und durch sie charakterisiert wird.

Aufgabe e, 2:

Look at page 28 "Those Who Don't". How do you feel when you are in neighborhood with people "of another color"? Write a comment on this chapter, in which you try to explain why we feel "All brown all around, we are safe."

Aufgabe f:

Read pages 39-55. How does Esperanza realize that she is growing up and slowly turning into a woman? How do you think she feels about this?

Aufgabe g:

Read pages 56-75. How does Espereanza feel about herself in the neighborhood? Do you think that other people (her family or neighbors) also see her that way? Write a piece in which somebody describes Esperanza as they might see her.

Aufgabe h:

Read pages 76-85. The women in these chapters all seem to be sad, but for different reasons. Why do they have this sadness in common? Do you think they could change something, or must they accept their lives as they are?

Aufgabe i:

Read pages 86-100. Esperanza sounds disappointed in these chapters. How has she changed in the course of the book? What do you think she expected, but did not get?

Aufgabe j:

Read pages 101-110. Sally decides to marry to get away from her father who beats her. Is this a solution for Esperanza, too? What future does Esperanza see for herself?

12.3.3 Post-reading activites

Aufgabe k:

Eine Übung zur Vermittlung von Differenz, Übernahme und Koordinierung von verschiedenen Perspektiven könnte in drei Schritten erfolgen:

1. What do the family members each expect from their lives?
2. How do you think do different family members feel about Esperanza's behaviour in "Beautiful & Cruel" or when she writes poetry?
3. Write the script for a discussion at the kitchen table. Esperanza tells her family she will not marry the man who asked for her, but will go to college instead.

Aufgabe l:

After reading the whole book, choose one of the topics from task (a) and write about how this subject is presented in the book. Compare the Mexican American viewpoint of what Esperanza thinks, sees, or feels about the topic and what your opinion is.

Durch diese letzte Aufgabe soll das Gelesene summiert werden und in Bezug gesetzt werden mit den Aufgaben vor Beginn der Lektüre. Hier haben die Lerner die Möglichkeit zu erleben, wie unsere Sichtweise zu einem Thema sich verändern kann durch die Lektüre eines Romans.

12.3.4 Intertextuelle Aufgaben

Der Text von Cisneros und der Text von Alvarez bieten interessante intertextuelle Bezüge, vor allem, wenn beide Texte als Ganzschriften gelesen wurden. Es besteht die Möglichkeit, einige inhaltliche Aspekte zu vergleichen, so z.B. wie Yolanda und Esperanza sich dem Schreiben zuwenden als Befreiung von ihrem Status als Frau in einer patriarchaischen Umgebung, aber auch als Mittel, Sprache zu lernen.

Aufgabe m:

What does the dream to become a writer or story teller mean to Yolanda and Esperanza?

Es kann aber auch die Erzähltechnik näher betrachtet werden, da beide Werke aus mehren Kapiteln bestehen, die zunächst wenig miteinander verknüpft sind.

Aufgabe n:

Both books are composed of a series of chapters that seem to only loosely fit together. Nevertheless, they form a unity due to the style and overriding theme in each book. How does this style influence your reading? What effect do you think the author is tying to achieve with this style?

Aus diesen einzelnen Fragmenten entsteht langsam ein mosaikartiges Bild der Leben von Immigranten. Lernende können sich mit der Wirkung von *composite novels* im Vergleich zu traditionellen Romanformen näher beschäftigen.

12.3.5 Vokalbelangaben zu "My Name"

sobbing, to sob - schluchzen, weinen; *chandelier* - Kronleuchter; *elbow* - Ellenbogen; *to inherit* - erben; *syllable* - Silbe; *ugly, uglier* - häßlich, häßlicher; *baptize* - taufen.

12.4 Houston: "After the War"

In den folgenden Aufgaben zur Behandlung des Textes "After the War" im Englischunterricht soll erreicht werden, daß fremdkulturelle Lerner einen Einblick in den historischen Hintergrund der Amerikaner japanischer Abstammung gewinnen.

12.4.1 Pre-Reading activities

Aufgabe a:
Durch ein Schülerreferat. (z.B. T. Lee 1990; Butterfield 1990) oder andere Texte sollten die Lerner den geschichtlichen Hintergrund dieser Kurzgeschichte kennenlernen.

Aufgabe b:
Den Film "Hot Summer Winds" zeigen zur Einstimmung auf Kommunikationsmuster in einer japanisch-amerikanischen Nachbarschaft in Kalifornien vor dem Krieg.

12.4.2 Reading activities

Aufgabe c: Read the text.

12.4.3 Post-reading activities

Aufgabe d:
Make a table listing the characters Reiko and Sara, and Willie Jackson and Peter Novak. How does our image of these children change through the course of the story?

Children → development ↓	**Reiko**	**Sara**	**Willie Jackson**	**Peter Novak**
at the beginning of the story				
Development and change				
at the end of the story				
Comments				

Aufgabe e:
This text addresses many prejudices people have about the other group. What prejudices does Reiko have about white Americans, and what prejudices does Sara and her family express (directly or indirectly) about Reiko and her family?

Aufgabe f:

Ten years later, the two girls meet by chance. One of them is a waitress in a coffee shop, the other is a promising college student. Write a dialogue in which they recognize each other and discuss what they are doing. Reiko finally asks Sara why she left without saying good-bye. What does Sara say?

Nach einer solchen Aufarbeitung können die Lerner vor der Lektüre darüber diskutieren, welche Vorurteile Angloamerikaner möglicherweise gegenüber den Amerikanern japanischer Herkunft während des Krieges aufgebaut haben und umgekehrt. Ferner sollte dann diskutiert werden, wer im Text Vorurteile hegt (z.B. die Familie von Reiko ist Weißen gegenüber sehr zurückhaltend, Saras Familie glaubt alle Amerikaner japanischer Abstammung könnten kein Englisch sprechen, usw.), und wer relativ unvoreingenommen an den Anderen herantritt. Da sich dieser Text mit der Zeit nach dem Zweiten Weltkrieg befaßt, können abschließend noch Fragen behandelt werden, die die Situation von Amerikanern japanischer Herkunft in den USA der neunziger Jahre betreffen. Dies kann ebenfalls mit aktuellen Zusatztexten oder anderen Medien wie Fernsehberichte oder Internet geschehen.

12.4.4 Intertextuelle Aufgaben und Projektarbeit

Eine Möglichkeit, einen Bezug zwischen den Texten von Houston und Cisneros herzustellen, wäre, den Lernenden die Aufgabe zu geben, ausgewählte Aspekte aus Houstons Kurzgeschichte im Stil von Cisneros nachzuschreiben.

Aufgabe g:

Write a few short chapters on Reiko's experiences in the style that Cisneros used in The House on Mango Street. You might want to use the following titles, or invent your own:"My Name", "The Picnic", "My Mother", "Fighting Dragons", "Mrs. Bowen", "A House of My Own".

Durch die bewußte Auswahl von Themen in Anlehnung an Cisneros Werk können Lernende die Situation von Reiko und ihrer Familie mit der von Esperanza Cordero vergleichen, aber auch Unterschiede herausarbeiten.

In einer weiteren Aufgabe kann analysiert werden, wie die Autorinnen die Mehrsprachigkeit ihrer Figuren in den Text einfliessen lassen.

Aufgabe h:

How do the authors portray the bilingualism of their characters? Do they refer to it at all, do they use words from the other language? If so, do they translate into English? What effect do the authors achieve by using varying degrees of other languages in their writing? Why do you think some translate the other language, and others don't?

Aufgabe i:

In einer Projektarbeit in Verbindung mit dem Kunstunterricht könnten die Lernenden schließlich die Texte von Cisneros und Houston in Bilder umsetzen, die dann zu einem Mosaic zusammengesetzt werden, das jeweils den Text von Houston bzw. Cisneros bildlich darstellt.

12.4.5 Vokabelangaben zu Houston "After the War"

S. 155: *taunting* - streitend, *sleek* - glatt, *to stalk* - auf die Jagd gehen, *cordovan shoes* - hell-braune Lederschuhe

S. 156: *to blast* - hervorstoßen, *internment camp* – Internierungslager, *pursed lips* - zugespitzte Lippen; *protruding front teeth* - hervorstehende Vorderzähne, *nasal twang* - nasaler Klang;

S. 157: *to swear at s.o.* - fluchen; *buck teeth* - vorstehende Zähne; *to screech* - schreien, *trailer camp* - Lager aus Wohnmobilen,

S. 158: *to be elated* - hoch erfreut sein, *to be absent* - fehlen, *crane* - Krahnich, *tentative* - vorsichtig, *chow mein* - Eintopf, *bouncy* - hüpfend voller Energie, *recreation* - Freizeitbeschäftigung, *cannery* - Dosenfabrik,

S. 159: *to pierce* - durchstechen, *to peer* - genau hinsehen, *spry* - drahtig, *unlined* - ohne Falten, *swept up* - zusammenkehren, hier: hochgesteckt, *bun* - Brötchen, hier: Haardutt, *to figur* - ausrechnen, hier: glauben, *running board* - Trittbrett, *bear paw* - Bärentatze,

S. 160: *to be offended* - beleidigt sein, *to enroll* - einschreiben, anmelden, *to bicker* - streiten, *roomy* - geräumig, *velvety felt seat* - samtiger Filz bezogener Sitz, *worn* - abgenutzt, *wiry halo* - drahtiger Heiligenschein,

S. 161: *to lunge forward* - nach vorne springen, *bronco* - Wildpferd, *to bounce* - hüpfen, *cowhand* - Cowboy Helfer, *bold* - mutig, *crammed* - vollgestopft, *ad-libbed lyrics* - frei erfundener Liedtext, *paroxysm* - Anfall, *to jerk* - reißen, *reticent stallion* - stimmloser Hengst, *roller-coaster* - Achterbahn, *to dread* - Angst haben, *enchanting* - entzückend, *jovial* - lustig, *jowls* - Kiefer, *plaid* - gescheckt, *yonder* - Jenseits,

S. 162: *helluva lot (hell of a lot)* - verdammt viel, *to be mesmerized* - in den Bann gezogen, *frivolity* - Leichtsinnigkeit, *to envy* - beneiden, *treat* - Belohnung, *to ease* - leicht einpassen, *strained* - unangenehm, *to avoid* - vermeiden,

S. 163: *lemon meringue pie* - Zitronenpudding Kuchen, *cheerily* - fröhlich, *to divert s.o.'s attention* - jm. ablenken, *tiara* - Haarreif, *bulbous* - knollig,

S. 164: *meager* - mager, *pervade* - durchdringen, *fermented* - gegoren, *pungent* - scharf, *nor* - auch ... nicht, *high-toned* - sehr kultiviert, *to surmise* - zum Schluß kommen,

S. 165: *cluttered* - vollgestopft, *sallow* - kränklich, *peakedness* - Erschöpftheit, *to be awed* - erstaunt sein, *astonishment* - Überaschung, *dahling (darling)* - Schatz, *to trail* - hier: einen Pfad hinterlassen, *scent* - Geruch,

S. 166: *daze* - wie benommen, *promptly* - pünktlich, *sando-witchie (sandwich)* - belegte Brote, *Causian* - hier: anglo-amerikanisch, *cozy* - geborgen, gemütlich, *to ramble* - endlos reden, *to croon* - mit süßer Stimme singen, *carhop* - Restaurantbedienung, die zum Auto der Kunden läuft,

S. 167: *hairdresser* - Friseur, *tuna sandwiches* - mit Tunfischsalat belegte Brote, *shiny* - glänzend, *to choke - and sputter* - keuchen, *to tumble* - fallen, *to jar* - erschrecken, *to fumble* - fummeln, *to freeze* - hier: erstarren, *mound* - Berg, *to pile* - stapeln,

S. 168: *to whimper* - winseln, *ice box* - Eisschrank, *wooden counter* - Arbeitsplatte aus Holz, *linoleum* - PVC-Belag, *cereal boxes* - Karton mit Müsli, *uncapped bottle* - geöffnete Flasche, *soggy* - matschig, weich mit Feuchtigkeit, *Formica table* - Tisch mit Kunststoff bezogener Platte, *musty* - stickig, *cigarette butt* - Zigarettenstummel, *to snivel* - schniefen, *sink* - Spülbecken, *nightgowned figure* - Körper in einem Nachthemd, *pints and fifths* - hier: verschieden große Flaschen,

S. 169: *smudged* - verlaufen, verwischt, *rivulet* - Bächlein, *to weave* - weben, hier: (betrunken) schlägeln oder torkeln, *bitch* - Hündin, hier: Schimpfwort für eine Frau, wie z.B. Kuh, *to plead* - bitten, *to rattle* - rütteln, *to be privy* - in die Privatsphäre eines anderen miteinbezogen werden,

S. 170: *to chatter* - schwätzen, *commotion* - Aufruhr, *lard-ass* - Fettarsch, *sissy* - Feigling, *impending* - bevorstehend, *thud* - Aufprall,

S. 171: *bellow* - Schrei, *curse* - Fluch, *haze* - Dunst, *clenched* - geballt, *claw* - Klaue, *to writher* - sich winden, *to pound* - schlagen, *to*

quiver - zittern, *to be stunned* - benommen sein, *adversary* - Gegner, *to jostle* - sich durch chubsen, *to blubber* - weinen, *entourage* - Truppe, *dull* - matt, *sheen* - Glanz, *scales* - Schuppen,

S. 172: *hollow* - hohl, leer, *to twirl* - drehen, *baton* - Stab, *to wince* - zusammenzucken, *boisterous* - laut, *windshield* - Windschutzscheibe, *vacant* - leer, *eye socket* - Augenhöhle, *to sag* - zusammensacken, *to crumple* - knüllen,

S. 173: *sleek* - glatt, *to roam* - umherlaufen, *aimless* - ziellos.

12.5 Thomas King: "Borders"

In dieser Geschichte wird eine Reise geschildert, die der Erzähler als Junge mit seiner Mutter unternahm. Dabei steht seine Mutter im Mittelpunkt, die sich bei einer Konfrontation mit den Grenzbeamten durchsetzt. Außerdem erfahren wir durch die beobachtenden Augen des Sprechers viel über die Beziehung zwischen Mutter und Tochter. Insofern spielen diese zwei weiblichen Figuren eine sehr wichtige Rolle in der Erzählung. Der Erzähler macht auch deutlich, welche Vorbildrolle seine Mutter und Schwester für ihn haben.

Wie bereits in Kapitel 8.5 (Möglichkeiten zur Didaktisierung) erwähnt, ist das vorwissen, welches der Leser benötigt, um die grundlegende Situation zu erfassen und die historische Problematik dahinter zu erkennen relativ gering. So sind Jugendliche in der BRD in der Regel bereits relativ gut informiert über die Enteignung der Native Americans und die Unterbringung eines Großteils der *Native Americans* in Reservaten. Hier führen sie häufig ein trostloses Leben (Alkohol, Drogen, verbunden mit Arbeitslosigkeit, fehlende Zukunftsperspektiven). So können Schüler durchaus die Position der Mutter begreifen

Verstehensprobleme gibt es dennoch. So muß der Leser die Fähigkeit aufbringen, verschiedene Zeitebenen zu unterscheiden, d.h. zu wissen, wann die Handlung gerade spielt.So sind Übergänge geradezu fließend. Der Erzähler geht oft fast unbemerkt in eine andere Zeit über. Wird jedoch dieser Zeitwechsel am Anfang der Lektüre im Unterrichtsgespräch thematisiert und geübt, die Übergänge zu erkennen, dann kann der Leser sie im wieteren Verlauf der Erzählung selbständig erkennen.

In einem traditionell ausgerichteten Literaturunterricht könnten interpretatorische Fragen gestellt werden , wie z.B.

Aus welcher Erzählperspektive wird die Kurzgeschichte erzählt?

Welche Bedeutung haben die Waffen der Grenzbeamten?

Wie sehen die Weißen die Mutter und den Sohn?

Was bedeutet "Standoff" in dieser Geschichte?

Welche Rolle spielt das Fernsehen?

Im Zusammenhang mit dem Themenkomplex Fremdverstehen sind Aufgaben zu empfehlen, die zum Nachdenken anregen, wie die *Native Americans* sich innerhalb der kanadisch-amerikanischen Gesellschaft sehen, und den Blick auf bikulturelle Identität lenken. Erneut sei auf die Szene hingewiesen: "I told Stella that we were Blackfoot *and* Canadian, but she said that didn't count because I was a minor." (King 1992: 270, meine Hervorhebung). Im folgenden werden Vorschläge für den Unterricht gemacht, die einige Übungen zur Perspektivenübernahme enthalten.

12.5.1 Pre-Reading activities

Bevor der Text gelesen wird, sollte das Wissen der Lernenden über *Native Americans* aktiviert werden. Gerade bei dieser ethnischen Minderheit kann einiges Vorwissen (und Vorurteile) vorausgesetzt werden.

Aufgabe a:

What do you know about Native Americans? (e.g. how/where they live, work, family life, etc.)

Aufgabe b:

What do you associate with term 'Native Americans' in contrast to 'Indians'? What does each name indicate?

Aufgabe c:

How do you think Native Americans feel about (white) Americans or (white) Canadians with respect to the (political) history of these cultures?

Daran im Anschluß kann ein Schülerreferat gehalten werden, z.B. basierend auf den Artikel von Freemantle 1991: "Indian Sovereignty. Tribes attempting self-government to combat poverty." Dieser gibt einen aktuellen Einblick in die heutige Situation der *Native Americans*, und steht für die Wichtigkeit von Selbstbestimmung der Indianer.

12.5.2 Step-by-step reading activities

Bei diesem Text schlage ich einen in drei Schritten strukturierten Lesevorgang vor. Dieses verlangsamte Lesen schafft Pausen, in denen Lernende sich mit dem Text näher befassen können.

Aufgabe d:

Read the short story "Borders" until line 40, left column, p. 270.

- What would you do if you were the guard? (Hier genügen mündliche Kurzantworten; diese Übung fördert die Fähigkeit zur Perspektivenübernahme.)
- What do you think the guard is thinking? (Schüler wissen in diesem Alter, daß eine Handlung kein direkter Spiegel der Gedanken ist.[203])
- Write the side text for this dialogue (what the guard and mother are thinking as they are talking).

Aufgabe e:

Read until line 7, right column, p. 272.

- How do you think the story will end? Please write the end of the story. (Students should then compare their endings and discuss whether the endings are plausible.)
- Then finish reading the story.

12.5.3 Post-reading activities

Aufgabe f:

After you have finished reading the short story, you should discuss in small groups or as a class: How do different people react to the mother's insistence on being Blackfoot rather than Canadian or American? (the different guards, the boy / narrator, Mel, the t.v. people, Laetitia)

Aufgabe g:

Look at the following quotes more closely:

Quote 1, p. 271: "Pride is a good thing to have, you know. Laetitia had a lot of pride, and so did my mother. I figured that someday, I'd have it, too."

- What does pride mean to Laetitia, her mother, the boy?

Quote 2, p. 273: "On the way home, we stopped at the duty free shop, and my mother gave Mel a green hat with 'Salt Lake' across the front. Mel was a funny guy. He took the hat and blew his nose and told my mother that she was an inspiration to us all. He gave us

---

[203] Vgl. Perry 1970.

some more peanut brittle and came out into the parking lot and waved at us all the way to the Canadian border."

- Why does Mel say the mother is "an inspiration to us all"? Do you agree?

Aufgabe h:

Choose one of the following activities:

- As a t.v. reporter, write your script to present a report of what happened at the border.
- Or, as a newspaper reporter, write an article about the events at the border.

Hier haben die Lerner abschließend neben der Zusammenfassung der Ereignisse die Möglichkeit, ihre Reaktion oder Meinung in den Bericht einzuarbeiten.

12.5.4 Vokabelangaben zu Thomas King "Borders"

S. 269: *border* - Grenze, *reserve* - Reservat, *to float* - schweben, *sneak out*- sich herausschleichen, *pregnant* - schwanger, *to head for* - in Richtung ... fahren, *flag pole* - Fahnenstange, *board* - Brett, *convenience store* - kleiner Laden, *hug* - Umarmung, *guard* - Wache, *to dress up* - sich chic anziehen, *pop* - Colagetränk, *though* - obwohl, *overpass* - Autobahnbrücke, *to be related to* - verwandt sein mit

S. 270: *rude* - unhöflich, *to take off* - hier: weggehen, *to ride high on black ice* - auf Glatteis fahren, *holster* - Revolverhalter, *hip* - Hüfte, *to pitch up and down* - auf und ab schwingen, *citizenship* - Staatsbürgerschaft, *to nod* - nicken, *firearms* - Feuerwaffen, *to keep one's records straight* - die Akten in Ordnung halten, *a legal technicality* - eine rechtliche Angelegenheit, *briefcase* - Aktenkoffer, *to declare* - (Information) angeben, *to keep track of* - dokumentieren, *minor* - Minderjähriger

S. 271: *to slug s.o.* - jm. schlagen, *to flinch* - zucken, *to break up* - eine Beziehung beenden, *folks* - Leute, *magnificent* - großartig, *franchise* - (vereinfacht gesagt) Firmenniederlassung, *to send away for* - etwas per Post bestellen, *to flip through* - durchblättern, *to pull into* - Auto in eine Einfahrt o.ä. fahren,

S. 272: *inconvenience* - Unannehmlichkeit, *faucet* - Wasserhahn, *boring* - langweilig, *concern* - Anteilnahme, *to straighten s.th. out* - etwas in Ordnung bringen, *steering wheel* - Lenkrad, *bumper* –

Stoßstange, *serious* - ernst, *to repeat* - wiederholen, *to trott* - laufen, *to drag* - schleppen, *skinny* - dünn, *fancy* - extravangant, *peanut brittle* - Erdnußbonbons, *justice* - Gerechtigkeit, *prefer* - bevorzugen, *lemon drops* - Zitronenbonbons, *bright* - hell, *windshield* - Frontscheibe, *to jam* - einstecken, *to scramble* - klettern

S. 273: *to wave* - winken, *meal* - Mahlzeit, *mall* - Einkaufszentrum, *to do as one pleases* - tun was einem gefällt, *rear window* - Rückfenster.

12.6 John A. Williams: "Son in the Afternoon"

Mit einer Länge von fünfeinhalb Seiten ist dieser Text kurz genug, um den Anfang in der Klasse vorzubereiten und den Rest der Geschichte zu Hause lesen zu lassen. Diese Einteilung erlaubt eine gute didaktische Strukturierung und darüber hinaus auch einige innovative Formen der Textarbeit.

Die sprachliche Analyse zeigt, daß der Text viele alltagssprachliche Redewendungen enthält, aber noch im Bereich eines bewältigbaren Pensums liegt, vor allem unter Zuhilfenahme der vorbereiteten Vokabelangaben. Durch diese lebendige Sprache erhält der Text eine Vitalität, die durchaus lesemotivierend ist.

12.6.1 Pre-Reading activites

Geeignetes Bildmaterial kann verwendet werden, um einen Einstieg in das diffiziele Thema Rassismus zu finden.[204] Zum Beispiel ein Bild mit Blick auf ein Solarium, in dem ein schwarzer Mann, als Butler gekleidet, einer braungebrannten Blondine im Bikini einen Drink serviert. Die Lerner können in kleinen Gruppen die Gedanken des schwarzen Kellners bzw. der weißen Solariumsbesucherin beschreiben, und damit das Bild mit Gedankenblasen ergänzen und diese in Gruppen diskutieren.

Aufgabe a:

What do you think the people in the picture think of each other? Write their thoughts in a bubble. Discuss your own reactions to the picture.

In einer zweiten Übung können die Lerner Beispiele sammeln wie sich Rassismus ausdrückt. Damit werden sie dafür sensibilisiert, daß Rassismus nicht nur durch körperliche Gewalt ausgedrückt wird, sondern auch durch

---

[204] Siehe Töpfer (1994) mit Quellen für Bildmaterial.

Gesetze, Presse und Fernsehen, das Verhalten von Personalchefs in Firmen, und durch Sprachgebrauch.

Aufgabe b:

Collect examples from your environment or beyond of verbal or behavioural expression of racism, e.g. from t.v., the newspaper or other media, the representation of foreigners in the media, etc.

12.6.2 Reading activities

Erst nach dieser Vorarbeit durch die *pre-reading activities* sollte der Text gelesen werden. Der Leseprozess kann durch folgende Aufgabe unterteilt werden, um den Lernern Gelegenheit zu geben, sich die Beziehungsstruktur des Erzählers zu den Angloamerikanern deutlich zu machen.

Aufgabe c:

Read the story until p. 186, line 7. How does Wendell feel about the white people mentioned in this first part of the text, e.g. the writer at the studio, the director, Ronald and Kay Couchman, Mr. Jorgensen?

Diese Frage kann eventuell in Gruppen erarbeitet und diskutiert werden. Anschließend können Aufgaben wie die folgenden bearbeitet und Ergebnisse im Plenum diskutiert werden

12.6.3 Post-reading activities

Zunächst sollten die Lerner Beziehungsdiagramme erstellen, in denen die Verhältnisse der einzelnen Figuren zu Wendell ersichtlich werden.

Aufgabe d:

Describe the relationship Wendell has to his mother Nora, Ronald Couchman Jr., und Kay Couchman. Use or refer to scenes from the text to illustrate.

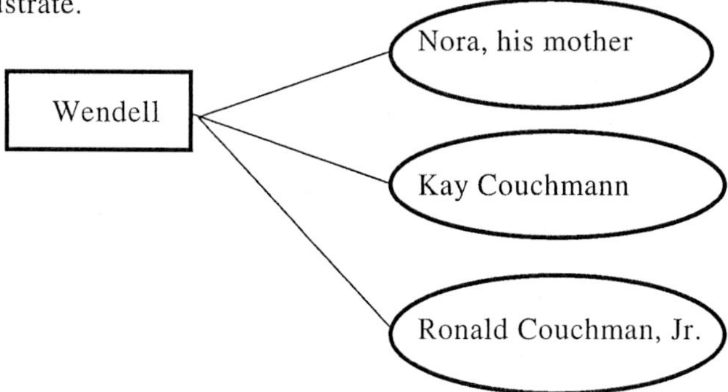

<u>Aufgabe e</u>:

Take a closer look at Nora. Why do you think she keeps on working for rich white people, even though her second husband earns enough money so she could stop working? And, explain Nora's affection towards Ronnie.

Durch diese zwei Aufgaben sollen die Lerner für das komplexe Beziehungsgeflecht sensibilisert werden.

<u>Aufgabe f:</u>

Several racist remarks are dropped in the story. Collect some examples from the text and explain why they are racist (what is the speaker really saying), and try to decide whether the speaker is aware of his or her racism.

Mit Aufgabe f soll für den Rassismus im Sprachgebrauch sensibilisert werden, wobei hier die Ergebnisse aus Aufgabe b miteinbezogen werden können.

<u>Aufgabe g:</u>

Describe the character of Wendell and how racism has affected him in his attitude toward his own life and the society he lives in. Is he self-assured, aggressive, proud, afraid, etc.?

Mit dieser Aufgabe g soll die komplexe Persönlichkeit des Wendell erarbeitet werden. Häufig werden Afro-Amerikaner in der Literatur als flache Charaktere dargestellt, und dieser Text ist ein gutes Beispiel für eine sehr widersprüchliche Persönlichkeit.

<u>Aufgabe h:</u>

What does the titel of the story "Son in the Afternoon" mean to you?

Diese letzte Frage kann entweder auf Wendell bezogen werden, dann geht es darum, daß er vormittags ein erfolgreicher Drehbuchautor ist, und nachmittags wieder in die Rolle des Sohns einer schwarzen Hausangestellten schlüpfen muß, und welche Gedanken ihm bei diesem Rollentausch durch den Kopf gehen. Oder die Frage kann auf Nora bezogen werden, dann hätte sie einen weißen Sohn, Ronnie, vormittags, und ihre eigenen Kinder, d.h. z.B. Wendell, am Nachmittag. Hier würde im Vordergrund stehen, wie eine Frau ihre mütterlichen Gefühle in verschiedenen Situationen ausdrückt.

12.6.4 Vokabelangaben zu Williams: "Son in the Afternoon"

S. 184: *to tend to be* - dazu neigen etwas zu sein; *a bitch* - hier: unerträgliches Biest; *to goose* - hier: jagen; *to get stuck in traffic* - im Stau stecken bleiben; *lousy* - schlecht; *to race pellmell* - Hals über Kopf laufen; *pioneer* - Pionier; *to slink* - schleichen; *to glare* - mit böser Miene anstarren;

S. 185: *Uncle Tom* - ein Schwarzer mit einer bescheidenen und unterwürfigen Einstellung, *haul* - (Transport-) Fahrt; *to cut a gig* - seinen Auftritt haben; *inconvenient* - unpraktisch; *maid* - Hausangestellte; *some hundred-odd houses* - etwa hundert-noch-was Häuser; *to lay s.o.* - mit jmd. schlafen; *New England Colonial* - Haus im Neu England Kolonialstil; *roast* - Braten; *fringe benfits* - Zusatzbegünstigungen; *crap* - Scheiße;

S. 186: *to make out like crazy* - hier: sich wie verrückt abknutschen; *the hell-bomb is due to drop* - hier: als ob es kein Morgen gäbe; *overdue* - überfällig; *to trot* - trotten; *to make out okay* - hier: zurechtkommen und genug Geld verdienen; *to quit work* - kündigen; *folks* - Leute; *cemetery* - Friedhof; *dart-like* - Pfeil-artig; *conception* - Konzept; *disciple* - Jünger; *Wright* - hier: Frank Lloyd Wright, amerikanischer Archtikekt des 20. Jahrhunderts; *snootful* - genug Alkohol , um betrunken zu sein; *to roar* - brüllen; *to roost* - sich hinsetzen (normalerweise bezogen auf Vögel, die sich auf eine Stangen oder einen Ast setzen); *nasty* - böse; *dormant* - schlafend; *to curse* - fluchen; *to strike* -schlagen;

S. 187: *to tuck* - einstecken; *robe* - Bademantel; *to scuffel* - sich abmühen; *silly bitch* - hier: blöde Kuh (im übertragenen Sinne); *to trudge* - schleppend, beladen gehen; *tablet* - Papierblock; *gimme a hug* = *give me a hug* - umarme mich; *to sob* - schluchzen; *to hit it* - den Nagel auf den Kopf treffen; *incongruous* - unharmonisch; *to bob* - nicken; *bearhug* - Umarmung; *to whale the daylights out of s.o.* - jd. zu Tode schlagen; *Great Dane* - Doberman Hund; *fanny* - Hintern; *to throttle down* - runter schalten;

S. 188: *to vault* - springen; *to whine* - winseln; *to be high* - gut drauf sein, auf Drogen sein; *to swing it* - etwas durchziehen; *tan* - Bräunung; *birthday suit* - den ganzen Körper nackt; *to skip* - hüpfen; *to giggle* - kichern; *servant* - Dienerin, Diener; *the ensuing silence* - in dem folgenden Schweigen;

S. 189: *to gritt one's teeth* - die Zähne zusammen beißen; *wriggly clinch* - zappelnde Umarmung; *to thrust* - werfen; *to be stunned* - benommen sein.

13 Didaktische Vorschläge und Interpretationen von literarischen Texten

Es folgen Übersichten mit Quellenangaben zum interkulturellen Lernen, geordnet nach Genre, kulturellem Bezug und Lernergruppen.

13.1 Interkulturelles Lernen mit kurzer Prosa: Kurzgeschichten und Essays

Zunächst folgt eine Übersicht mit Vorschlägen, wie interkulturelles Lernen mit englisch-, französisch- oder deutschsprachigen Kurzgeschichten und Essays gefördert werden kann.

Tabelle 2: Interkulturelles Lernen mit kurzer Prosa: Kurzgeschichten und Essays

0	Autorin / Autor	Titel, Jahr der Erstausgabe	kultureller Bezug	Quelle für Didaktisierung
1	Angelou, Maya	Incident in the Yard, Names, Visit to the Dentist, 1969	afro-amerikanisch	Gymnich 1999
2	Appachana, Anjana	Her Mother, 1992	indische Immigrantin in USA	Hermes 1998; Hermes 1999
3	Ascher, Carol	Remembering Berlin - 1979	jüdisch-amerikanisch	Hermes 1998; Hermes 1999
4	Atwood, Margaret	Survival, 1972	WASP & French Canadian	Erdmenger 1995
5	Bambara, Toni Cade	The Lesson, 1972	afro-amerikanisch	Freese 1994
6	Blaise, Clark	Eyes, 1986	multikulturelles Kanada	Multhaup 1997
7	Camus, Albert	L'Hote, 1957	Algerisch-französischer Krieg	Christ 1994
8	Chin, Frank	Food for All His Dead, 1972	chinesisch-amerikanisch	Freese 1994
9	Clark, Austin	The Discipline, 1980?	West Indian in Kanada	Bredella 1999b
10	Clark, J.H.	The Boy Who Painted Christ Black, 1940	afro-amerikanisch	Freese 1984
11	Crane, Stephan	An Experiment in Misery, 1894	WASP	Freese 1984

12	Dhondy, Farrukh	Come to Mecca, 1978	Britisch, Bengali, Bangladeschi	Delanoy 1993a; Delanoy 1995a
13	Ellison, Ralph	Flying Home, 1944	afro-amerikanisch	Freese 1984
14	Ellison, Ralph	The Invisible Man, 1947 (first publ. as short story)	afro-amerikanisch	Freese 1984
15	Enright, E.D.	Tatami, 1990	japanisch-britische Ehe in Japan	Hunfeld 1992a
16	Erdrich, Louise	The Bingo Van, 1990	NativeAmerican Chippewa	Freese 1994
17	Faulkner, W.	Barn Burning, 1939	Am. South WASP	Freese 1984
18	Fitzgerald, F.S.	Bernice Bobs Her Hair, 1920	WASP	Freese 1984
19	Frisch, Max	Man muß nach seinem Einkommen leben	Schweizer	Zhu 1990
20	Gardam, Jane	Swan, 1991?	britisch Anglo-Saxon & Chinese	Hermes 1997; Hermes 1998;
21	Granat, Robert	To Endure, 1958	hispanisch-amerikanisch	Freese 1984
22	Hawthorne, N.	My Kinsman, Major Molineux, 1832	WASP	Freese 1983; Freese 1984
23	Hemingway, E.	Soldier's Home, 1924	WASP	Freese 1984
24	Honig, Lucy	English as a Second Language, 1980?	Guatamala immigrant in USA	Bredella 1999b
25	Ishiguru, Kazuo	A Family Supper, 1987	Japanisch & USA	Röhrig 1999
26	Jiménez, Fransisco	The Circuit, 1973	hispanisch-amerikanisch	Freese 1994; Freese 1999b Burwitz-Melzer 1999;
27	Johnston, Basil	Cowboys and Indians, 1986	Native American und USA	Multhaup 1997
28	Kafka, Franz	Heimkehr, 1970?	Deutsch	Krusche 1996
29	Kelley, W. M.	The Only Man on Liberty Street, 1964	afro-amerikanisch	Freese 1984
30	Lessing, Doris	No Witchkraft for Sale, 1989	Südafrika, postkolonial	Bredella 1996a
31	Lorna Goodison	Bella Makes Life, 1996?	afro-amerikanisch	Gymnich 1999
32	Malamud, Bernard	The German Refugee, 1993?	jüdisch-amerikanisch & -deutsch	Volk 2001

33	Malamud, Bernard	Black is My Favourite Color, 1963	jüdisch- & afro-amerikanisch	Freese 1994
34	Melville, Herman	Benito Cereno, 1855	WASP 1730	Heller 1996
35	Mukherjee, Bharati	A Wife's Story, 1987	postkolonial, Indien und USA	Donnerstag 1999
36	Musil, Robert	Ein Verkehrsunfall	deutsch	Zhu 1990
37	Ngugi wa Thiong'o	Goodbye, Africa, 1975	Kenia, postkolonialer Blick auf Kolonialzeit	Bredella 1996a
38	Oates, Joyce Carol	How I Contemplated the World from the Detroit House of Correction and Began My Life Over Again, 1969	WASP	Freese 1984
39	Ortiz, Simon J.	Kaiser and the War, 1969	Native American	Freese 1984; Freese 1994
40	Ortiz, Simon J.	Pennstuwehniyaahtsi: Quuti's Story, 1983	Native American	Freese 1984; Wotschke & Himmelsbach 1997
41	Orwell, George	Shooting an Elephant, 1956	British colonial in Burma	Bredella 1996a;
42	Pazarkaya, Yüksel	Deutsche Kastanien	Türkisch deutsch	Kramsch 1996
43	Raintree, Elizabeth	Sumac on Sunday, 1996?	Cherokee & WASP	Hermes 1997;
44	Roth, Philip	The Conversion of the Jews, 1953	jüdisch-amerikanisch	Freese 1984
45	Santiago, Danny	The Somebody, 1970	hispanisch amerikanisch	Freese 1994
46	Silko, Leslie M.	Lullaby, 1974	Native American	Wotschke & Himmelsbach 1997
47	Steinbeck, John	"Chinese Talk" from East of Eden	chinesisch-amerikan. und WASP	Bredella 1999
48	Taylor, Drew H.	Strawberries, 1991	Native Canadian Ojibway	Althof 1995
49	Traill, Catherine P.	The Backwoods of Canada (1836): Letter X, 1989?	kanadisch WASP	Erdmenger 1995

50	Walker, Alice	Nineteen Fifty-Five, The Flowers, To Hell with Dying, 1996?	afro-amerikanisch	Gymnich 1999
51	Walker, Alice	Everday Use, 1973	afro-amerikanisch	Freese 1994; Wotschke & Himmelsbach 1997
52	Wallace, Wendy	Karif, 1996	Bangladeschi Immigrantin in UK	Hermes 1997; Hermes 1998;
53	Wright, Richard	Almos' a Man, 1947?	afro-amerikanisch	Bredella 1990
54	Yamamoto, Hisaye	Seventeen Syllables and Other Stories, 1988	japanisch-amerikanisch	Cheung* 1996
55	Yamamoto, Hisaye	Wilshire Bus, 1970?	japanisch-amerikanisch	Bredella 1999
56	Yamamoto, Hisaye	Yoneko's Earthquake, 1951	japanisch-amerikanisch	Freese 1994; Freese 1999a

*) Didaktisierung für den muttersprachlichen Literaturunterricht.

13.2 Interkulturelles Lernen mit Romanen

Eine Übersicht mit Vorschlägen zum interkulturellen Lernen mit Romanen in englischer, deutscher oder französischer Sprache folgt.

Tabelle 1: Interkulturelles Lernen mit langer Prosa: Romane und Autobiographie

0	**Autorin / Autor**	**Titel, Jahr der Erstausgabe**	**kultureller Bezug**	**Quelle für Didaktisierung**
1	Achebe, Chinua	No Longer at Ease, 1960	nigerianisch postkolonial	Bredella 1996a; Bredella 1996b
2	Alvarez, Julia	How the García Girls Lost Their Accents, 1991	dominikanisch-amerikanisch	Wotschke & Himmelsbach 1997
3	Anaya, Rudolfo	Bless Me, Ultima, 1972	mexikanisch-amerikanisch	Bruce-Novoa* 1996
4	Belaya, Calixthe	Le petit prince de Belleville, 1992	afro-französisch	Christ 1996
5	Bulosan, Carlos	America is in the Heart, 1946	filipinisch-amerikanisch	Juan* 1996

6	Carrier, Roch	La Guerre, yes sir! 1968	franko-kanadisch	Schinschke 1994
7	Carroll, L.	Alice in Wonderland, 1865	britisch	O'Sullivan & Rösler 2000
8	Cisneros, Sandra	The House on Mango Street, 1984	mexikanisch-amerikanisch	Olivares* 1996
9	Conrad, Joseph	Heart of Darkness, 1902	britisch kolonial	Bredella 1996a; Bredella 1996b
10	Crichton, M.	Rising Sun, 1992	WASP & Japanese	Wotschke & Himmelsbach 1997
11	Defoe, Daniel	Robinson Crusoe,	britisch kolonial	Bredella 1996b
12	Delius, F.C.	Spaziergang von Rostock nach Syrakus	DDR	Ehlers 1999
13	Desai, Anita	Bye-Bye Blackbird, 1971	Indien postkolonial	Berthold 1995
14	Erdrich, Louise	Love Medicine, 1984	Native American Indian	Purdy* 1996
15	Fowles, John	The Collector, 1963	britisch	Nünning 1997c; Nünning 2000
16	Gevers, Marie	La comtesse des digues, 1931	Belgien	Esser 1995
17	Gordimer, N.	July's People, 1981	südafrikanisch	Rauer 1995; Rauer 1997; Bredella 1996b
18	Gordimer, N.	Burger's Daughter, 1979	südafrikanisch	Rauer 1997
19	Godbout, Jacques	Tetes à Papineau, 1981	franko-kanadisch	Schinschke 1994
20	Gooneratne, Jasmine	A Change of Skies, 1991	Ceylon Immigranten in Australien	Volkmann 2000
21	Grove, F.P.	Fruits of the Earth, 1933	Canadian prairie, frühes 20.Jhd	Erdmenger 1995
22	Hurston, Zora N.	Their Eyes Were Watching God, 1937	afro-amerikanisch	Meisenhelder* 1996
23	Kingston, Maxine Hong	The Woman Warrior, 1975	chinesisch-amerikanisch	Freese 1984; Lim * Hrsg.1991 Boter 1993; Lim, S. G.* 1996; Bredella 1997b;

24	Kleinbaum, N.H.	Dead Poets Society, 1989	WASP in 1950s	Delanoy 1996a
25	Kogawa, Joy	Obasan, 1981	japanisch-kanadisch	Yamada* 1996
26	La Guma, Alex	Time of the Butcher Bird, 1979	südafrikanisch	Rauer 1997
27	Liu, Aimee	Face, 1994	chinesisch-amerikanisch	Wotschke 1997
28	Miklowitz, G.	The War Between the Classes, 1985	multi-kulturelle amerikanische Gesellschaft	Müller-Hartmann 1999; Bredella 2000b
29	Moloney, James	Dougy, 1993	Aborigine	Bredella 2000b
30	Moloney, James	Gracey, 1994	Aborigine	Bredella 2000a; Bredella 2000b
31	Momaday, N.Scott	House Made of Dawn, 1968	Native American Kiiowa	Jaskoski* 1996
32	Morrison, Toni	Song of Solomon, 1977	African American	Wagner-Martin* 1996
33	Neilhardt, John	Black Elk Speaks, 1932	Native American Sioux	Couser* 1996
34	Ndebele, Njabulo Simakhale	Fools and Other Stories, 1979	südafrikanisch	Rauer 1997
35	Osborne, John	Look Back in Anger, 1956	britisch	Bredella 1986
36	Poulin, Jacques	Volkswagen Blues, 1984	franko-kanadisch	Schinschke 1994
37	Rodriguez, Richard	Hunger of Memory, 1982	mexikanisch-amerikanisch	Márquez* 1996
38	Scott, Paul	The Jewel in the Crown, 1968	Briten in Indien (Dekolonialisierung)	Nünning 2000
39	Sellassie, Sahle	Warrior King, 1974	äthiopisch	Dasenbrock* 1992
40	Sheikh, Farhana	The Red Box, 1991	pakistanisch british	Bredella 2000b
41	Silko, Leslie M.	Ceremony, 1977	Native American	Freese 1992; Wilson* 1996; Volkmann 2000

42	Sillitoe, Alan	The Loneliness of the Long-Distance Runner, 1959	britisch	Bredella 1986
43	Tan, Amy	The Joy Luck Club	chinesisch-amerikanisch	Boter 1993; Ho* 1996; Antor 1999; Richter 2000;
44	Walker, Alice	The Color Purple, 1981	afro-amerikanisch	Ross* 1996
45	Welch, James	Winter in the Blood, 1974	Native American Indian	Thackeray* 1996
46	Wright, Richard	Black Boy, 1945	afro-amerikanisch	Hakutani* 1996

*) Didaktisierung für den muttersprachlichen Literaturunterricht.

13.3 Interkulturelles Lernen mit Lyrik

Die folgende Tabelle erfaßt Vorschläge, wie mit Lyrik interkulturelles Lernen gefördert werden kann.

Tabelle 3: Interkulturelles Lernen mit Lyrik:

0	**Autorin/Autor**	**Titel, Jahr der Erstausgabe**	**kultureller Bezug**	**Quelle für Didaktisierung**
1	Agard, John	Rainbow, 1983	karribisch-britisch	Benton 1996
2	Atwood, Margaret	Comic Books Vs. History (1949, 1969), 1970	kanadisch	Multhaup 1997
3	Avison, Margaret	Thaw, 1960	anglo-kanadisch	Erdmenger 1995
4	Brewster, Elizabeth	Great-Aunt Rebecca, 1969	anglo-kanadisch	Erdmenger 1995
5	Byron	She walks in beauty, like the night	englisch 19. Jhd.	Delanoy 1996
6	Celan, Paul	Todesfuge, 1983?	deutsch, Holocaust	Mina 1995
7	Colombo, John R.	My Geneology,	multikult. Kanada	Multhaup 1997
8	Ferré, Rosario	Pico Rico Mandorico	puertorikanisch & amerikanisch	Dingwaney & Maier 1992
9	Goethe, J.W.	Auf dem See	deutsch	Krusche 1996
10	Heine, Heinrich	Die Lorelei, 1823	deutsch	Zhu 1990
11	Holz, Arno	Berliner Tiergarten,	deutsch	Ehlers 1999

12	Hughs, Ted	A Childish Prank, 1966		Benton 1996
13	Johnston, Pauline	Ojistoh, 1912	Mohawk kanadisch	Erdmenger 1995
14	Kirwan, Larry	Livin' in America, 1993	irische Migranten in USA	Delanoy 1999
15	Leichtling, Barry H.	I throw the food under the table. 1990		Hunfeld 1992
16	Lindsay, Vachel	The Congo, 1975	amerikanisch	Delanoy 1996
17	Lochhead, Liz	Local Color, 1995?	schottisch & pakistani in UK	Burwitz-Melzer 2000
18	Mayer, Gerda	Make Believe, 1988	tschechisch-kanadisch	Hunfeld 1992
19	Montague, John	The Grafted Tongue, 1988	irisch	Hunfeld 1992
20	Ruffo, Armand G.	Settlers, 1990	Native American	Hunfeld 1992
21	Shakespeare	Shall I compare thee to a summer's day	englisch	Delanoy 1996
22	Soyinka, Wole	Telephone Conversation, 1968?	afro-britisch	Hesse & Putjenter 1995
23	Springsteen, Bruce	Sinalao Cowboys, 1995	mexikanische Migranten in USA	Delanoy 2000
24	Timm, Uwe	Erziehung,	deutsch	Zhu 1990
25	Wah, Fred	Next Spring, 1984	kanadisch	Hunfeld 1992
26	Werner, Jürgen	Die Lorelei 1973, 1973	deutsch	Zhu 1990
27	Yeats, William B.	To a Squirrel at Kyle-Na-No, 1979?	britisch	Hunfeld 1992

*) Didaktisierung für den muttersprachlichen Literaturunterricht.

13.4 Interkulturelles Lernen mit Drama und Film

Es folgt eine Übersicht mit Vorschlägen zum interkulturellen Lernen mit Drama oder Film.

Tabelle 4: Interkulturelles Lernen mit Drama und Film:

0	**Autorin/Autor**	**Titel, Jahr der Erstausgabe**	**kultureller Bezug**	**Quelle für Didaktisierung**
1	Hansberry, Lorraine	A Raisin in the Sun, 1959	afro-amerikanisch	Miller* 1996

2	Harwood, Ronald	Taking Sides, 1995	jüdisch, deutsch & britisch	Volk 2001
3	Harwood, Ronald	The Handyman, 1996	jüdisch, deutsch & britisch	Volk 2001
4	Himmelstrup, Kaj	Uncle Bill's Will, 1990		Schneider 1992
5	Kureishi, Hanif	My Beautiful Laundrette, 1985	multikulturelles GB & pakistanisch	Schüren 1994
6	Kushner, Tony	Angels in America - A Gay Fantasia on National Themes, 1992?	multikulturelles USA	Donnerstag, 1999
7	Lee, Spike	Do the Right Thing, 1988	afro-amerikanisch & multi-kulturelle Gesellschaft	Bredella 1996b; Bredella 1997a; Bredella 1998b
8	Lee, Spike	Jungle Fever, 1990	afro-amerikanisch & multi-kulturelle Gesellschaft	Bredella 1996b; Bredella 1998b
9	Miller, Arthur	Death of A Salesman, 1940s	mainstream amerikanisch	Bredella 1989
10	Miller, Arthur	Broken Glass, 1994	jüdisch, deutsch & amerikanisch	Volk 2001
11	Pinter, Harold	The Birthday Party, 1958	britisch	Bredella 1986
12	Valdez, Luis	Zoot Suit, 1992	mexikanisch-amerikanisch	Ramírez* 1996
13	Walt Disney Pict.	Angles in the Outfield, 1994	WASP	Grogan-Schomers & Hallet 1997

*) Didaktisierung für den muttersprachlichen Literaturunterricht.

13.5 Kulturspezifisches Wissen im FU Englisch

Wer nach geeignetem literatur-didaktischen Material sucht, um die Vermittlung kulturspezifischem Wissen mit Literatur zu verknüpfen, wird bei folgenden Quellen fündig.

Tabelle 5: Vermittlung von kulturspezifischem Wissen, FU Englisch

Country	**Subculture**	**Source**
U.S.A.	Mainstream America	Matalene 1992; Donnerstag 1995;
	specifically California	Grogan-Schomers & Hallet 1997
	Multicultural America	Freese 1984; Donnerstag 1992; Wotschke & Himmelsbach 1997;
	Mexican American	Freese Hg. 1994; Freese 1999b; Delanoy 2000; Burwitz-Melzer 1999;
	Jewish American	Freese Hg. 1994; Volk 2001
	African American	Freese Hg. 1994;
	Acoma Pueblo	Freese Hg. 1994; Müller-Hartmann 1997; Müller-Hartmann 1998
	Chippewa	Freese 1992; Freese Hg. 1994;
	Japanese American	Freese Hg. 1994; Freese 1999a;
	Chinese American	Freese Hg. 1994; Richter 2000;
U.K.	Protest in the 1950's	Bredella 1986;
	Anglo upper class	Humphrey 2000
	Pakistani British	Delanoy 1993a; Schüren 1994;
	Jewish British	Volk 2001
Canada	multicultural Canada, historical	Erdmenger 1995
	Native Canadian Indian	Althof 1995
India	multicultural	Berthold 1995
S.Africa	bi-cultural (Black and White)	Rauer 1997
Australia	Aborigine and White	Bredella 2000a; Bredella 2000b

13.6 Beiträge nach Lernergruppen

Interkulturelles Lernen für die Sprachen Englisch, Deutsch a.F., Französisch oder Spanisch; sortiert nach Lernergruppen.

Tabelle 6: Beiträge nach Lernergruppen

Gruppenkultur / **Alter**	**kulturell homogen**	**kulturell heterogen (multikulturell)**	**international**	**nicht spezifiziert**
Schüler Primar	Stott 92*	Au 93* Clemetson 98* Harris 92*		
& Sek. I		Harris 92* Oliver 94* Schneider 92 Sims 82* Jorg. &Whit 93* Walker-D. 92*		Brusch 92 Burwitz-Melzer 99 Burwitz-Melzer 00 Grog.-Scho.&Hall 97
Schüler Sek II	Donnerstag 92 Donnerstag 99b Hermes 99 Hunfeld 86 Hunfeld 92a Kramsch 96° Kuckuk 97 Lademann 97	Müller-H. 99 Oliver 94* Richter 00 Wot & Him 97 Wotschke 97	Müller-H. 99 Müller-H 98 Vogt 00	Althof 95 Bredella 86 Bredella 89 Bredella 90 Bredella 96a Bredella 96b Bredella 97a Bredella 97b Bredella 00a Donnerstag 95 Donnerstag 99a Erdmenger 95 Esser 95 Freese 84 Freese 92 Freese 99a Freese 99b Gohrbandt 95 Gymnich 99

				Heller 92b Hermes 97 Hermes 98 Humphrey 00 Legutke 96 Multhaup 97 Nieweler 95° Pulm 92 Raddatz 99 Röhrig 99 Schinschke 94° Schüren 94 Volk 01 Volkmann 00 Wachwitz 97*
Studenten	Delanoy 93a Delanoy 96 Kather 95° Krusche 96° Kumar 96 Matalene 92 Zhu 90° Wilcoxon 97	Doderer 91 Kramsch 93° Meisenhelder 96* Hakutani 96* Miller 96* Wagner-Martin 96* Ross 96* Bruce-Novoa 96* Ramírez 96* Olivares 96* Márquez 96* Juan 96* Lim, S. 96 * Yamada 96* Cheung 96* Ho 96*	Delanoy 99 Murti 96	Berthold 95 Bredella 99b Bredella 00b Burton 92* Dasenbrock 92* Delanoy 00 Dingw. & Mai. 92° Heller 92a Heller 96 Iandoli 91* Jamieson 92* Müller-H. 99 Nünning 97c Nünning 99a Nünning 99b Nünning 00 Rauer 97 Weber 96° Wid.&Seidl 96°
Lehrer/ andere				O'Sullivan & Rös. 00

Zeichenerklärung: *) *im eigensprachlichen Literaturunterricht (Englisch oder Deutsch)*
°) *FU Deutsch, Französisch oder Spanisch*
ohne Zeichen: *fremdsprachlicher Englischunterricht*